AF403508

TARIFS COMMENTÉS

DES ACTES EN MATIÈRE CIVILE

DES HUISSIERS

Précédés de ceux des actes des Juges de paix,
de leurs Greffiers et Huissiers
et des Secrétaires et Huissiers des Conseils de prud'hommes

5ᵉ ÉDITION

Extraite du NOUVEAU MANUEL DE LA TAXE, et complétée jusqu'à ce jour

PAR

M. BONNESŒUR

Ancien Procureur général, Conseiller honoraire à la Cour d'appel de Bordeaux

> . . . . *Si quid novisti rectius istis,*
> *Candidus imperti; si non, his utere mecum*
> HORATIUS, Épist. VI, lib. I.

PARIS

IMPRIMERIE ET LIBRAIRIE GÉNÉRALE DE JURISPRUDENCE
MARCHAL ET BILLARD, IMPRIMEURS-ÉDITEURS
LIBRAIRES DE LA COUR DE CASSATION
Place Dauphine, 27

1884

TARIFS COMMENTÉS

DES ACTES EN MATIÈRE CIVILE

DES HUISSIERS

Précédés de ceux des actes des Juges de paix,

de leurs Greffiers et Huissiers

et des Secrétaires et Huissiers des Conseils de prud'hommes

PARIS. — IMPRIMERIE L. BAUDOIN ET Ce, RUE CHRISTINE, 2.

TARIFS COMMENTÉS

DES ACTES EN MATIÈRE CIVILE

DES HUISSIERS

Précédés de ceux des actes des Juges de paix,
de leurs Greffiers et Huissiers
et des Secrétaires et Huissiers des Conseils de prud'hommes

5ᵉ ÉDITION

Extraite du NOUVEAU MANUEL DE LA TAXE, et complétée jusqu'à ce jour

PAR

M. BONNESŒUR

Ancien Procureur général, Conseiller honoraire à la Cour d'appel de Bordeaux

. . . . Si quid novisti rectius istis,
Candidus imperti ; si non, his utere mecum
HORATIUS, Épist. VI, lib. I.

PARIS

IMPRIMERIE ET LIBRAIRIE GÉNÉRALE DE JURISPRUDENCE

MARCHAL ET BILLARD, IMPRIMEURS-ÉDITEURS

LIBRAIRES DE LA COUR DE CASSATION

Place Dauphine, 27

1884

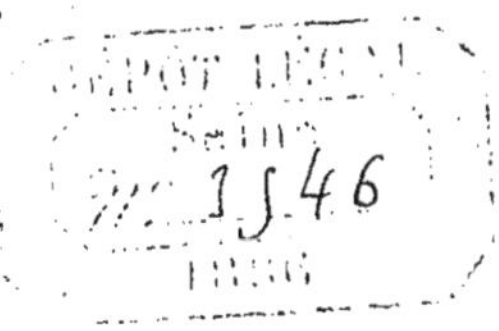

TARIFS COMMENTÉS

DES ACTES EN MATIÈRE CIVILE

DES HUISSIERS

Iʳᵉ PARTIE.

LIVRE Iᵉʳ.

Des tarifs des juges de paix, de leurs greffiers, des secrétaires des conseils de prud'hommes, des huissiers experts et témoins en justice de paix et devant les conseils de prud'hommes.

CHAP. Iᵉʳ. — TAXE DES ACTES ET VACATIONS DES JUGES DE PAIX.

Observations.

Le chapitre 1ᵉʳ du décret de 1807, qui est composé de huit articles, se trouve modifié par la loi du 21 juin 1845, qui porte (1) :

---

(1) Cependant, malgré l'abrogation de ce chapitre, il n'est pas moins utile de rapporter le texte des articles qu'il contient, parce qu'ils servent de base à la fixation de la taxe des greffiers de justice de paix, dont on s'occupe dans le chap. 2. Les voici donc :

ART. 1ᵉʳ. § 1ᵉʳ (Proc. 909, 932).—Il est accordé aux juges de paix, pour chaque vacation d'apposition, de reconnaissance et levée de scellés, qui sera de trois heures au moins :

A Paris, Bordeaux, Lyon, Rouen, Toulouse, Marseille, Lille et Nantes (A) . . . . 5 f.00 c.
Dans les villes où il y a une Conr d'appel et dans celles où la population excède 30,000 âmes . 4 50

Dans les villes où il y a un tribunal de première instance . . 3 75
Dans les autres villes et cantons ruraux 2 50

§ 2. Dans la première vacation seront compris les temps du transport et du retour du juge de paix ; s'il n'y a qu'une seule vacation, elle sera payée comme complète, encore qu'elle n'ait pas été de trois heures.

§ 3. Si le nombre des vacations d'apposition, reconnaissance et levée de scellés paraît excessif, le président du tribunal de première instance, en procédant à la taxe, pourra la réduire.

ART. 2 (Proc. 916, 924, 935). — S'il y a lieu à référé lors de l'apposition des scellés, ou dans le cours de leur levée, ou pour présenter un testament, ou autre papier ca-

(A) Voyez *suprà*, *Introduction*, l'ordonnance du 10 octobre 1841, les décrets des 22 juin 1856, 30 avril et 13-16 décembre 1862, relatifs aux cours et tribunaux élevés à la première classe.

Art. 1er. — « Les droits et vacations accordés aux juges de « paix sont supprimés.

« Il ne leur sera alloué d'indemnité de transport que quand ils « se rendront à plus de 5 kilomètres du chef-lieu du canton. »

L'article 4 de cette loi avait prescrit au Gouvernement de dé-

cheté au président du tribunal de première instance, les vacations du juge de paix lui sont allouées comme celles pour l'apposition, la reconnaissance ou la levée des scellés.

Art. 3. § 1er. — En cas de transport du juge de paix devant le président du tribunal de première instance, il lui est accordé, pour chaque myriamètre, 2 francs, autant pour le retour, et par journée de cinq myriamètres, 10 francs.

§ 2. Il ne lui est accordé qu'une seule journée quand la distance ne sera pas de plus de deux myriamètres et demi, y compris sa vacation devant le président du tribunal.

§ 3. Si la distance est de plus de deux myriamètres et demi, il lui sera payé deux journées pour l'aller, le retour et la vacation devant le président du tribunal.

Art. 4 (C. c. 406). — Pour l'assistance du juge de paix à tout conseil de famille :

A Paris, Bordeaux, Lyon, Rouen, Toulouse, Marseille, Lille et Nantes . . . . 5f.00 c.

Au chef-lieu d'une Cour d'appel, et dans les villes de plus de 30,000 âmes. 4 50

Dans les villes où il y a un tribunal de première instance . . 3 75

Dans les autres villes et cantons ruraux 2 50

Nota. Le juge de paix ne pourra jamais prendre plus de deux vacations.

Art. 5. § 1er (C. c. 70 et 71). — Pour l'acte de notoriété, sur la déclaration de sept témoins, pour constater, autant que possible, l'époque de la naissance d'un individu de l'un ou de l'autre sexe, qui se propose de contracter mariage, et les causes qui empéchent de représenter son acte de naissance :

A Paris, Bordeaux, Lyon, Rouen, Toulouse, Marseille, Lille et Nantes . . . . 5f.00 c.

Au chef-lieu d'une Cour d'appel, et dans les villes de plus de 30,000 âmes. 4 50

Dans les villes où il y a un tribunal de première instance . . 3 75

Dans les autres villes et cantons ruraux.. . . . . 2 50

§ 2. Et pour la délivrance de tout autre acte de notoriété, qui doit être donné par le juge de paix :

A Paris, Bordeaux, Lyon, Rouen, Toulouse, Marseille, Lille et Nantes . . . . 1f.00 c.

Au chef-lieu d'une Cour d'appel, et dans les villes de plus de 30,000 âmes. 0 90

Dans les villes où il y a un tribunal de première instance . . . 0 75

Dans les autres villes et cantons ruraux 0 50

Art. 6. § 1er (Proc. 587, 781). — Pour le transport du juge de paix à l'effet d'être présent à l'ouverture de portes, en cas de saisie-exécution, par chaque vacation de trois heures :

A Paris, Bordeaux, Lyon, Rouen, Toulouse, Marseille, Lille et Nantes . . . . 5f.00 c.

Au chef-lieu d'une Cour d'appel, et dans les villes de plus de 30,000 âmes. 4 50

Dans les villes où il y a un tribunal de première instance. . . 3 75

Dans les autres villes et cantons ruraux. 2 50

§ 2. Et à l'arrestation d'un débiteur condamné par corps, dans le domicile où ce dernier se trouve :

A Paris, Bordeaux, Lyon, Rouen, Toulouse, Marseille, Lille et Nantes . . . . 10f.00 c.

Au chef-lieu d'une Cour d'appel, et dans les villes où la population excède 30,000 âmes. . 9 00

Dans les villes où il y a un tribunal de première instance. . 7 50

Dans les autres villes et cantons ruraux 5 00

Art. 7 (Proc. 4, 6, 29). — Il n'est rien alloué au juge de paix : 1° pour toute cédule qu'il pourra délivrer; 2° pour le paraphe des pièces, en cas de dénégation d'écriture et de déclaration qu'on entend s'inscrire en faux incident (Proc. 14).

Art. 8, § 1er (Proc. 38). — Il lui sera alloué pour transport, soit à l'effet de visiter des lieux contentieux, soit à l'effet d'entendre des témoins, lorsque le transport aura été expressément requis par l'une des par-

terminer le montant de l'indemnité de transport par un règlement d'administration publique.

L'ordonnance qui le contient est à la date du 6 décembre 1845 ; en voici le texte :

Article unique. — « L'indemnité établie au profit des juges « de paix par l'art. 1er de la loi du 21 juin 1845 est fixée :

En cas de transport à plus......
- de 5 kilomètres du chef-lieu du canton à.............. 5 f. 00 c.
- d'un myriamètre à........ 6 00

« Si les opérations durent plus d'un jour, l'indemnité est fixée, « suivant la distance, à 5 ou 6 fr. par jour. »

Ainsi, il n'est plus rien dû aux juges de paix pour vacations à l'apposition, reconnaissance ou levée de scellés, au référé sur l'apposition des scellés pour présenter un testament ou tout autre papier cacheté au président du tribunal, à l'assistance, aux conseils de famille, à la rédaction des actes de notoriété, à sa présence, à l'ouverture des portes en cas de saisie-exécution ou à l'arrestation d'un condamné par corps au domicile de ce dernier, ni enfin pour aucun acte que ce soit de son ministère.

Il n'a droit qu'aux indemnités de transport dans les cas prévus par l'ordonnance qui précède.

Il ne m'en a pas moins fallu, comme je l'ai fait, au commencement de ce chapitre, reproduire les dispositions, abrogées pour les juges de paix, du décret de 1807, parce qu'elles servent à déterminer certains droits attribués à leurs greffiers, dont il va être question au chapitre suivant.

CHAP. II. — TAXE DES GREFFIERS DES JUGES DE PAIX (1).

Observations.

Avant de s'occuper des dispositions du décret du 16 février 1807, il ne faut pas oublier de parler de l'ordonnance du 17 juillet

---

ties, et que le juge l'aura trouvé nécessaire, par chaque vacation :

A Paris, Bordeaux, Lyon, Rouen, Toulouse, Marseille, Lille et Nantes .... 5 f. 00 c.
Au chef-lieu d'une Cour d'appel, et dans les villes où la population excède 30,000 âmes.... 4 50
Dans les villes où il y a un tribunal de première instance ... 3 75
Dans les autres villes et cantons ruraux........... 2 50

(1) Les greffiers des justices de paix ont droit tout ensemble à un traitement fixé par la loi et à des émoluments réglés par un tarif. Depuis longtemps l'amélioration de leur position était réclamée, et l'on se demandait si elle devait être obtenue par l'augmentation du traitement fixe ou par celle des droits tarifés. Le premier moyen a prévalu. La loi du 16 novembre 1875 a élevé le traitement de ces greffiers de 200 fr., à partir du 1er janvier 1876, et imposé en même temps dans les greffes, au profit du Trésor, un droit de 1 fr. sur chaque mise au rôle ; droit dont la perception ne donne lieu à aucune remise au profit des greffiers, mais doit être effectuée conformément aux art. 3, 4, 10 et 24 de la loi du 21 ventôse an VII. — V. *infra*, p. 156.

1825, portant règlement sur les frais et émoluments à percevoir par les greffiers de justice de paix. (Voir à l'appendice, § 1.)

Elle dispose qu'aucuns frais ni émoluments ne peuvent être perçus par ces officiers ministériels que sur des états, dressés par eux, vérifiés et *visés* par le juge de paix.

Ces états doivent être écrits au bas de l'expédition délivrée par le greffier, et, à défaut d'expédition, il doit être fait un état séparé.

Les greffiers doivent avoir un registre et y inscrire, par ordre de date, et sans aucun blanc, toutes les sommes qu'ils reçoivent pour des actes de leur ministère : les déboursés et les émoluments sont inscrits dans des colonnes séparées.

Ce registre est coté par le juge de paix ; il est tenu sous sa surveillance ; il le vérifie et l'arrête, au moins à chaque trimestre, et en dresse un procès-verbal, dans lequel il consigne ses observations. Ce procès-verbal est envoyé au procureur impérial pour être transmis au procureur général.

Toutes ces formalités sont de rigueur, et leur omission peut entraîner des conséquences graves contre les greffiers. Ils ne peuvent recevoir d'autres ou plus forts droits que ceux qui leur sont attribués par les lois et règlements.

Ceci préémis, revenons aux texte du décret de 1807.

Ire DIVISION.— Droits généraux attribués aux greffiers de justice de paix par le premier décret du 16 février 1807.

Art. 9. — Il sera taxé aux greffiers de justice de paix, pour chaque rôle d'expédition qu'ils délivreront, et qui contiendra vingt lignes à la page et 10 syllabes à la ligne [C. P. 8] :

Émoluments.

A Paris, Bordeaux, Lyon, Rouen, Toulouse, Marseille,
Lille et Nantes. . . . . 0 f. 50 c.
Dans les villes où il y a une Cour d'appel, et dans les
autres villes dont la population excède 30,000 âmes. 0   45
Dans les autres villes et cantons ruraux. 0   40

Débours.

Timbre (par deux rôles) (1). . . . . 1 f.80c.

Art. 10. — Pour l'expédition du procès-verbal qui constatera que les parties n'ont pu être conciliées, et qui ne doit contenir

____

(1) Ces expéditions ne sont pas soumises aux droits de greffe au profit de l'Etat. | Elles ne doivent que le timbre à l'administration de l'enregistrement.

qu'une mention sommaire qu'elles n'ont pu s'accorder, il sera alloué [C. P. 54] :

Émoluments.

A Paris, Bordeaux, Lyon, Rouen, Toulouse, Marseille,
Lille et Nantes. . . . . 1 f. 00 c.
Dans les villes où il y a une Cour d'appel, et dans les
villes dont la population excède 30,000 âmes.. . . . 0 90
Dans toutes les autres villes et cantons ruraux. 0 80

Débours.

Timbre (décret du 8-10 décembre 1862) . . . . 0 f.30 c

Art. 11. — La déclaration des parties qui demandent à être jugées par le juge de paix sera insérée dans le jugement, et il ne sera rien taxé au greffier pour l'avoir reçue, *non plus que pour tout autre acte du greffe* [C. P. 7].

Art. 12. — Pour transport sur les lieux contentieux, quand il sera ordonné, il sera alloué au greffier les deux tiers de la taxe du juge de paix (*art. 7*) *par chaque vacation* [C. P. 30] :

Émoluments.

A Paris, Bordeaux, Lyon, Rouen, Toulouse, Marseille,
Lille et Nantes. 3 f. 34 c.
Dans les villes où il y a une Cour d'appel, et dans celles
dont la population excède 30,000 âmes.. . . . . . . 3 00
Dans les villes où il y a un tribunal de 1re instance.. . 2 50
Dans les autres villes et cantons ruraux. 1 67

Débours.

Enregistrement du procès-verbal, décimes compris (1) . . . . 1 f.20 c.
Timbre. . . . .

Nota. J'ai une remarque générale à faire, une fois pour toutes : c'est que, quelles que soient les perceptions faites par les agents de l'administration de l'enregistrement, les taxateurs doivent les admettre au profit des officiers ministériels qui en ont fait l'avance, sauf aux parties à se pourvoir devant l'administration pour obtenir la restitution du *trop-perçu*. Les juges taxateurs n'ont, en effet, aucune juridiction pour les rectifier.

Art. 13. — Il n'est rien alloué pour la mention sur le registre du greffe et sur l'original, ou la copie de la citation en conciliation, quand l'une des parties ne comparaît pas [C. P. 58] (2).

---

(1) Loi du 22 frim. an VII, art. 68, §§ 47, 51, et pour le 10e en sus, loi du 6 prair. an VII, art. 1 et 2 ; la loi du 2 juill. 1862, art. 14, a été modifiée.

(2) Il était regrettable qu'il n'eût pas été accordé quelque chose, car le greffier était en perte pour le timbre du registre.

Mais le décret du 4 nov. 1874, art. 4, n° 5 (*V. ci-après page 12*) y a pourvu en allouant au greffier pour le timbre 0 f.25 c.

Art. 14. — Pour la transmission au procureur impérial, de la récusation et de la réponse du juge, tous frais de port compris [C. P. 45 et 47] :

Émoluments.

A Paris, Bordeaux, Lyon, Rouen, Toulouse, Marseille, Lille et Nantes. . . . . 5 f. 00 c.

Dans les villes où il y a une Cour d'appel, et dans celles dont la population excède 30,000 âmes et partout ailleurs et dans les autres villes et cantons. 5   00

Débours.

Frais de l'expédition (art. 47 du Code de procédure). (V. *Tarif*, art. 9.)

Art. 15. — Il sera taxé, au greffier du juge de paix qui aura assisté aux opérations des experts, et qui aura écrit la minute de leur rapport, dans le cas où tous, ou l'un d'eux ne sauraient écrire, les deux tiers des vacations allouées à un expert [C. P. 317].

Observations.

L'émolument des experts est fixé par l'art. 159 du tarif, et il varie selon leur qualité ou leur profession. Il ne semble pas douteux que l'émolument du greffier ne suive les mêmes variations.

1° S'il n'y a qu'un expert, le calcul des émoluments du greffier ne souffre pas beaucoup de difficultés ; il est : dans le département de la Seine, *à Bordeaux, Lyon, Rouen, Toulouse, Marseille, Lille et Nantes :*

Si l'expert est artisan ou laboureur, des 2/3 de 4 francs par vacation, soit. . . . . 2 f. 67 c.

S'il est architecte ou artiste, des 2/3 de 8 fr., soit. . . 5   34

Dans les villes où il y a une Cour d'appel, et dans celles dont la population excède 30,000 habitants :

Si l'expert est artisan ou laboureur, des 2/3 de 3 fr. 60 cent. par vacation, soit. . . . . 2 f. 40 c.

S'il est architecte ou artiste, des 2/3 de 7 fr. 20 c., soit. 4   80

Dans les autres villes et départements :

Si l'expert est artisan ou laboureur, des 2/3 de 3 francs par vacation, soit. . . . . 2 f. 00 c.

S'il est architecte ou artiste, des 2/3 de 6 fr., soit. . . 4   00

2° S'il y a trois experts, et s'ils sont tous les trois artisans ou laboureurs, ou bien tous les trois architectes ou artistes, l'émolument du greffier sera par vacation, comme pour le n° 1, savoir :

Dans le département de la Seine, à Bordeaux, Lyon, Rouen, Toulouse, Marseille, Lille et Nantes :

Si les trois experts sont artisans ou laboureurs. . . . . 2 f. 67 c.
S'ils sont architectes ou artistes, de. . . . . : 5 34

Dans les villes où il y a une Cour d'appel, et dans celles dont la population excède 30,000 habitants.

Il sera, si les trois experts sont artisans ou laboureurs,
      de. . . . . 2 f. 40 c.
S'ils sont architectes ou artistes, de.. . . . . 4 80

Dans les autres villes et départements, il sera, si les
      trois experts sont artisans ou laboureurs, de. . . . . 2 f. 00 c.
S'ils sont architectes ou artistes, de. 4 00

3° Si un ou deux des experts sont artisans et les autres architectes et artistes, le calcul se complique un peu plus.

Il n'y a aucune raison, à mon avis, pour accorder au greffier les 2/3 de la taxe de la vacation le plus élevée.

Il n'y en a non plus aucune pour la réduire au 2/3 de la plus faible.

Il paraît donc juste de faire une moyenne du prix des vacations, qui s'obtient en additionnant ensemble les prix d'une vacation de chaque expert et en divisant le total par 3. — Le quotient donnera la vacation moyenne dont il faut attribuer les deux tiers au greffier.

Il sera facile d'appliquer ce calcul à toutes les hypothèses, selon le lieu où se fera l'expertise, soit dans le département de la Seine, à Bordeaux, Lyon, Rouen, Toulouse, Marseille, Lille ou Nantes, soit dans les villes où il y a une Cour d'appel ou une population excédant 30,000 habitants, soit dans les autres villes et départements.

Les débours consistent dans :.

Le timbre employé à la rédaction du procès-verbal. . . .
L'enregistrement de ce procès-verbal, les 10es compris,
      est de.. . . . . 2 f. 40 c.

Il n'y a rien, en sus, à accorder pour transport ou séjour; car naturellement le greffier doit être pris dans le canton où se fait l'expertise, et il ne doit pas y avoir beaucoup de cantons dont un des points soit éloigné de plus de 2 myriamètres du chef-lieu où il doit résider.

Les art. 24 et 25 du tarif, qui décident qu'il n'est dû aux experts et aux témoins aucuns frais de voyage dans le canton de leur domicile, seraient dans tous les cas applicables, par analogie, au greffier de la justice de paix y faisant fonction de secrétaire-expert.

Art. 16. — Il lui est alloué les deux tiers des vacations du juge de paix pour assistance :

§ 1. Aux conseils de famille, *deux vacations seulement* [C. c. 406. — *Tarif* 4];

§ 2. Aux appositions de scellés [Pr. 909. — *Tarif* 1];

§ 3. Aux reconnaissances et levées de scellés [Pr. 932. — *Tarif* 1];

§ 4. Aux référés [Pr. 922 et 935. — *Tarif* 2];

§ 5. Aux actes de notoriété [C. c. 70 et 71. — *Tarif* 5];

c'est-à-dire :

Émoluments.

A Paris, Bordeaux, Lyon, Rouen, Toulouse, Marseille,
Lille et Nantes. 3 f. 34 c.
Dans les villes où il y a une Cour d'appel, et dans celles
dont la population excède 30,000 habitants.. . . . . 3 00
Dans les villes où il y a un tribunal de 1re instance.. . 2 50
Ailleurs. 1 67

Débours.

Enregistrement : 1° des délibérations et avis du conseil de famille, décimes
compris. . . . . 4 f. 80 c. (1)
2° Des procès-verbaux d'opposition, de reconnaissance et de levée de
scellés, en matière civile et ordinaire, par vacation de trois heures. . 4 80 (2)
3° Des procès-verbaux d'apposition... de scellés en matière de faillite,
458, 459 et 468 du Code de comm., quel que soit le nombre de vacations, décimes compris (2) 2 40 (3)
4° Des actes de notoriété, décimes compris. 2 40 (4)
Timbre. . . . .
(Cire et bandelettes pour les scellés, laissées à l'appréciation du taxateur.)

§ 6. Il est encore alloué au greffier les deux tiers des frais de transport dans les mêmes cas où ils sont alloués aux juges de paix :

Pour chaque myriamètre parcouru, aller et retour. . . 1 f. 34 c.
Et par journée de 5 myriamètres. 6 67

Nota. Il ne lui est accordé qu'une seule journée quand la distance ne sera pas de plus de 2 myriamètres et demi, y compris sa vacation devant le président du tribunal. — Si la distance est de plus de 2 myriamètres et demi, il lui sera payé deux journées pour l'aller et le retour et la vacation (*Tarif* 3).

Questions.

1° Faut-il allouer au greffier, conformément à l'art. 16, § 6, le droit de transport, tel qu'il est réglé par le tarif ancien ou par l'ordonnance du 6 décembre 1845 ?

---

(1) Loi du 19 juillet 1845, art. 6, 2e alinéa. — Loi du 23-25 août 1871 et du 2 juillet 1862.

(2) Il n'est rien dû au greffier pour l'avis à donner au président du tribunal de commerce, puisqu'aux termes de l'art. 458, *ult. alinéa* du Code de commerce, c'est au juge de paix à le donner.

(3) Loi du 24 mai 1834, art. 11.

(4) Loi du 28 avril 1816, art. 43, § 2.

La différence est grande, car il est alloué aux juges de paix 5 fr., lorsque la distance est de plus de 5 kilomètres, et 6 fr. lorsqu'elle est de plus d'un myriamètre.

Il semble qu'il ne puisse guère s'élever de doute que c'est l'ancien tarif qu'il faut appliquer : car il ne paraît pas qu'on ait voulu en rien le modifier pour ce qui est relatif aux émoluments des greffiers. Le § 6 ne peut se rapporter qu'à un tarif existant au moment de sa promulgation. V. en ce sens, une décision du Ministre de la justice du 27 nov. 1880, rapportée par M. Dutruc, *Bulletin de la taxe*, t. 2, p. 112.

2° Est-il dû une vacation au greffier pour la réquisition de l'apposition des scellés?

L'usage de quelques greffiers est de la porter; mais je crois que c'est là un abus que les juges de paix et les taxateurs doivent supprimer. Il n'est dû que le timbre et l'enregistrement, s'il y a lieu, 1 fr. 20 c.

§ 7. Les greffiers des juges de paix ne pourront délivrer d'expéditions entières des procès-verbaux d'apposition, reconnaissance et levée des scellés, qu'autant qu'ils en seront expressément requis par écrit.

§ 8. Ils seront tenus de délivrer les extraits qui leur seront demandés, quoique l'expédition entière n'ait été ni demandée ni délivrée.

La taxe pour les rôles est celle de l'art. 9.

Art. 17. — Il sera taxé au greffier du jugé de paix [C. P. 925] :

Pour sa vacation, à l'effet de faire la déclaration de l'apposition des scellés sur le registre du greffe du tribunal de première instance, dans les villes où elle est prescrite (1), les deux tiers d'une vacation du juge de paix :

A Paris, Bordeaux, Lyon, Rouen, Toulouse, Marseille, Lille et Nantes.	3 f. 34 c.
Dans les villes où il y a une Cour d'appel, et dans celles dont la population excède 30,000 habitants..	3 00
Dans les villes où il y a un tribunal de 1re instance.. .	2 50
Dans les autres villes et cantons ruraux	1 67

Art. 18. — Il lui sera alloué, pour chaque apposition aux scellés qui sera formée par déclaration sur ce procès-verbal de scellés [C. P. 926].

Émoluments.

A Paris, Bordeaux, Lyon, Rouen, Toulouse, Marseille, Lille et Nantes.	0 f. 50 c.

---

(1) *Dans les communes de 20,000 âmes et au-dessus,* cette déclaration paraît exigée lors même que l'apposition des scellés aurait lieu dans une commune ayant moins de 20,000 habitants, si elle est dans le ressort d'une commune de 20,000 habitants

Dans les villes où il y a une Cour d'appel, et dans celles
    dont la population excède 30,000 habitants.. 0   45
Dans les villes où il y a un tribunal de 1re instance et
    autres.. 0   40

Débours.

Enregistrement. . . . .

Art. 19. — Il ne lui sera rien alloué pour les oppositions formées par le ministère des huissiers et visées par lui [C. P. 1039].

Art. 20. — Il est alloué, pour chaque extrait des oppositions aux scellés, à raison par chaque opposition [C. P. 926] :

Émoluments.

A Paris, Bordeaux, Lyon, Rouen, Toulouse, Marseille,
    Lille et Nantes.. . . . . 0 f. 50 c.
Dans les villes où il y a une Cour d'appel, et dans celles
    où la population excède 30,000 habitants.. 0   45
Partout ailleurs.. 0   40

Débours.

Timbre. . . . .

Observations.

QUESTION.

Les greffiers de justice de paix ont-ils des droits pour la rédaction des jugements et des procès-verbaux d'enquête ? Non ; le tarif ne leur alloue rien ; il ne peut pas être suppléé à cette omission. C'est pour ces fonctions qu'ils reçoivent un traitement de l'Etat.

§ 1er. — *Droits du greffier pour l'avertissement amiable à donner aux parties de comparaître devant le juge de paix.*

L'art. 17 de la loi du 25 mai 1838, sur la compétence des juges de paix, modifié par l'art. 2 de celle du 2 mai 1855, est ainsi conçu :

« Dans toutes les causes, excepté celles qui requièrent célérité,
« et celles dans lesquelles le défendeur serait domicilié hors du can-
« ton ou des cantons de la même ville, il est interdit aux huissiers
« de donner aucune citation en justice, sans qu'au préalable le juge
« de paix ait appelé les parties devant lui, au moyen d'un avertis-
« sement sur papier non timbré (1), rédigé et délivré par le greffier,

---

(1) Depuis la loi du 23-25 août et le décret du 24 nov. 1874, il en est autrement.
L'article 21 de cette loi veut que l'avertissement soit rédigé sur une feuille de papier timbré de 60 centimes et l'article 5 du
décret porte :

« au nom et sous la surveillance du juge de paix, et expédié par la
« poste, sous bande simple, scellé au sceau de la justice de paix,
« avec affranchissement.

« A cet effet, il sera tenu, par le greffier, un registre sur papier
« non timbré, constatant l'envoi et le résultat des avertissements. Ce
« registre sera coté et paraphé par le juge de paix.

« *Le greffier recevra, pour tout droit et par chaque avertissement,*
« *une rétribution de 25 centimes, y compris l'affranchissement, qui*
« *sera de 10 centimes* (1).

« S'il y a conciliation, le juge de paix, sur la demande de l'une
« des parties, peut dresser procès-verbal des conditions de l'arran-
« gement; ce procès-verbal aura force d'obligation privée. »

Est-il dû un droit au greffier pour la rédaction de ce procès-
verbal? Non, par la raison indiquée dans la question précédente.

Le greffier peut, en cas d'enquête, inviter les témoins, par un
billet d'avertissement, à venir déposer (Dutruc, *Bulletin de la
taxe*, t. 1er, p. 167).

§ 2. — *Remboursement du timbre alloué aux greffiers de jus- tice de paix.*

Ce droit est réglé par l'art. 3, aux conditions de l'art. 4 du
décret du 8-10 décembre 1862, dont voici le texte :

Art. 3. — Il est alloué aux greffiers de justice de paix, à titre
de remboursement du papier timbré :

1º Pour chaque jugement porté sur la feuille d'au- dience, ceux de remise exceptés.	0 f. 65 c.
2º Pour chaque jugement de remise.	0 20
3º Pour procès-verbal de conciliation inscrit sur un re- gistre timbré.	0 50
4º Pour le procès-verbal sommaire constatant que les parties n'ont pu être conciliées (2).	0 25

La loi du 23-25 août 1871 a augmenté de 1/5e (ou deux
décimes) le prix du papier timbré.

« La rétribution due au greffier de la jus-
« tice de paix en vertu de l'article 2 de la
« loi du 2 mai 1855, pour tout droit, par
« chaque billet d'avertissement avant cita-
« tion est fixée à 30 centimes, y compris
« l'affranchissement qui sera, dans tous les
« cas, de 15 centimes, et sans préjudice du
« remboursement du coût de la feuille de
« papier timbré exigée par l'art. 21 de la
« loi du 23 août dernier. » (Voy. M. Boucher-d'Argis, édition de 1874; note C de
M. Alex. Sorel, p, 304.)

(1) Voyez la note qui précède.

(2) Il n'est rien alloué aux greffiers de justice de paix pour la mention de leurs actes sur le répertoire, de sorte que le tim- bre de ce registre reste à leur charge. C'est peut-être un oubli du législateur, mais il n'appartient à personne qu'à lui de le répa- rer. Il est impossible d'appliquer aux men- tions exigées sur le répertoire la disposition du nº 5 de l'article 4 du décret du 24 nov. 1871, car il en résulterait une énormité, puisqu'en suivant les bases incontestables du calcul que Boucher-d'Argis a établi, le greffier obtiendrait 35 fr. 50 pour chaque feuille de papier de 1 fr. 20. (V. au surplus Boucher-d'Argis, *Dict. de la taxe*, 1874, page 487.)

Il était donc juste d'augmenter aussi la répartition dans une proportion identique.

C'est ce qu'a fait le décret du 24 novembre 1871, art. 4.

« Il est alloué aux greffiers de justice de paix, *à titre de rembour-*
« *sement du papier timbré :*

« 1º Pour chaque jugement porté sur la feuille d'au-
« dience, ceux de remise exceptés . . . . 0 f. 80 c.
« 2º Pour chaque jugement de remise.. 0   25
« 3º Pour procès-verbal de conciliation inscrit sur un
« registre timbré. 0   60
« 4º Pour procès-verbal sommaire constatant que les
« parties n'ont pu être conciliées. 0   30
« 5º Pour chaque mention sur un registre timbré . . . 0   25

Cela dit, passons à l'article 4 de notre décret du 8 décembre.

Art. 4. — « Les greffiers mentionnés au présent décret ne peuvent écrire sur les minutes ou feuilles d'audience et sur les registres timbrés plus de trente lignes à la page et vingt syllabes à la ligne sur une feuille au timbre de 1 franc; de quarante lignes à la page et de vingt-cinq syllabes à la ligne lorsque la feuille est au timbre de 1 fr. 50 c., et de plus de cinquante lignes à la page et de trente syllabes à la ligne, lorsque la feuille est au timbre de 2 francs.

« Toute contravention est constatée conformément à la loi du 13 brumaire an VII, et punie de l'amende prononcée par l'art. 12 de la loi du 16 juin 1824, sans préjudice des droits de timbre à la charge des contrevenants. »

IIᵉ DIVISION. — **Droits attribués aux greffiers de justice de paix par des lois spéciales (1).**

Prisées et ventes publiques de meubles et effets mobiliers (2).

Le décret du 17 décembre 1793 est ainsi conçu :

Art. 1ᵉʳ. — « Les notaires, greffiers et huissiers sont autorisés
« à faire les prisées et ventes de meubles dans toute l'étendue de la
« République.

Art. 3. — « Il ne pourra être perçu, à Paris, par lesdits offi-
« ciers, lorsqu'ils procèderont aux ventes, que 3 livres par vacation,
« dont la durée sera de trois heures, et 5 sous pour l'enregistre-
« ment d'une opposition; il sera accordé, en outre, les 2/3 du prix
« des vacations pour l'expédition du procès-verbal de chaque séance,
« sans y comprendre les droits d'enregistrement et de timbre.

____

(1) Voy. *infrà*, p. 166.
(2) La loi du 2 décembre 1876 prescrit aux greffiers de la justice de paix de tenir un registre sur lequel ils doivent mentionner les ventes publiques de meubles auxquelles ils procèdent, et de remettre trimestriellement au juge de paix, pour être transmis au Parquet, un état de ces ventes, sans leur allouer aucuns droits à raison de ces mesures.

Art. 4. — « Les officiers publics qui rempliront les mêmes fonc-
« tions dans les départements ne pourront également y percevoir
« que les deux tiers du prix des vacations, ainsi qu'elles sont fixées
« par le décret du 21 juillet 1790. »

Ces attributions ont été confirmées par le décret du 14 juin
1813, qui est relatif au règlement pour l'organisation et le
service des huissiers.

Il porte en effet :

Art. 37. — « Dans les lieux pour lesquels il n'est point établi
« de commissaires-priseurs exclusivement chargés de faire les pri-
« sées et ventes publiques de meubles et effets mobiliers, les huis-
« siers, tant audienciers qu'ordinaires, continueront de procéder,
« concurremment avec les notaires et les greffiers, auxdites prisées
« et ventes publiques, en se conformant aux lois et règlements qui
« y sont relatifs. »

Ce décret ne statue rien sur le tarif des émoluments. Il y avait
été pourvu, en ce qui concerne les huissiers, par le décret de
1807, pour les ventes qu'ils font à la suite de saisies de meubles
et effets mobiliers, et en ce qui concerne les notaires, par les
art. 168 et suivants du même décret.

Quant aux greffiers, il semblait qu'ils fussent restés dans les
termes du décret du 17 septembre 1793. Mais il est aisé de remarquer qu'il est très-diffile de leur en faire l'application.

Pour plus de clarté, il faut diviser la matière. Les ventes pu-
pliques de meubles et effets mobiliers sont de diverses sortes :
les unes sont forcées, et les autres volontaires.

§ 1er. — *Des ventes forcées de meubles et effets mobiliers.*

Le plus ordinairement, ces ventes ont lieu après saisies. Mais
on leur assimile, pour la taxe des frais, celles qui ont lieu après
décès, en exécution des art. 945 du Code de procédure, et 826
du Code civil, parce que le premier de ces article dit qu'elles
seront *faites dans les formes prescrites au titre des saisies-exé-
cutions.*

Les greffiers de justice de paix procèdent très-rarement aux
premières, mais plus fréquemment aux secondes.

Leurs droits et émoluments doivent être ceux qui sont tarifés
par les art. 38 et suivants du décret du 16 février 1807 ; en
voici les dispositions :

Art. 38. — S'il y a lieu au transport des effets saisis, l'huissier
sera remboursé de ses frais sur la quittance qu'il en représentera,

ou sur sa simple déclaration, si les voituriers ou les gens de peine ne savent écrire, ce qu'il constatera par son procès-verbal de vente.

§ 2. Il sera alloué à l'huissier, ou autre officier qui procédera à la vente, pour la rédaction de l'original, un placard qui doit être affiché :

Émoluments.

A Paris et partout ailleurs. 1 f. 00 c.

Débours.

Enregistrement. . . . . 1 f. 20 c.
Timbre. . . . .
Huissier, enregistrement, timbre 4 80

§ 3. Pour chacun des placards, s'ils sont manuscrits :

Émoluments.

A Paris et partout ailleurs. . . . . 0 f. 50 c.

Débours.

Timbre. . . . . 0 f. 60 c.

§ 4. Et s'ils sont imprimés, l'officier qui procédera à la vente en sera remboursé sur les quittances de l'imprimeur et de l'afficheur.

Nota. Les placards doivent être sur papier timbré ; le timbre doit être compris dans les déboursés. L'art. 39 veut que l'apposition de ces placards soit constatée par exploit, dont il n'est pas donné copie.

Art. 39. § 3. Il sera passé, en outre, la somme qui aura été payée pour l'insertion de l'annonce de la vente dans le journal, si la vente est faite dans une ville où il s'en imprime.

§ 4. Pour chaque vacation de trois heures à la vente, le procès-verbal compris, il sera taxé à l'huissier (*et au greffier*), dans les lieux où ils sont autorisés à la faire :

Émoluments.

Dans une ville où il y a un tribunal de 1re instance. . . 5 f. 00 c.
Dans les autres villes et cantons ruraux.. . . . . 4 00

Débours.

Enregistrement : pour 100 fr . . . . 2 f. 40 c. (1)
Timbre. . . . .

Art. 41. — § 1er. Dans le cas de publication sur les lieux où se trouvent les barques, chaloupes et autres bâtiments, prescrite par l'art. 620 du Code, et dans les cas de l'exposition de la vaisselle d'argent, bagues, joyaux, ordonnée par l'art. 621, il sera alloué

---

(1) Ces débours sont ordinairement à la charge des adjudicataires. Le greffier se charge d'y pourvoir moyennant un supplément par article et par franc.

pour chacune des deux premières publications ou expositions (C.
P. 620, 621) :

Émoluments.

Dans les villes où il y a un tribunal de 1re instance.. . 4 f. 00 c.
Dans les autres villes et cantons ruraux. . . . . : 3   00

Débours.

Enregistrement du procès-verbal. . . . . 1 f. 20 c.
Timbre. . . . .

La troisième publication ou exposition est comprise dans la vacation de la vente.

§ 4. Si l'expédition du procès-verbal de vente est requise par
l'une des parties, il sera alloué à l'officier ministériel qui aura procédé à la vente, par chaque rôle d'expédition, contenant vingt-cinq
lignes à la page et de dix à douze syllabes à la ligne :

Émoluments.

À Paris, etc. (1).
Dans les villes où il y a un tribunal de 1re instance.. . 0 f. 50 c.
Dans les autres villes et cantons ruraux.. 0   40

Débours.

Timbre, par deux rôles . . . . 1 f. 80 c

Art. 42. — § 1er. Pour la vacation de l'officier ministériel qui
aura procédé à la vente pour faire taxer ses frais par le juge sur la
minute de son procès-verbal (A) :

Émoluments.

A Paris, etc. (2).
Dans les villes où il y a un tribunal de 1re instance.. . 2 f. 00 c.
Dans les autres villes et cantons ruraux.. 1   50

Débours.

Timbre. . . . .

§ 2. Et pour consigner les deniers de vente :

Émoluments.

A Paris, etc. (3).
Dans les villes où il y a un tribunal de 1re instance.. . 2 f. 00 c.
Dans les autres villes et cantons ruraux.. 1   50

(1-2-3) Les greffiers ne font pas les ventes à Paris, Bordeaux, Lyon, etc., parce que, dans toutes ces villes, il y a des commissaires-priseurs.

(A) M. Boucher-d'Argis (*Dict. de la taxe*, p. 664, n° 44) exprime l'opinion que cette vacation n'est plus due aux commissaires-priseurs, parce que que leur tarif ne la leur accorde pas. On verra plus loin que c'est aussi mon avis. Je l'avais émis dans la 2e édition.

Observations.

1re QUESTION.

L'art. 2 de la loi du 22 pluviôse an VII (10 février 1799) dit qu'*aucun officier public ne pourra procéder à une vente publique, et par enchères, d'objets mobiliers, avant qu'il en ait préalablement fait sa déclaration au bureau de l'enregistrement dans l'arrondissement duquel la vente aura lieu.*

Est-il dû aux greffiers une vacation pour faire cette déclaration, qui exige quelquefois un déplacement éloigné ? Cela serait certainement juste. Mais le décret ni les autres lois sur la matière n'accordent rien. L'accomplissement de cette formalité est assimilé à l'enregistrement des actes pour lesquels les officiers publics ne reçoivent, en général, aucun émolument. (BOUCHER-D'ARGIS, édition 1874, page 659, partage cette opinion.)

2e QUESTION.

Les lois du 5-18 août 1791 et 12 novembre 1808 obligent les officiers publics, qui procèdent à des ventes publiques, à verser entre les mains du percepteur des impositions, ce qui peut être dû par les propriétaires des meubles vendus.

Est-il dû aux greffiers une vacation pour cela ? Le décret du 16 février 1807 est muet sur ce point. Mais l'art. 1er, § 4, de la loi du 18-20 juin accorde aux commissaires-priseurs, à Paris, une vacation de 4 francs, et partout ailleurs de 3 francs. Le décret du 5-8 nov. 1851 l'accorde également à tous *les officiers publics* qui procèdent aux ventes volontaires des fruits et récoltes pendants par racines, et des coupes de bois taillis. Il est donc parfaitement juste de la passer aussi aux greffiers et aux huissiers qui procèdent aux ventes dont il s'agit dans ce paragraphe. MM. CHAUVEAU et GODOFFRE (n° 2899) approuvent cette solution.

§ 2. — *Des ventes publiques volontaires de meubles et effets mobiliers.*

Ces ventes se divisent encore en deux sections : la première comprend les ventes publiques volontaires de fruits et de récoltes pendants par racines, et de coupes de bois taillis ; la seconde, les ventes volontaires de tous les autres meubles et effets mobiliers.

1re SECTION. — *Des ventes publiques volontaires de fruits et de récoltes pendants par racines, et de coupes de bois taillis.*

Il s'était élevé, entre les commissaires-priseurs, les huissiers, les notaires et les greffiers, des discussions pour savoir auxquels de ces officiers ministériels il appartenait de procéder aux ventes dont il s'agit. La loi des 20 mars, 2 avril et 5 juin 1851, est venue les mettre d'accord ; elle est ainsi conçue :

Art. 1er. — « Les ventes publiques volontaires, soit à terme, « soit au comptant, de fruits et de récoltes pendants par racines, et « des coupes de bois taillis, seront faites, *en concurrence et au choix* « *des parties*, par les notaires, commissaires-priseurs, huissiers et « greffiers de justice de paix, même dans les lieux de la résidence « des commissaires-priseurs. »

Art. 2. — « Pour l'exécution de la présente loi, et dans les trois « mois de sa promulgation, il sera fait un tarif spécial dans la forme « des règlements d'administration publique.

Art. 3. — « Toutes dispositions contraires à la présente loi sont « et demeurent abrogées. »

C'est en exécution de cette loi qu'a été rendu le décret des 5-8 novembre 1851 ; en voici le texte :

Art. 1er. — Il est alloué, pour tous droits d'honoraires, non compris les déboursés, à l'officier public chargé de procéder à une vente volontaire et aux enchères de fruits et récoltes pendants par racines, ou coupes de bois taillis, une remise sur le produit de la vente, qui est fixée à 2 p. 100 jusqu'à 10,000 fr., et 1/4 p. 100 sur l'excédant, sans distinction des ventes faites au comptant et de celles faites à terme.

En cas d'adjudication par lots, consentie au nom du même vendeur, la remise proportionnelle établie au présent article est calculée sur le prix total des lots réunis.

La remise ne peut, en aucun cas, être inférieure à 6 francs.

Art. 2. — Lorsque l'officier public qui a procédé à une vente à terme est chargé d'opérer le recouvrement du prix, il a droit à une remise de 1 p. 100 sur le montant des sommes par lui recouvrées.

Art. 3. — S'il est requis expédition ou extrait des procès-verbaux de vente, il est alloué, outre le timbre, 1 fr. 80 c. par chaque rôle de vingt-cinq lignes à la page et de quinze syllabes à la ligne.

Art. 4. — Pour versement à la caisse des consignations, paiement des contributions ou assistance aux référés, s'il y a lieu, il est alloué :

Émoluments.

A Paris, Lyon, Bordeaux, Toulouse, Marseille, Lille et
    Nantes. . . . . 4 f. 00
Partout ailleurs. 3 00

Art. 5. — Toutes perceptions directes ou indirectes, autres que celles autorisées par le présent règlement, à quelque titre et sous quelque dénomination qu'elles aient lieu, sont formellement interdites.

En cas de contravention, l'officier public pourra être suspendu ou destitué, sans préjudice de l'action en répétition de la partie lésée, et des peines prononcées par la loi contre la concussion.

Art. 6. — Il est également interdit aux officiers publics de faire aucun abonnement ou modification à raison des droits ci-dessus fixés, si ce n'est avec l'Etat et les établissements publics.

Toute contravention sera punie d'une suspension de quinze jours à six mois. En cas de récidive, la destitution pourra être prononcée.

2e SECTION. — *Des ventes publiques volontaires de meubles et effets mobiliers. — Prisées de meubles. — Ventes sur faillites.*

Quels sont les droits des greffiers pour ces ventes? Il n'est plus possible d'appliquer le tarif du décret du 17 septembre 1793 ; les droits qu'il indique ne sont plus en rapport avec les autres émoluments. Le décret du 16 février sur la taxe des frais ne paraît non plus devoir s'appliquer qu'aux ventes après saisies.

Le décret impérial du 5-8 novembre 1851, contenant la taxe pour les frais des ventes publiques volontaires de fruits et récoltes pendants par racines, et de coupes de bois taillis, a fixé les remises proportionnelles à un taux très-peu élevé, en raison de l'importance ordinaire des ventes de récoltes pendantes par racines, et du peu de temps qu'elles réclament. Il semble qu'il n'ait pas dû entrer dans les prévisions du législateur qu'il fût appliqué à des ventes de meubles et d'effets mobiliers, presque toujours moins importantes, mais qui exigent des détails et des soins beaucoup plus minutieux.

Là où il n'y a pas de commissaires-priseurs, les greffiers, huissiers et notaires leur sont substitués, pour faire les ventes volontaires de meubles et d'effets mobiliers, *et pour les prisées de meubles.*

Cette similitude indique qu'il est naturel de recourir à la loi du 18-20 juin 1843, qui tarife les droits des commissaires-priseurs, tout à la fois pour *les prisées de meubles* et *les ventes mobilières.*

En effet, en ce qui concerne ces actes, la position de chacun de ces officiers ministériels diffère très-peu, et il n'y a aucun motif plausible de ne pas les taxer de la même manière et au même taux (1).

---

(1) Voyez ce qui a été dit dans mon *Manuel*, 2e édit., *Tarif des commissaires-priseurs*, pag. 382 à 387, sur l'impossibilité d'appliquer aujourd'hui aux greffiers le décret du 17 septembre 1793. Les solutions qui résultent de notre dissertation sont approuvées par MM. Chauveau et Godoffre, *Comment. du Tarif en mat. civ.*, nos 184 et 2894, où ils citent des décisions ministérielles du 24 décembre 1852 et 28 févr. 1853, qui reconnaissent que le tarif de 1793 est tombé en désuétude et qu'il faut le sup-

Il faudrait donc allouer aux greffiers de justice de paix :

Émoluments.

1º Pour droit de prisée, pour chaque vacation de trois heures :
Partout ailleurs qu'à Paris, Lyon, Bordeaux, Rouen, etc.   5 f. 00 c.

Débours.

Enregistrement du procès-verbal. . . . .
Timbre. . . . .

2º Pour assistance aux référés et pour chaque vacation :

Émoluments.

Partout ailleurs qu'à Paris, Lyon, Bordeaux, etc. . . . .   4 f. 00 c.

Débours.

Enregistrement . . . . 1 f. 20 c.
Timbre. . . . .

3º Pour tous les droits de vente, non compris les déboursés pour
y parvenir et en acquitter les droits, non plus que la rédaction des
placards, 6 p. 100 sur le produit des ventes, sans distinction de
résidence.

L'art. 1ᵉʳ ajoute :

« Il pourra, en outre, être alloué une ou plusieurs vacations sur
« la réquisition des parties, constatée par procès-verbal du commis-
« saire-priseur, à l'effet de préparer les objets mis en vente.

« Ces vacations extraordinaires ne seront passées en taxe qu'au-
« tant que le produit de la vente s'élèvera à 3,000 fr.

« Chacune de ces vacations de trois heures donnera droit aux
« émoluments fixés par le nº 1ᵉʳ du présent article. »

Il alloue ensuite :

« Pour expédition ou extrait des procès-verbaux de vente, s'ils
« sont requis, outre le timbre, et pour chaque rôle de vingt-cinq
« lignes à la page et de quinze syllabes à la ligne :

Émoluments.

Partout ailleurs qu'à Paris, Bordeaux, Lyon, Toulouse,
   Rouen, Marseille, Lille et Nantes. . . . .   1 f. 50 c.
Pour consignation à la caisse, s'il y a lieu.   5   00
Pour assistance à l'essai et au poinçonnage des matières
   d'or et d'argent.   5   00
Pour paiement des contributions, conformément aux
   dispositions des lois.   5   00

---

pléer par celui de la loi du 18-20 juin 1843.
— En ce qui concerne les ventes après faillite, il faut distinguer entre celles du mobilier
et celles des marchandises. Pour les premières, qui ont le caractère de ventes judiciaires,
c'est le tarif de 1807 qui est applicable; pour
les secondes, c'est l'art. 2 de la loi du 3 juillet
1851 (M. Dutruc, *B. de la taxe*, t. 1ᵉʳ, p. 84, 85).

Débours.

S'il y en a.

Observations.

Tous les émoluments indiqués sous le titre, *Droits particuliers attribués aux greffiers de justice de paix*, ainsi que ceux énoncés dans l'art. 15 du décret du 16 février 1807, doivent être taxés par le président du tribunal civil de première instance, ou par un juge délégué par lui.

C'est ce qui résulte de l'art. 2 de la loi du 18-20 juin 1843 et des art. 173 et 42 du décret du 16 février 1807 (Voy. chap. final, § 2, n° 3) :

1re QUESTION.

Doit-il être attribué au greffier du juge de paix un droit pour requérir cette taxe, lorsqu'il s'agit de vente volontaire de meubles et d'effets mobiliers?—Il semble que non, car l'art. 2 de la loi du 20 juin 1843, que nous lui avons appliqué, porte : « L'Etat « des vacations, droits et remises, alloués aux commissaires-« priseurs, sera délivré sans frais aux parties. »

Nous avons vu qu'il en est autrement pour les ventes forcées, c'est une bizarrerie! mais il faut exécuter les lois comme elles sont faites.

2e QUESTION.

Lorsque la vente est à terme, et que le greffier est chargé du recouvrement, lui est-il dû un droit de 1 pour 100, de même qu'en matière de vente publique volontaire de fruits et récoltes pendants par racines?

Nous penchons pour l'affirmative, car les raisons d'accorder ce droit sont les mêmes dans tous les cas, même dans ceux de ventes forcées. Il est reconnu que les acheteurs paient plus cher quand on leur accorde délai ; le droit de 1 pour 100 se trouve donc amplement compensé.

D'un autre côté, l'art. 625 du Code de procédure civile rend les officiers ministériels responsables du prix des adjudications ; quand les propriétaires ou des créanciers accordent des délais de paiement, ils aggravent ainsi la responsabilité de ces officiers ministériels. Il n'est pas juste qu'ils puissent le faire sans indemnité, et celle de 1 pour 100 n'est pas trop considérable ; sans cela, les officiers publics chargés de la vente pourraient se refuser à abandonner leur garantie de la solvabilité des acheteurs, qui consiste à les faire payer comptant, et à l'instant même de l'adjudication, à peine de revente immédiate.

§ 3.—*Des contrats d'apprentissage.—Loi du* 22 *février-*4 *mars* 1851, *sur les baux d'apprentissage.*

Les art. 1, 2 et 3 de la loi du 4 mars 1831 sont relatifs aux contrats passés, entre le maître et l'apprenti, pour régler les conditions de l'apprentissage ; ils fixent les droits des notaires et autres officiers publics qui ont caractère légal pour recevoir ces contrats.

Aux termes de l'art. 2, les greffiers de justice de paix peuvent les recevoir concurremment avec les notaires et les secrétaires des conseils de prud'hommes.

Le deuxième alinéa de cet article porte : « Cet acte est soumis, « pour l'enregistrement, au droit fixe de 1 franc (1 fr. 10 c. « décime compris), lors même qu'il contiendrait des obligations « de sommes ou valeurs mobilières, ou des quittances. »

Les honoraires des officiers publics sont fixés à 2 fr.

« Art. 3. L'acte d'apprentissage contiendra : 1° les nom, pré-
« noms, âge, profession et domicile du maître ; 2° les nom,
« prénoms, âge et domicile de l'apprenti ; 3° les nom, prénoms,
« profession et domicile de ses père et mère, de son tuteur, ou
« de la personne autorisée par les parents, ou à leur défaut par
« le juge de paix ; 4° la date et la durée du contrat ; 5° les con-
« ditions de logement et de nourriture, de prix, et toutes les
« autres arrêtées entre les parties. Il devra être signé par le
« maître et le représentant de l'apprenti. »

Comme cet acte contient des conventions synallagmatiques, il doit garder minute. Les frais en sont donc :

1° Emolument du greffier qui le reçoit. . . . . 2 f. 00 c.
Expédition. (V. art. 9 du Tarif de 1807).
2° *Débours.* — Enregistrement. 1 20
  Timbre de la minute et de l'expédition. . . . . »   »
  Et timbre de l'autorisation quand elle est donnée par
    le juge de paix.. . . . . 0 60
  Enregistrement de l'autorisation, 2/10ᵉˢ compris. . . 1 20

L'autorisation du juge de paix, ou celle du tuteur ou des parents doit être annexée à la minute de l'acte et comprise dans l'expédition s'il y a lieu. (V. *Tarif des notaires,* 5° division.)

§ 4.—*Légalisation par les juges de paix des signatures des notaires et des officiers de l'état civil.*

Autrefois les légalisations de signature des notaires et des officiers de l'état civil étaient attribuées exclusivement aux présidents des tribunaux civils d'arrondissement, et leurs greffiers percevaient, et perçoivent toujours, un émolument de 25 centimes.

Cela exigeait pour les parties des déplacements coûteux et gênants.

La loi du 2 mai 1861 a changé cet état de choses. En voici les termes :

ART. 1er. « Les juges de paix, qui ne siégent pas au chef-lieu « d'un tribunal de 1re instance, sont autorisés à légaliser, concur- « remment avec le président du tribunal, les signatures des notaires « qui résident dans leur canton et celles des officiers de l'état civil « des communes qui en dépendent, soit en totalité, soit en partie.

« ART. 2. Les notaires et les officiers de l'état civil déposeront « leurs signatures et leurs paraphes au greffe de la justice de paix, « où la légalisation peut être donnée.

« ART. 3. Il est alloué aux greffiers de la justice de paix une ré- « tribution de 25 cent. par chaque légalisation (1).

« Néanmoins, cette rétribution ne sera pas exigée, si l'acte, la « copie ou l'extrait sont dispensés du timbre. »

§ 5. — *De la liquidation des frais des greffiers de justice de paix, et de l'exécutoire contre les parties qui les doivent.*

On a vu, au chapitre 2, page 3, que l'ordonnance du 17 juillet 1825 dispose qu'aucuns frais ni émoluments ne peuvent être perçus, par ces officiers ministériels, que sur des états dressés par eux, *vérifiés et visés par le juge de paix ;*

Que ces états doivent être écrits au bas de l'expédition délivrée par le greffier, et qu'à défaut de l'expédition, il doit en être fait un état séparé.

C'est donc le juge de paix qui est le taxateur des frais dus au greffier.

Mais c'est un point de doctrine certaine que la taxe ne rend pas exécutoire l'état de ces frais contre les parties qui les doivent ; la taxe est seulement un titre qui n'a pas d'exécution parée, et en vertu duquel le greffier ne peut pas agir par voie de commandement, à moins que ces frais ne fassent partie de ceux pour lesquels il y aurait un jugement de condamnation.

Comment doit-il agir pour compléter ce titre ? Evidemment

---

(1) Le procès-verbal de dépôt au greffe de la justice de paix des signatures et paraphes des notaires et des officiers de l'état civil n'est pas sujet aux droits de greffe, parce que ces droits ne sont dus que pour les actes des greffiers des tribunaux de 1re instance, de commerce et pour ceux d'appel : mais il est soumis à l'enregistrement, au droit de 1 fr. 20 c., décimes compris. Il ne paraît pas qu'il soit dû au greffier autre chose que le remboursement du timbre. (Voir ci-devant p. 5, tarif, art. 11.)

c'est par voie d'assignation ; car personne ne lui dénie l'action civile en justice ; mais les auteurs sont très-divergents sur l'autorité judiciaire compétente pour statuer ; les uns veulent que ce soit le juge de paix, d'autres pensent que c'est le tribunal civil de première instance de l'arrondissement où le débiteur a son domicile.

« Je crois que, dans l'état actuel de la législation, il n'y a aucun inconvénient à ce que ce soit le juge de paix ; il a cessé d'être partie intéressée dans la liquidation de ces frais, depuis la loi du 21 juin 1845, qui supprime les droits et vacations, qui rendaient son intérêt commun avec celui du greffier. Je crois même que le juge de paix est seul compétent, à quelque somme que la demande puisse monter, sauf l'appel, pour le cas où elle dépasserait les limites dans lesquelles il est autorisé à statuer en dernier ressort.

« Je base cette opinion sur l'art. 60 du Code de procédure civile, qui porte : « Les demandes formées pour frais par les offi-« ciers ministériels seront portées au tribunal où les frais ont « été faits. »

« Je ne vois rien de plus formel que ce principe, et nonobstant la contradiction des auteurs, je ne crois pas une plus longue dissertation utile, car le doute me paraît impossible (1).

CHAP. III.—TARIF DES SECRÉTAIRES DU CONSEIL DE PRUD'HOMMES.

Observations.

Avant de m'occuper de ces tarifs, je dois dire un mot des conseils de prud'hommes.

Ces conseils sont aux tribunaux de commerce ce que sont les justices de paix aux tribunaux civils de 1re instance. Aussi la procédure que l'on y suit est à peu près calquée sur celle des justices de paix.

Ils ont été établis par un décret du 11 juin 1809, qui a été expliqué et rectifié par un avis du Conseil d'Etat du 20 février 1810.

Les prud'hommes sont élus comme les membres des tribunaux de commerce, et leurs fonctions sont gratuites de même.

---

(1) Il est entendu cependant que ce mode de liquidation n'est pas applicable aux émoluments indiqués sous le titre : *Droits particuliers attribués aux greffiers de justice de paix*, ainsi qu'à ceux énoncés dans l'art. 15 du tarif, et que pour ces droits il faut se reporter à ce qui a été dit aux *observations*, page 20.

Que, pour ceux tarifés pour l'art. 16, il faut aussi se reporter à ce qui sera dit au chapitre final, § 2, n° ii, car j'ai changé d'opinion depuis la seconde édition, sur la partie guillemettée plus haut.

Il n'y a dans ces tribunaux de rétribués que le secrétaire et l'huissier qui y sont attachés.

Il n'y a devant cette juridiction ni agréés, ni avoués, ni avocats, ni défenseurs. Les parties s'y présentent en personne ou par un fondé de pouvoir spécial pris dans leur proche parenté. C'est tout au plus si elles peuvent être admises exceptionnellement à se faire assister d'un avocat, mais à leurs frais.

Elles comparaissent volontairement, ou appelées par lettre du secrétaire, ou citées par l'huissier attaché à cette juridiction.

Quoique la procédure qu'on y suit soit fort abrégée et réduite aux plus simples éléments, je ne crois pas devoir en donner les détails, je ne vais donc m'occuper que des tarifs et de la taxe en ce qui est relatif au secrétaire et à l'huissier.

Droits et émoluments des secrétaires de prud'hommes.

Ils sont nommés par les préfets des départements où siègent les conseils de prud'hommes : leurs droits et émoluments sont tarifés par les articles 58 et 59 du décret du 20 février 1810, qui sont ainsi conçus :

« Art. 58. Les parties pourront toujours se présenter volontaire-
« ment devant les prud'hommes pour être conciliées par eux; dans
« ce cas, elles seront tenues de déclarer qu'elles demandent leurs
« bons offices. Cette déclaration sera signée par elles, ou mention
« en sera faite si elles ne savent signer. — Il ne sera rien payé
« pour cet objet.

« ART. 59. Il sera payé aux secrétaires des conseils de pru-
« d'hommes les sommes suivantes :

« Pour les lettres d'invitation à se rendre au conseil. .   0 f. 30 c.

« Pour chaque rôle d'expédition qu'ils délivreront, et
« qui contiendra vingt lignes à la page et dix syllabes
« à la ligne.   0   40

« Pour l'expédition du procès-verbal qui constatera
« que les parties n'ont pu être conciliées, et qui ne
« peut contenir qu'une mention sommaire qu'elles
« n'ont pu s'accorder.   0   80

« *Enregistrement du procès-verbal, décimes compris* (en
« débet)   1   20

« Pour l'expédition du procès-verbal qui constatera le
« dépôt du modèle d'une marque (*abrogé par l'ar-*
« *ticle de la loi du 23 juin 1857 pour les marques, mais*
« *laissé en vigueur pour les dépôts de dessins*)   3   00

« *Enregistrement de la minute*, décimes compris   1   20

Observations et questions.

Lorsque les parties ne comparaissent pas volontairement devant les prud'hommes pour y être conciliées ou jugées, celle qui a intérêt à faire vider la contestation se présente au secrétaire et en obtient une lettre de citation. Mais ce n'est pas le secrétaire qui, comme les greffiers de justices de paix, est chargé de la faire parvenir à son adresse ; l'émolument qui lui est alloué (30 centimes) serait insuffisant pour faire face au droit de poste, il la remet donc à la partie requérante. L'inconvénient qu'il y a à cela n'échappe à personne, car cette partie peut quelquefois avoir un intérêt mal compris, ou un motif pour ne pas la faire parvenir : quoi qu'il en soit, la loi n'oblige pas le secrétaire à se charger de cette mission.

Je dois faire aussi la remarque suivante :

D'après la loi du 7-14 août 1850, art. 1er, dans les contestations entre patrons et ouvriers devant les conseils de prud'hommes, *les actes de procédure, ainsi que les jugements et les actes nécessaires à leur exécution,* doivent être rédigés sur papier *visé pour timbre ;* l'enregistrement a lieu *en débet.*

Les frais doivent en être répétés par l'administration de l'enregistrement sur la partie qui succombe.

A cet effet le secrétaire est tenu de remettre au receveur de l'enregistrement un extrait mentionnant la liquidation des droits de timbre et d'enregistrement occasionnés par les divers actes dans chaque instance.

Il est alloué pour cela un droit de 0 f. 25 c.

Mais les droits de timbre et d'enregistrement tombent *en non-valeur* quand il n'y a pas de partie condamnée.

Il en est de même dans certain cas lorsque le litige n'excède pas 25 francs. (V. ci-après, page 30 à la note.)

Question.

Le secrétaire du conseil a-t-il, comme le greffier de la justice de paix, et conformément à l'art. 14 du tarif de 1807, un droit pour la transmission au président du tribunal de commerce de la récusation exercée contre un ou plusieurs membres du conseil des prud'hommes et de leurs réponses ?

Non, car aux termes de l'art. 57 du décret du 20 février 1810, c'est le président du conseil qui est chargé personnellement d'adresser, dans les trois jours de la réponse du prud'homme qui refuse de s'abstenir, une expédition de l'acte de récusation et de la déclaration du prud'homme ; mais le secrétaire du conseil a droit aux émoluments de l'expédition, conformément au 2e alinéa de l'art. 59. (Conforme l'opinion de M. Boucher-d'Argis, *Dict. de la taxe,* 1874, p. 440, n° 13.

CHAP. IV. — Tarif des huissiers de justice de paix.

Il faut remarquer que la taxe s'applique aux actes quels que soient les huissiers qui les signifient.

Les huissiers des juges de paix font tous les actes concurremment avec les autres huissiers de l'arrondissement auquel ils appartiennent; mais ils sont *exclusivement* chargés de faire les actes concernant la juridiction des juges de paix. Ils ne peuvent être suppléés, en cas d'empêchement, que de l'autorité du juge, qui désigne ceux qui doivent les remplacer.

Ces attributions exclusives sont l'indemnité du service qu'ils sont tenus de faire aux audiences de la justice de paix.

La loi du 25 mai 1838 a, sur cette matière, des dispositions qu'il est bon de rappeler ici.

ART. 16. — Tous les huissiers d'un même canton auront le droit de donner toutes les citations et de faire tous les actes, devant la justice de paix. Dans les villes où il y a plusieurs justices de paix, les huissiers exploitent concurremment dans le ressort de la juridiction assignée à leur résidence. Tous les huissiers du même canton seront tenus de faire le service des audiences et d'assister le juge de paix, toutes les fois qu'ils en seront requis. Les juges de paix choisiront leurs huissiers audienciers.

ART. 17. — Dans toutes les causes, excepté celles où il y aurait péril en la demeure, et celles dans lesquelles le défendeur serait domicilié hors du canton, ou des cantons de la même ville, le juge de paix pourra interdire aux huissiers de sa résidence de donner aucune citation en justice sans qu'au préalable il ait appelé, sans frais, les parties devant lui.

ART. 18. — Dans les causes portées devant le juge de paix, aucun huissier ne pourra ni assister comme conseil, ni représenter les parties en qualité de procureur fondé, à peine d'une amende de 25 à 50 francs, qui sera prononcée, sans appel, par le juge de paix.

Ces dispositions ne seront pas applicables aux huissiers qui se trouveront dans l'un des cas prévus par l'art. 86 du Code de procédure civile.

(*S'il s'agit de leur cause personnelle, de celle de leurs femmes, parents ou alliés en ligne directe et de leurs pupilles.*)

ART. 19. — En cas d'infraction aux dispositions des art. 16, 17 et 18, le juge de paix pourra défendre aux huissiers du canton de citer devant lui, pendant un délai de quinze jours à trois mois, sans appel et sans préjudice de l'action disciplinaire des tribunaux, et des dommages et intérêts des parties, s'il y a lieu.

L'art. 17 a été modifié par l'art. 2 de la loi du 2 mai 1855, ainsi qu'on la déjà vu, pages 10 et 11.

Il est formellement interdit aux huissiers de donner aucune citation en justice, sans qu'au préalable le juge de paix ait appelé les parties devant lui, au moyen d'un avertissement délivré par le greffier, au nom du juge de paix.

Dans tous les cas qui requièrent célérité, il ne doit être remis de citation, non précédée d'avertissement, qu'en vertu d'une permission donnée, *sans frais*, par le juge de paix sur l'original de l'exploit.

En cas d'infraction de la part de l'huissier, il doit supporter les frais de l'exploit, sans repétition.

Tout cela est clair, et n'a besoin d'aucune autre observation. Passons maintenant au tarif des actes de ces huissiers.

Art. 21. — Pour l'original :

§ 1. De chaque citation contenant demande : ·

Émoluments.

A Paris, Bordeaux, Lyon, Rouen, Toulouse, Marseille,
    Lille et Nantes. . . . . 1 f. 50 c.
Dans les villes où il y a une Cour d'appel, et dans celles
    dont la population excède 30,000 habitants 1   35
Partout ailleurs. 1   25

Débours.

Enregistrement (1), décimes compris. . . . . 1 f. 80 c.
Timbre. . . . .

§ 2. De signification de jugement [Pr. 16, 19];. 1   25
§ 3. De sommation de fournir caution ou d'être présent
    à la sommation de réception de la caution ordonnée
    [Pr. 17];. 1   25
§ 4. D'opposition au jugement par défaut contenant assignation à la prochaine audience [Pr. 20];. 1   50
§ 5. De demande en garantie [Pr. 32];. 1   50
§ 6. De citation aux témoins [Pr. 34]; 1   50
§ 7. De citation aux gens de l'art et experts [Pr. 42]; . 1   50
§ 8. De citation en conciliation [Pr. 52];   ·
§ 9. De citation aux membres qui doivent composer le
    conseil de famille [C. C. 406];. 1   50
§ 10. De notification de l'avis du conseil de famille. . . 1   50
§ 11. D'opposition aux scellés [C. C. 926];. 1   50
§ 12. De sommation d'assister à la levée des scellés (2). 1   50

---

(1) Loi du 19 juill. 1845, art. 5.
(2) A partir du § 2 de l'art. 21, les droits sont invariables et indépendants des localités. On ne se rend pas bien compte des motifs qui ont porté le législateur à tarifer différemment les actes que l'art. 21 énumère.

J'en ai vérifié avec soin le texte dans le *Bulletin officiel;* il me paraît trop positif pour ne pas être exécuté comme il y est écrit. On ne saurait tirer contre cette interprétation rigoureuse et littérale un argument bien péremptoires des dispositions générales de

Émoluments.

Partout donc depuis le § 4. . . . . 1 f. 50 c.

Débours.

Enregistrement . . . . 1 f. 80 c.
Timbre. . . . .

§ 13. Et pour chaque copie des actes ci-dessus énoncés, le quart de l'original.

Art. 22.—Pour la copie des pièces qui pourra être donnée avec les actes, pour chaque rôle d'expédition de vingt lignes à la page et de dix syllabes à la ligne (400 *syllabes au rôle*).

Émoluments.

A Paris, Bordeaux, Lyon, Rouen, Toulouse, Marseille, Lille et Nantes.. . . . . 0 f. 25 c.
Dans les villes où il y a une Cour d'appel ou une population de plus de 30,000 habitants.. 0   23
Partout ailleurs. 0   20

Débours.

Timbre. . . . .

Art. 23. § 1er. Pour transport, qui ne pourra être alloué qu'autant qu'il y aura plus d'un demi-myriamètre (une lieue ancienne) de distance entre la demeure de l'huissier et le lieu où l'exploit devra être posé, aller et retour :

Par myriamètre. 2 f. 00 c.

§ 2. Il ne sera rien alloué aux huissiers des juges de paix pour *visa* par le greffier de la justice de paix, ou par les maires et adjoints des communes du canton, dans différents cas prévus par le Code de procédure.

Art. 94 *du décret du 14 juin 1813.—Les huissiers audienciers près*

---

l'article 3 du 2e décret, à la même date, car partout le tarif auquel appartient notre article 21, fixe les émoluments à un *maximum* et à un *minimum*, l'un pour les tribunaux établis dans la capitale, l'autre pour ceux du ressort ; cela, dit-on, est invariable ici, il n'y a pas de *minimum* et quoique la raison pour laquelle le législateur l'a omis ne me soit pas connue, il me paraît impossible de la suppléer.

Cependant MM. CHAUVEAU et GODOFFRE (*Comm. du tarif,* n. 620) hésitent à approuver cette opinion. Ils disent que la pratique y est contraire ; je ne la crois pas aussi générale qu'ils le pensent.

Mais voyez le résultat auquel on arrive en fixant, selon leur expression, les émoluments des §§ 2 et 3 de l'art. 21 ; on trouve :
Pour Paris, Bordeaux . . .   1 f. 25 c.
Dans tous les chefs-lieux de
    Cour d'appel, etc..   1   13
Partout ailleurs.   0   94
Or, je défie de rencontrer dans tout le tarif pour des actes, similaires à ceux-là des chiffres qui se rapprochent des deux derniers.

Je persiste d'autant plus dans mon opinion que les chiffres les plus élevés sont, dans l'état actuel des choses, à peine rémunératoires, et puisque quelque parti qu'on prenne, il faut aboutir à une bizarrerie, je préfère celle qui résulte du sens que je donne à l'article 21. (*Contrà,* M. Boucher-d'Argis, *Dict. de la taxe,* 1874, p. 320-221.)

les tribunaux de paix recevront par chaque appel de cause (V. ci-après
les art. 152 *et* 157 *du tarif de* 1807). . . . .   0 f. 15 c.

Observations.

1re QUESTION.

On a prétendu que les huissiers de justice de paix pourraient réclamer 4 fr. pour le premier myriamètre parcouru, conformément à l'art. 66 du tarif.

Voici sur quel raisonnement cette prétention est basée :

L'art. 2 du décret du 14 juin 1816, portant règlement sur l'organisation et le service des huissiers, dit qu'ils auront tous *le même caractère, les mêmes attributions et le droit d'exploiter concurremment dans l'étendue du ressort du tribunal civil de l'arrondissement de leur résidence.*

Or, dit-on, s'ils ont tous des pouvoirs égaux, ils doivent avoir droit à des émoluments égaux. Donc, l'art. 23 du tarif a été abrogé par le décret de 1813.

Tout cela n'a aucun fondement; c'est à la nature de l'acte que l'émolument est attaché, et non pas à l'huissier qui instrumente, à la différence de ce qui se pratique dans les autres matières.

L'art. 28 du décret du 14 juin 1813 prouve qu'il n'est pas entré dans les vues des auteurs de ce règlement d'abroger l'art. 23 du tarif, puisqu'il veut que tous les exploits et actes du ministère d'huissier, près les justices de paix, soient faits par les huissiers ordinaires employés au service des audiences.

Cela ne peut être, bien entendu, qu'aux conditions d'émoluments établis pour ces actes ; et si, dans certains cas, les autres huissiers peuvent les faire, ce ne peut être qu'aux mêmes conditions. Conf., M. Chauveau (*Comment. sur le tarif*, 2e édit., n° 565). — Compar. M. Dutruc, *Bull. de la taxe*, t. 1er, p. 148.

2e QUESTION.

Si, par suite du refus du greffier, du maire ou de l'adjoint, l'huissier était obligé d'aller requérir *le visa* du procureur impérial, aurait-il droit à l'émolument tarifé par l'art. 66, § 4, et à l'indemnité de transport ?

MM. CHAUVEAU et GODOFFRE (*Comment. du tarif*, 2e édit., n° 563), se prononcent pour l'affirmative. Je suis du même avis : l'art. 23, § 2, établit une exception qu'il ne faut pas étendre pour consacrer une injuste rigueur. (Conf. Boucher-d'Argis, *Dict. de la taxe*, 1874, page 671.)

M. Dalloz, v° *Frais et dépens*, n° 323, pense que le visa exigé pour l'acte de récusation du juge de paix n'est rétribué que dans le même cas.

Je ne saurais me ranger à cette opinion. M. Chauveau (*eod.*, n° 725) dit que l'art. 23 ne doit pas s'appliquer à l'acte de récusation, parce qu'il peut être fait par tous les huissiers ordinaires.

Je renvoie l'examen de cette question plus loin (V. ce qui en est dit sous l'art. 30.

CHAP. V. — TARIF DES HUISSIERS POUR LES ACTES DE JURIDICTION DES CONSEILS DE PRUD'HOMMES.

Le décret du 20 février 1810, dont j'ai déjà parlé, au chapitre 3, ci-dessus, règle la composition des conseils de prud'hommes, leurs attributions et la procédure à suivre devant leur juridiction.

Les citations ont lieu par lettres du secrétaire et par le ministère d'un huissier à leur nomination.

Ce dernier signifie les jugements.

La taxe de ses actes est établie dans l'article 60, 2° alinéa du décret ainsi qu'il suit :

« Il est alloué les sommes suivantes... à l'huissier at-
« taché aux conseils de prud'hommes, pour chaque
« citation.. . . . . 1 f. 25 c.
« *Enregistrement, décime compris* (1). (En débet).. . . 0 55
« Au même, pour la signification d'un jugement. . . . 1 75
« *Enregistrement, décime compris* (2). (En débet).. . . 0 55
« S'il y a une distance de plus d'un demi-myriamètre
        entre la demeure de l'huissier et le lieu où de-
« vront être remises la citation et la signification,
    « il sera payé par myriamètre, *aller et retour :*
« Pour la citation, une taxe de. . . . . 1 f. 75 c.

(1-2) La loi du 28 avril 1846, art. 41, fixe le droit d'enregistrement des assignations et de tous les autres exploits devant les prud'hommes à 0 f. 50 c., mais cela n'est applicable que quand les contestations dépassent la somme de 25 francs ; quand elles sont au-dessous, tous les jugements et autres actes doivent être enregistrés *gratis* (Instr. générale de la régie du 31 déc. 1847, n° 1796, § 11 ; déc. minist. du 30 août 1847), et dans tous les cas, même lorsque les contestations dépassent 25 francs, les actes de poursuites, les jugements et les actes d'exécution, tant en première instance qu'en appel, doivent être portés sur papier visé pour timbre et enregistré *en débet*, pour les frais en être supportés en définitive par la partie condamnée (loi du 7 août 1855, sur le timbre et l'enregistrement, art. 1, 2, 3 et 4).

L'article 1er de la loi du 25 août 1871 sur *l'enregistrement et le timbre*, qui porte que les dispositions de l'article 14 de la loi du 2 juillet 1862, relative à la perception d'un second décime sur les droits et produits *dont le recouvrement est confié à l'administration de l'enregistrement,* sont remises en vigueur, est-il applicable en cette matière ?

Cela ne me paraît faire aucun doute.

« Pour la signification. . . . . 2 f. 00 c.
« Pour la copie des pièces qui pourront être données
  « avec les jugements rendus, il sera payé à l'huis-
  « sier, par chaque rôle d'expédition de 20 lignes à
  « la page et de 10 syllabes à la ligne. 0 20

Observations.

1re QUESTION.

Est-il dû 1/4 de l'original des citations et autres actes d'huissier pour chaque copie?

Je le crois, car c'est la règle générale dans le tarif du 16
février 1807.

MM. CHAUVEAU et GODOFFRE (n° 68) sont de cet avis qui est
aussi partagé par les auteurs de *l'Encyclopédie des huissiers*,
v° *Prud'hommes*, et par M. BOUCHER-D'ARGIS (*Dict. de la taxe*,
1874, p. 448, n° 3).

M. VERVOORT est d'une opinion contraire, mais que je persiste à ne pas croire fondée.

2e QUESTION.

L'huissier a-t-il droit au *visa* pour chaque acte qui y est assujetti?

Cette question est assez délicate; néanmoins je pense que
l'art. 66 du tarif de 1807, §§ 4 et 5, pose la règle générale à
laquelle il n'est fait d'exception que pour les huissiers de justice de paix. Or, les exceptions ne s'appliquent pas par analogie;
quoi qu'elle soit frappante ici, je crois néanmoins qu'il faut la
repousser (V. *Encyclop. des huissiers*, n° 85).

MM. CHAUVEAU et GODOFFBE, n° 70, et BOUCHER-D'ARGIS (*Dict.
de la taxe*, 1874), sont d'une opinion contraire à celle que je
viens d'exprimer. Je ne maintiens mon avis guère que pour en
avoir un, ne me dissimulant pas, qu'en matière de taxe comme
d'impôt, ce qui n'est pas accordé n'est pas dû.

3e QUESTION.

L'article 35 du décret du 14 juin 1813 est-il applicable en
cette matière?

Oui : mais voyez plus loin mes observations sous l'art. 66 du
tarif de 1807, où les questions de *Transport des huissiers* sont
spécialement examinées.

CHAP. VI.—TAXE DES TÉMOINS, EXPERTS ET GARDIENS DE SCELLÉS.

1re SECTION. — *Des témoins devant les juges de paix.*

Art. 24.—Il sera taxé au témoin entendu par le juge de paix
une somme équivalente à une *journée de travail*, même à une double

journée, si le témoin a été obligé de se faire remplacer dans sa profession, ce qui est laissé à la prudence du juge [Pr. 29, 34].

Il sera taxé au témoin qui n'a point de profession.. . ..   2 f. 00 c.

Il ne sera point payé de frais de voyage, si le témoin est domicilié dans le canton où il est entendu.

S'il est domicilié hors du canton, et à une distance de plus de deux myriamètres et demi du lieu où il fera sa déposition, il lui sera alloué autant de fois une somme double de *journée de travail*, ou une somme de 4 francs, qu'il y aura de fois cinq myriamètres de distance entre son domicile et le lieu où il aura déposé.

Observations.

1re QUESTION.

Comment faut-il fixer le prix de *la journée de travail?*

M. Chauveau, *Commentaire sur le tarif*, 2e édit., n° 688, pense que c'est au juge à fixer le prix de la journée de travail.

Il cite, comme ayant une opinion contraire, M. Verwoort, p. 25, note *n a*.

Ce dernier auteur pense que, pour évaluer la journée de travail, il faut s'attacher à la fixation qui a dû être faite par le préfet, en vertu de l'art. 4, titre 2, de la loi du 28 septembre 1791.

En lisant l'art. 23, il n'échappera à personne que l'intention de son rédacteur a été que le témoin qui n'a point de profession fût moins payé que les autres; or, ce serait tout le contraire qui arriverait, si l'on suivait le sentiment de M. Verwoort; car il y a en France bien peu de départements, s'il y en a, où le prix de la journée de travail n'atteigne 2 francs.

D'un autre côté, si l'on rapproche l'art. 167 de l'art. 23, on voit que c'est le juge de paix qui apprécie; en effet, d'après l'art. 167, la somme de 2 francs est le *minimum* que doive-' accorder le juge, le *maximum* est de 10 francs. C'est donc à raison de *l'état et de la profession* que le prix de la journée doit être fixé. Il est bien évident qu'il n'y a que le juge taxateur qui puisse faire cette appréciation. (V. Dalloz, *Jurisprudence générale*, v° *Frais et dépens*, n° 314 et Boucher-d'Argis, *Dict. de la taxe*,, p. 631, n° 1.)

2e QUESTION.

Doit-il être alloué quelque chose de proportionnel pour les fractions au-dessus de 2 myriamètres et demi et au-dessus de 5 myriamètres? Cette question est délicate; il y a pour la négative des autorités fort imposantes, en première ligne celle de la Cour de Poitiers, qui a jugé, tout dernièrement, qu'il n'est rien dû pour ces fractions.

Mais l'occasion de traiter cette question se représentera, on ne fait que l'énoncer ici.

3ᵉ QUESTION.

Les témoins qui sont entendus par le juge paix, comme délégué par un juge supérieur, doivent-ils être taxés d'après l'art. 24, ou d'après l'art. 167?

Il n'y a nul doute que l'art. 24 ne leur est pas applicable; mais que leur taxe est réglée par l'art. 167. Conf., M. Dalloz (*Jur. gén.*, vᵒ *Frais et dép.*, n. 326). —Comp. M. Dutruc, *B. de la taxe*, t. 2, p. 5.

Art. 25.—La taxe des experts, en justice de paix, sera la même que celle des témoins, et il ne leur sera alloué de frais de voyage que dans les mêmes cas [Pr. 29, 42].

Art. 26.—Les frais de garde seront taxés, par chaque jour, pendant les douze premiers jours :

Émoluments.

A Paris, Lyon, Bordeaux, Rouen, Toulouse, Marseille, Lille et Nantes.	2 f. 50 c.
Dans les villes où il y a une Cour d'appel et dans celles dont la population excède 30,000 habitants.	2 25
Dans les villes où il y a un tribunal de 1ʳᵉ instance. . .	2 00
Dans les autres villes et cantons ruraux..	1 50

Ensuite, seulement à raison de :

Émoluments.

A Paris, Bordeaux, Lyon, Rouen, Toulouse, Marseille, Lille et Nantes.	1 f. 00
Dans les villes où il y a une Cour d'appel, ou dont la population excède 30,000 habitants.	0 90
Dans les villes où il y a un tribunal de 1ʳᵉ instance. . .	0 80
Dans les autres villes et cantons ruraux..	0 60

2ᵉ SECTION. — *Taxe des témoins et experts devant des conseils de prud'hommes.*

Des témoins peuvent être entendus devant les conseils de prud'hommes et des expertises peuvent être ordonnées par eux comme devant la justice de paix.

L'art. 24 du tarif de 1807 a été reproduit textuellement par l'art. 61 du décret des 11 juin 1809 et 20 fév. 1810, sur les conseils de prud'hommes; ainsi la taxe des témoins est la même devant les prud'hommes que devant les juges de paix.

Voici le texte de l'article 61 :

« Il sera taxé aux témoins entendus par les conseils de prud'-
« hommes une somme équivalente à une journée de travail, même à

« une double journée si le témoin a été obligé de se faire remplacer
« dans sa profession. Cette taxation est laissée à la prudence des
« conseils de prud'hommes. Si le témoin n'a pas de profession, il
« lui sera taxé 2 francs. Il ne lui sera pas passé de frais de voyage,
« s'il est domicilié dans le canton où il est entendu. S'il est domici-
« lié hors du canton et à une distance de plus de deux myriamètres
« et demi du lieu où il fera sa déposition, il lui sera alloué autant
« de fois une somme double de journées de travail, ou une somme
« de 4 francs, qu'il y aura de fois cinq myriamètres de distance
« entre son domicile et le lieu où il aura déposé. »

La clarté de ce texte ne laisse aucune place au commentaire
quand il s'agit des témoins ; mais, comme il ne dit rien des experts,
il faut recourir à l'art. 25 du tarif de 1807, ci-dessus transcrit.

LIVRE II. — DE LA TAXE DES FRAIS DANS LES TRIBUNAUX INFÉRIEURS ET DANS LES COURS.

TITRE Ier. — De la taxe des actes des huissiers ordinaires.

SECTION I.

Observations préliminaires.

La nomination, le nombre, la résidence, les attributions, les devoirs et la discipline des huissiers, sont réglementés par le décret du 14 juin 1813. (V. Appendice, § 2.)

Ils sont nommés par le chef du pouvoir exécutif, sauf ceux attachés à la Cour de cassation qui, jusqu'à présent, paraissent n'avoir été nommés que par elle, et ce, en vertu de l'art. 70 de la loi du 27 ventôse an VIII.

Tous les huissiers ont le même caractère, les mêmes attributions et le droit d'exploiter concurremment dans l'étendue du ressort du tribunal d'arrondissement de leur résidence.

Tous les huissiers du même canton ont également droit d'exploiter dans le canton pour ce qui est relatif aux actes de la juridiction des juges de paix.

Ils se divisent cependant en huissiers *audienciers* et huissiers *ordinaires.*

Les huissiers audienciers sont chargés du service des audiences dans les divers tribunaux. Cour de cassation. Cours d'appel et d'assises, tribunaux de première instance et de police correctionnelle, tribunaux de commerce et de justice de paix.

Chaque tribunal choisit parmi les huissiers de sa résidence, ou même de son ressort, ceux qu'il juge les plus dignes de sa confiance pour le *service des audiences.*

Ils ont pour ce service particulier une indemnité qui consiste : 1° dans des émoluments d'appel de causes ; 2° dans le droit exclusif de signifier les actes d'avoué ; 3° dans le droit, exclusif pour les huissiers à la Cour de cassation, d'instrumenter dans l'étendue du lieu de sa résidence pour toutes les affaires de sa compétence (Loi du 27 ventôse an VIII, art. 70, et 24 du décret du 14 juin 1813).

Les huissiers audienciers sont tenus de résider dans les villes où siégent les Cours et tribunaux près desquels ils devront faire respectivement leur service.

Tous les autres huissiers sont des huissiers ordinaires, et ils font, concurremment avec les huissiers audienciers, tous les actes qui ne rentrent pas dans les exceptions qui viennent d'être indiquées.

Ces observations faites, passons aux dispositions du décret du 16 février, qui sont relatives à la taxe des actes des huissiers ordinaires.

§ 1er. — *Actes de première classe.*

Art. 27.—Pour l'original d'un exploit d'appel du jugement de la justice de paix [Pr. 16, 59, 61, 69, n° 8];

D'un exploit d'ajournement, même en cas de domicile inconnu en France, et d'affiche à la porte de l'auditoire :

Émoluments.

A Paris, Bordeaux, Lyon, Rouen, Toulouse, Marseille,
    Lille et Nantes. . . . . 2 f. 00 c.
Dans les villes où il y a une Cour d'appel, ou dont la
    population est de plus de 30,000 habitants.. . . . . 1 80
Partout ailleurs.. . . . , ... 1 50

Débours.

Enregistrement, décimes compris (1). . . . . 2 f. 40 c.
Timbre. . . . .

Art. 28. — Pour les copies de pièces qui doivent être données avec l'exploit d'ajournement, et autres actes, par rôles contenant vingt lignes à la page et dix syllabes à la ligne, ou évalués sur ce pied [Pr. 65]:

Émoluments.

A Paris, Bordeaux, Lyon, Rouen, Toulouse, Marseille,
    Lille et Nantes. . . . . 0 f. 25 c.
Dans les villes où il y a une Cour d'appel, ou dont la
    population excède 30,000 habitants. 0 23
Partout ailleurs.. . . . . 0 20

Débours.

Timbre. . . . .

Le droit de copie de toute espèce de pièces et de jugements appartiendra à l'avoué, quand les copies de pièces seront faites par lui ; l'avoué sera tenu de signer les copies de pièces et de jugements, et sera garant de leur exactitude.

Les copies seront correctes et lisibles, à peine de rejet de la taxe.

Observations.

1° Il faut rappeler ici une disposition importante du décret du 14 juin 1813. C'est l'art. 48, qui est ainsi conçu :

---

(1) Loi du 28 avril 1816, art. 43, n° 13.

« Pour faciliter la taxe des frais, les huissiers, outre la men-
« tion qu'ils doivent faire, au bas de l'original et de la copie de
« chaque acte, du montant de leurs droits, seront tenus d'indi-
« quer, en marge de l'original, le nombre des rôles des copies
« de pièces, et d'y marquer de même le détail de tous les arti-
« cles de frais formant le coût de l'acte. » (Art. 67, C. proc.).

D'un autre côté, l'art. 43 du même décret dispose, comme
l'art. 28 du tarif, que les copies à signifier par les huissiers doivent être *correctes* et *lisibles*, à peine de rejet de la taxe et de
restitution des sommes reçues. Cet article avait fixé le nombre
de lignes qu'il est permis de mettre sur chaque page ; mais il a
été modifié par le décret du 29 août 1813, qui a été complété,
à son tour, par la loi de finance du 2 juillet 1862. Cette loi
contient des dispositions spéciales sur le timbre ; elle porte,
art. 17 : « à partir du 15 juillet 1862, le droit de timbre, perçu
« en raison de la dimension du papier, est fixé comme il suit :

« Demi-feuille de *petit papier*. . . . . 0 f 50 c.
« Feuille de *petit papier*. 1   00
« Feuille de *moyen papier*. 1   50
« Feuille de *grand papier*.. 2   00
« Feuille de *grand registre*. 3   00 (1).

Ce qu'on doit entendre par *petit, moyen* et *grand papier*
est déterminé dans l'art. 3 de la loi du 13 brumaire an VII, sur
le timbre.

La loi du 29 décembre 1873 a consacré d'importantes inno-
vations relativement au timbre des originaux et des copies des
actes d'huissier. Elle porte que le droit de timbre des exploits,
des notifications d'avoué à avoué, et des significations de tous
jugements, actes ou pièces, sera acquitté au moyen de timbres
mobiles apposés sur l'original de l'exploit ; — que néanmoins ces
copies ne pourront être faites que sur un papier timbré spécial
de la dimension des feuilles aux droits de 50 cent. et de 1 fr.,
et qui sera fourni gratuitement par l'administration de l'enregistrement des domaines et du timbre (art. 2) ; — qu'il ne pourra

---

(1) Ces chiffres constituent ce qu on doit appeler le *principal des droits de timbre*.

Or, l'article 2 de la loi du 23-25 août 1871, porte qu'il est ajouté deux décimes au *principal des droits de timbre de toute nature*.

Par suite le prix des feuilles timbrées est aujourd'hui fixé ainsi qu'il suit :

Demi-feuille de petit papier. .   0 f. 60 c.
Feuille de petit papier. . . .   1   20
Feuille de moyen papier. . .   1   80
Feuille de grand papier . . .   2   40

Feuille de grand registre . .   3   60

Une loi du 19 juillet 1691 modifiée par celle du 24 du même mois avait fixé, en hauteur et largeur, les dimensions des papiers timbrés ; elles étaient un peu supé-rieures à celles aujourd'hui prescrites.

Ces dernières ont été fixées dans un tableau compris dans l'article 3 de la loi du 13 brumaire an VII (3 nov. 1798), où elles sont déterminées en longueur, lar-geur et superficie métriques.

être alloué en taxe, et que les officiers ministériels ne pourront demander et se faire payer, à titre de remboursement de droit de timbre des copies, aucune somme excédant la valeur des timbres mobiles apposés en exécution des dispositions qui précèdent (art. 4) ; — un décret du 30 du même mois règle l'exécution de ces présomptions.

Le décret du 30 juillet 1862, rendu en exécution de l'art. 20 de la loi de finances du 2 juillet 1862, fixe le nombre de lignes et de syllabes que chaque feuille doit contenir au plus selon sa dimension. Il est ainsi conçu :

Art. 1er. Les copies des exploits, celles des significations d'avoués à avoués et des significations de tous jugements, actes ou pièces, ne peuvent contenir, savoir :

Sur le petit papier (feuilles et demi-feuilles) plus de 30 lignes à la page et de 30 syllabes à la ligne;

Sur le moyen papier, plus de 35 lignes à la page et de 35 syllabes à la ligne;

Sur le grand papier, plus de 40 lignes à la page et de 40 syllabes à la ligne;

Sur le grand registre, plus de 45 lignes à la page et de 45 syllabes à la ligne (1). »

L'art. 20 de la loi déjà citée, du 2 juillet 1862, dit :

« Les copies des exploits, celles des significations d'avoué à avoué et des significations de tous jugements, actes ou pièces doivent être correctes, lisibles et *sans abréviations.*

L'art. 1er du décret du 29 août 1813 applique aux contraventions commises par l'huissier dans le nombre des lignes de copie, suivant chaque nature de feuilles, la peine de 25 fr. d'amende, déjà prononcée par la loi du 13 brumaire an VII, pour les contraventions analogues, en matière d'expéditions d'actes. Cette pénalité est confirmée et renouvelée par la loi du 2 juillet 1862.

Sur l application de ces dispositions, voyez les nombreuses solutions énoncées dans le *Formulaire annoté à l'usage des huissiers*, de M. Dutruc, t. I, p. 148, n. 19 et s.

Suivant l'art. 43 du décret du 14 juin 1813, qui édictait la même pénalité dans des termes un peu différents, les procureurs généraux et leurs substituts étaient chargés spécialement de veiller à l'exécution de cet article, et par conséquent de poursuivre la répression des contraventions.

---

(1) Quand il s'agit de la taxe pour le remboursement du timbre des copies, tout ce que le papier peut contenir, d'après les décrets, doit s'y trouver, ou est présumé s'y trouver, et les taxateurs doivent réduire ce qui excéderait. (V. *Manuel*, pag. 26.)

Mais cet art. 43 a été formellement *rapporté* par l'art. 3 du décret du 29 août 1813, lequel est intervenu pour réparer des omissions commises dans ce même art. 43.

On se demande si le ministère public a aujourd'hui qualité pour provoquer le tribunal, devant lequel les pièces sont produites, à prononcer l'amende de 25 fr. contre l'officier ministériel en contravention.

Ce qui fait la difficulté, c'est la rédaction de l'art. 2 du décret du 29 août, qui n'accorde au ministère public le droit de *provocation* que dans le cas où les copies sont *illisibles*, et qui ne reproduit plus la disposition générale dont on vient de parler.

Un arrêt de la Cour de Douai, du 26 mars 1835 (Dalloz, 1835.2.80), a jugé que le ministère public n'est pas recevable à agir dans ce cas, et que la contravention doit être réprimée suivant le mode établi pour les contraventions aux droits du timbre. (V. l'art. 10 de la loi du 16 juin 1824, qui réduit cette amende à cinq francs. V. arrêt de cassation, 11 novembre 1834, Dalloz, 35.1.16.)

Mais cette contravention ne tombe-t-elle pas, comme les autres, sous la répression des art. 1030 et 1031, C. proc., qui permettent aux tribunaux de condamner l'officier ministériel à une amende, *soit pour omission, soit pour contravention*, auxquelles la loi n'attache pas la *peine de nullité?*

S'il y a difficulté pour ce cas, il n'y en a aucune sur le droit du ministère public, quand les copies sont *incorrectes* ou *illisibles.* L'amende de 25 fr. doit être appliquée, sur sa *seule provocation*, par la Cour ou le tribunal devant lequel la copie a été produite (art. 2 du décret du 29 août). Il n'est pas nécessaire que l'officier ministériel soit appelé (Cassation, 11 août 1835, Dalloz 1835.1.455 ; Cass.; arrêt du 21 avril 1836, Dalloz, 36.1.315 ; arrêt du 25 avril 1837, Dalloz, 37.1.313). — Il ne paraît pas non plus que l'amende de 25 fr. soit susceptible de la réduction prononcée par l'art. 10 de la loi de 1824.

Si les copies ont été faites et signées par un avoué, l'huissier qui les aura signifiées sera également condamné à l'amende, sauf son recours contre l'avoué, ainsi qu'il avisera (Décret susdit, art. 2, § 2 (1).

---

(1) A l'heure qu'il est le ministère public s'est bien relâché de la sévérité qu'il montrait autrefois à requérir contre les officiers ministériels dont les écritures étaient *incorrectes* ou *illisibles.* Cependant, à la barre comme sur le siége, tout le monde se plaint de ne pouvoir plus lire les copies des huissiers et celles des avoués.

J'ai entendu reconnaître le fait dans une mercuriale, prononcée devant la Cour de Bordeaux, en assemblée générale. Mais on n'indiquait d'autre remède au mal constaté que la recommandation expresse aux taxateurs de refuser impitoyablement la taxe à ces copies *incorrectes et illisibles.*

On trouve ce moyen silencieux de répres-

1re QUESTION.

Lorsque les copies de pièces signifiées par l'huissier sont certifiées par un avoué, les émoluments doivent-ils être tarifés d'après l'art. 28, § 2 ?

Non, car l'art. 28 dit *que le droit de copie de toute espèce de pièce et de jugement appartiendra à l'avoué*, mais il ne s'explique pas sur l'émolument. Ce sont les art. 72 et 89 qui le fixent. Il est d'ailleurs inférieur à celui des huissiers, parce que les rôles d'avoués doivent contenir un plus grand nombre de syllabes, ainsi qu'on le verra quand nous serons à ces articles (1).

2e QUESTION.

Les avoués ont-ils concurrence avec les huissiers pour certifier toutes les copies de pièces qui peuvent être signifiées par acte d'huissier ?

Cette question a été une des plus importantes qui pût être soulevée, en matière de taxe, et à propos des art. 28, 29 et 72 du tarif.

Voici le texte de ces articles, en ce qui se rapporte aux copies de pièces :

ART. 28... (C. proc., 65.) « Pour les copies de pièces qui « doivent être données avec l'exploit d'ajournement et autres « actes, par rôles, contenant 20 lignes à la page et 10 syllabes « à la ligne,... le droit de copie de toute espèce de pièces et de « jugements appartiendra à l'avoué, quand les copies de pièces « seront faites par lui ; l'avoué sera tenu de signer les copies de « pièces et de jugements et sera garant de leur exactitude. »

ART. 29. (Il énumère avec leur taxe la part des exploits attribuée aux huissiers), et il ajoute... « Indépendamment des co- « pies de pièces qui n'auront pas été faites par les avoués et qui « seront taxées comme il a été dit ci-dessus. »

---

sion bien préférable à celui trop bruyant de la solennité de l'audience ; on veut éviter le reproche désagréable de tracasseries.

Mon Dieu ! La bonne volonté inépuisable des taxateurs est hors de doute ; ils ne demanderaient pas mieux, en se chargeant des péchés d'Israël, que d'appliquer vigoureusement le topique pour le rétablissement du bon ordre et la répression de l'abus.

Mais je confesse en toute humilité mon insuffisance à leur démontrer pratiquement le moyen de s'en servir. En effet, quand les officiers ministériels présentent leurs états de frais, pour en obtenir la taxe, ils ne soumettent que les originaux de leurs actes, qui sont à peu près conformes aux prescriptions réglementaires ; quant aux copies *incorrectes et illisibles*, elles sont aux dossiers des parties adverses, et elles ne tombent sous les yeux des taxateurs que quand ceux-ci n'ont plus à leur disposition aucun moyen de les rejeter de la taxe.

Il faut donc se résigner à souffrir l'abus si MM. les officiers du parquet renoncent à l'emploi du remède que la loi met à leur disposition.

(1) Boucher-d'Argis (*Dict. de la taxe*, 1874, p. 169) est d'une opinion contraire que son annotateur, M. Alex. Sorel, ne partage pas.

Art. 72... « Les copies de pièces qui seront données avec les
« défenses, ou qui pourront être signifiées dans les causes, se-
« ront taxées à raison de 25 lignes à la page et de 12 syllabes
« à la ligne.

« A Paris...

« Les copies de tous actes ou jugements qui seront *signifiées*
« *avec les exploits des huissiers appartiendront à l'avoué, si*
« *elles ont été faites par lui*, à la charge de les certifier vérita-
« bles et de les signer. »

C'est sur l'économie de ces trois articles que l'on s'appuie
pour soutenir la prétention des avoués à la concurrence et à la
prévention.

Voici à peu près comme on raisonne :

Quand il s'agit des copies qui doivent être signifiées en tête
d'un ajournement, en conformité de l'art. 28, ou des copies
données avec les défenses, conformément à l'art. 72, la concurrence et la prévention ne sont pas contestables, puisqu'elles
sont formellement écrites dans ces deux articles.

Cela, du reste, est concédé par tout le monde.

On n'élève donc de difficultés que pour les copies de pièces
qui seraient signifiées avec certains actes, ou exploits, auxquels
les avoués ne pourraient concourir comme mandataires *ad lites*,
c'est-à-dire comme mandataires légaux, mais seulement comme
mandataires privés, s'ils y étaient appelés.

Tels seraient, pour rentrer dans ceux de ces actes qui sont
énumérés en l'art. 29 :

Les assignations devant les tribunaux de commerce ;

Les sommations de comparaître devant des arbitres ou experts nommés par les tribunaux de commerce ;

Les significations de jugements par défaut de ces mêmes tribunaux ;

Les oppositions à ces jugements par défaut ;

Et les divers actes relatifs à cette juridiction ;

Les commandements tendant à saisie-exécution, et une multi-
tude d'autres actes dont on peut voir la nomenclature dans les
divers paragraphes de l'art. 29.

Mais, dit-on, ces objections ne sont pas vraiment sérieuses en
présence de la disposition finale de l'art. 29, dont il faut encore
rappeler les termes : « Indépendamment des copies de pièces
« qui n'auraient pas été faites par les avoués, et qui seront
« taxées comme il a été dit ci-dessus. »

Est-ce qu'il peut être douteux pour quelqu'un que cela
signifie que les huissiers n'ont droit aux émoluments des copies
de pièces, qu'ils signifient avec tous et chacun des actes indi-

qués dans la première partie de l'art. 29, que quand ces copies ne sont pas faites et certifiées par des avoués? Où trouver quelque chose de plus clair que l'évidence qui ressort de la contexture de phrases aussi précises et aussi nettement exprimées? Ne faudrait-il pas renoncer à faire des lois si l'on pouvait donner une interprétation à des termes qui n'en ont aucun besoin?

On répond *pour les huissiers:* Ce n'est pas aux articles du tarif qu'il faut recourir pour résoudre la question. Ces trois articles analysés se réduisent à dire que l'émolument, qui est attaché au droit de copies de pièces, appartient à l'huissier ou à l'avoué, selon que cette copie a été faite par l'un ou par l'autre. Mais cela ne détermine pas les cas dans lesquels l'avoué a droit de faire des copies. Ce sont les principes constitutifs des attributions de chacun qu'il faut consulter pour arriver à les connaître.

L'huissier, par la nature de ses fonctions, a une attribution générale pour faire tous les exploits, et leur imprimer le caractère d'authenticité qui émane de la fonction publique qu'il exerce; on conçoit alors facilement qu'il ait la même autorité pour tous les actes accessoires à ces exploits, et que dès lors les émoluments lui en appartiennent.

On conçoit aussi que l'avoué ait concurrence avec lui pour les actes accessoires qui rentrent dans les fonctions qu'il exerce près les tribunaux auxquels il est attaché; mais ce n'est qu'extraordinairement, et en quelque sorte exceptionnellement, qu'on lui accorde la faculté de s'immiscer dans des actes d'huissier. Il faut donc, comme le veut la nature des choses, restreindre son privilége aux actes signifiés au commencement et pendant le cours du procès, et le lui refuser pour tous les autres cas, puisqu'il n'est plus officier public en dehors de l'affaire pour laquelle il est constitué.

Serait-il raisonnable d'admettre qu'un avoué qui n'a aucune attribution légale devant les tribunaux de commerce, les justices de paix et les tribunaux de simple police, devant les prud'hommes, les arbitres amiables, ou forcés, et devant les tribunaux administratifs, pût, par sa seule signature, donner l'authenticité à des copies de pièces destinées à être produites devant ces juridictions? Ne suffit-il pas d'énoncer une pareille énormité pour la faire rejeter?

Il faudrait donc aller jusqu'à dire qu'un avoué d'un arrondissement, d'un département, d'un ressort quelconque, pourrait signer les copies des grosses exécutoires des notaires, qui doivent accompagner ou précéder les commandements d'exécution, non pas seulement dans l'arrondissement de sa résidence, mais dans des lieux où son nom n'aurait jamais été prononcé, et là où

la signature des notaires eux-mêmes aurait besoin d'être légalisée pour faire foi. Cela est impossible, et il faudrait s'empresser de faire rapporter une loi qui le permettrait.

Voilà un aperçu des arguments fournis de part et d'autre.

La position respective des deux corporations des avoués et
des huissiers, et les grands intérêts que cette question met en
lutte, ont donné de la gravité aux raisons invoquées de chaque
côté. Les auteurs les ont longuement développées, et les ont en-
tourées de considérations nombreuses. M. Chauveau y consacre
plus de 40 pages dans son Commentaire sur le tarif (1ᵉʳ vol.,
pag. 77 à 118). (V. aussi BOUCHER-D'ARGIS, *Dict. de la taxe*, 1874,
pag. 167 à 174.

Il rapporte, en détail, les contestations qui se sont engagées,
à ce sujet, entre ces deux corporations devant les tribunaux de
Dieppe et de Versailles, devant la Cour de Rouen et celle de cassation, dont il cite l'arrêt de rejet, qui est à la date du 24 août
1831 (Dalloz, 31.1.278).

Cet arrêt repousse la prétention des avoués.

M. Chauveau déclare qu'après beaucoup de perplexités, il
adopte la doctrine de la Cour régulatrice.

Tout cela n'a pourtant pas fait cesser le conflit; et, pour diminuer l'autorité de l'arrêt du 24 août 1831, on a supposé qu'il
avait été rendu contre l'opinion d'un des magistrats de la Cour
les plus compétents en matière de taxe (M. Moreau, ancien président du tribunal de la Seine).

La question avait été jugée dans le même sens par la Cour de
Metz, le 22 décembre 1830, pour des copies d'exploits en conciliation; il y avait pourvoi devant la Cour de cassation. On y produisit une longue consultation de M. de Vatimesnil, où la question est traitée et résolue en faveur des avoués, et une autre
consultation de Mᵉ Montigny, avocat à Méaux, en faveur des
huissiers (V. Dalloz, 32.1.228).

Par arrêt du 22 mai 1832, la Cour de cassation rejeta le pourvoi et persista dans sa jurisprudence.

Mais la Cour d'appel de Paris n'a pas été arrêtée par elle ;
le 9 février 1833, elle a rendu un arrêt qui reconnaît en principe
que les avoués ont concurrence avec les huissiers pour faire et
certifier les copies, qui doivent être signifiées avec toute espèce
d'exploits (Dalloz, 1833.2.170).

Mais encore il y a eu pourvoi en cassation.

Par arrêt du 19 janvier 1836, la chambre civile, admettant la
jurisprudence de la chambre des requêtes, a cassé l'arrêt de la
Cour de Paris et a renvoyé la cause devant la Cour d'Amiens
(Dalloz, 36.1.44).

Cette dernière Cour, par arrêt, en audience solennelle, du 24 novembre 1836 (Dalloz, 1837.2.123), a adopté les principes consacrés par la chambre civile et la Cour de cassation.

Il résulte des détails dans lesquels cet arrêt est entré, entre autres choses :

1° Que les copies des pièces, données en tête d'un commandement à fin de saisie immobilière, ou d'un simple commandement, ne peuvent pas être certifiées par l'avoué, et que, par suite, les émoluments ne lui en appartiennent pas ;

2° Qu'il en est de même de la copie d'un acte de dépôt, donnée, en tête d'un exploit de notification, à l'effet de parvenir à la purge des hypothèques légales (V. un arrêt conforme de Limoges, *Journal du Palais*, 1846, t. 1er, p. 278);

3° Qu'il en est autrement des copies de pièces données en tête d'une notification à des créanciers inscrits, à la requête d'acquéreurs en conformité des art. 2183 et 2184, C. civ., parce que la purge des hypothèques inscrites n'est point extrajudiciaire comme celle des hypothèques légales. Il a même été jugé que les avoués avaient attribution exclusive (Orléans, 20 nov. 1844, *J. du Palais*, t. 43, 2e part., p. 684);

4° Que la copie d'un jugement du tribunal de commerce, en tête d'une signification, n'appartient point à l'avoué, qu'il en est autrement de la copie d'une ordonnance de référé, parce que si le ministère des avoués pour ces sortes de procès n'est point exigé, il n'est pas non plus interdit (Limoges, 9 avril 1845, *J. du Palais*, 1846, t. 1er, p. 279).

La Cour de Paris avait rendu, le 5 août 1834, dans l'affaire Thévenin C. Mauger, un autre arrêt, par lequel elle avait encore jugé que les avoués avaient concurrence avec les huissiers pour signer les copies à signifier avec toute espèce d'exploits.

Mais sur le pourvoi, la chambre civile de la Cour de cassation, par un nouvel arrêt, du 22 mai 1838, a cassé et maintenu sa jurisprudence (Dalloz, 1838.1.236).

L'arrêt est d'une rédaction tellement nette, que la question ne devra plus se représenter, et la jurisprudence est définitivement fixée pour refuser aux avoués les droits de copie dans les actes d'huissier, étrangers à leur ministère. Il ne se présentera plus de difficulté que pour la détermination de ces actes.

Effectivement, depuis 1838 jusqu'en 1874, on trouve peu de décisions judiciaires sur cette matière. Il semblait que toutes les questions étaient épuisées et réglées, et que les avoués et les huissiers se soumettaient à la jurisprudence. On tenait généralement que les avoués avaient droit aux copies de signification à partir des jugements intervenus dans les instances où ils avaient occupé, et que les huissiers avaient droit aux copies données en tête des commandements pour l'exécution des condamnations.

M° Bérard, avoué au tribunal du Havre, avait préparé les copies de jugements pour être signifiées à parties; mais par le même acte il avait, à la requête de ses clients, fait commandement d'exécuter.

Ces copies furent remises à l'huissier Flambart, qui les signifia. Mais il prétendit avoir les droits de copies à cause du commandement. Le tribunal du Havre les attribua à l'avoué. — Pourvoi en cassation par l'huissier.

19 janvier 1863. Arrêt ainsi conçu :

« Attendu qu'il ne s'agit pas de savoir à qui, de l'avoué ou de « l'huissier, appartient, en général, l'émolument des copies de « pièces; — Qu'en principe, l'émolument attaché aux copies de « pièces appartient à l'huissier, qui seul a un caractère légal pour « signifier l'acte dont les pièces annexées ne sont que l'accessoire;

« Mais attendu qu'il y a lieu de faire exception à cette règle lors- « qu'il s'agit de copies de pièces se rattachant à l'exercice du droit « de postuler; c'est-à-dire qui appartiennent à une instance engagée, « conduite et terminée par le ministère d'un avoué; — Que dans ce « cas l'émolument des copies de pièces est attribué à l'avoué qui « les a dressées et certifiées;

« Attendu que, dans l'espèce de la cause, il s'agissait principale- « ment de la signification du jugement qui avait terminé l'instance, « et, par conséquent, d'un acte se rapportant essentiellement au « ministère de l'avoué; — Qu'on oppose vainement que la signifi- « cation dont il s'agit contenait commandement, et que le comman- « dement est le premier acte d'une exécution rentrant dans le do- « maine exclusif de l'huissier; — Qu'en effet, cette circonstance ne « change pas la nature de l'acte dont l'objet principal est la signifi- « cation du jugement, faisant, en conséquence, partie intégrante « de la procédure, et rentrant ainsi dans les attributions de l'avoué « dont le mandat et le devoir sont de continuer jusqu'à la fin la « procédure et d'en assurer les résultats. » *J. du Pal.*, 1863, p. 570; — Comp. M. Dutruc, *Journ. des Huiss.*, t. 54, p. 10, et t. 60, p. 231, et *Suppl. alph. aux lois de la procédure*, v° *Ajournement*, n. 325.

Cela dit : revenons à l'art. 29 du tarif (1).

Art. 29. — § 1er. Pour l'original d'une sommation d'être présent à la prestation d'un serment ordonné [Pr. 121];

§ 2. D'une signification de jugement à domicile [Pr. 147];

§ 3. De signification d'un jugement de jonction par un huissier commis [Pr. 153];

---

(1) Il est hors de mon sujet de traiter, en détail, les questions de procédure auxquelles se rapportent les divers paragraphes de l'article 29. Il faut pour juger de la validité de chacun des actes qui y sont énoncés, re-courir aux traités spéciaux de procédure et aussi aux savantes et judicieuses *observations* de M. Boucher-d'Agis (*Dict. de la taxe, 1874, passim*). Je ne m'occupe que de leur taxe en les supposant utiles et réguliers.

§ 4. De signification d'un jugement par défaut, contre partie, par un huissier commis [Pr. 156];

§ 5. D'opposition au jugement par défaut rendu contre partie [Pr. 162];

§ 6. De sommation aux experts et aux dépositaires des pièces de comparaison en vérification d'écriture [Pr. 204];

§ 7. De signification aux dépositaires de l'ordonnance ou du jugement qui porte que la minute de la pièce sera apportée au greffe [Pr. 223];

§ 8. D'assignation aux témoins dans les enquêtes [Pr. 260, 264]; D'assignation à la partie contre laquelle se fait l'enquête;

§ 9. De signification de l'ordonnance du juge-commissaire pour faire prêter serment aux experts [Pr. 307];

§ 10. De signification de la requête et de l'ordonnance pour faire subir un interrogatoire sur faits et articles [Pr. 329];

§ 11. De la signification du jugement rendu par défaut contre partie, sur demande en reprise d'instance, ou en constitution de nouvel avoué, par un huissier commis [Pr. 350];

§ 12. De signification du désaveu [Pr. 355];

§ 13. De signification du jugement portant permission d'assigner en règlement de juges, contenant assignation [Pr. 365];

§ 14. Pour l'original d'une demande formée au tribunal de commerce [Pr. 415];

§ 15. D'une sommation de comparaître devant les arbitres ou experts nommés par le tribunal de commerce [Pr. 429];

§ 16. De signification de jugement par défaut du tribunal de commerce, par un huissier commis [Pr. 435];

§ 17. Pour l'original d'opposition au jugement par défaut rendu par le tribunal de commerce, contenant les moyens d'opposition et assignation [Pr. 436, 437];

§ 18. De signification des jugements contradictoires [Pr. 439];

§ 19. De l'acte de présentation de caution, avec sommation à jour et heure fixes, de se présenter au greffe, pour prendre communication des titres de la caution et assignation à l'audience, en cas de contestation, pour y être statué [Pr. 440, 441];

§ 20. Original d'un appel de jugement des tribunaux de première instance et de commerce, contenant assignation et constitution d'avoué [Pr. 456];

§ 21. De signification de jugement des héritiers collectivement au domicile du défunt [Pr. 447];

§ 22. D'une réquisition aux tribunaux de juger dans la personne du greffier [Pr. 507];

§ 23. De signification de la requête et du jugement qui admet une prise à partie [Pr. 514];

§ 24. De signification de la présentation de caution, avec copie de l'acte de dépôt au greffe des titres de solvabilité de la caution [Pr. 418];

§ 25. De signification de l'ordonnance du juge-commis pour entendre un compte, et sommation de se trouver devant lui, aux jour et heure indiqués, pour être présent à la présentation et affirmation [Pr. 534];

§ 26. D'un exploit de saisie-arrêt ou opposition contenant énonciation de la somme pour laquelle elle est faite, et des titres, ou de l'ordonnance du juge [Pr. 557, 558 et 559];

§ 27. De la dénonciation au saisi de la saisie-arrêt, ou opposition, avec assignation en validité [Pr. 563];

§ 28. De la dénonciation au tiers saisi de la demande en validité formée contre le débiteur saisi [Pr. 564];

§ 29. De l'assignation au tiers saisi pour faire sa déclaration [Pr. 570];

§ 30. D'un commandement pour parvenir à une saisie-exécution [Pr. 583, 584];

§ 31. De la notification de la saisie-exécution faite hors du domicile du saisi, et en son absence [Pr. 602];

§ 32. D'une assignation en référé à la requête du gardien qui demande sa décharge [Pr. 606];

D'une sommation à la partie saisie, pour être présente au récolement des effets saisis, quand le gardien a obtenu sa décharge;

§ 33. D'une opposition à vente, à la requête de qui se prétend propriétaire des objets saisis entre les mains du gardien [Pr. 608];

De dénonciation de cette opposition au saisissant et au saisi, avec assignation libellée, et l'énonciation des preuves de propriété;

Le gardien ne pourra être assigné;

§ 34. D'une opposition sur le prix de la vente, qui en contiendra les causes [Pr. 609];

§ 35. D'une sommation au premier saisissant de faire vendre [Pr. 612];

§ 36. D'une sommation à la partie saisie, pour être présente à la vente qui ne serait pas faite au jour indiqué par le procès-verbal de saisie-exécution [Pr. 614];

§ 37. Pour l'original du commandement qui doit précéder la saisie-brandon [Pr. 626];

§ 38. De dénonciation de la saisie-brandon au garde champêtre, gardien de droit de ladite saisie, et qui ne sera pas présent au procès-verbal [Pr. 628];

§ 39. Pour l'original du commandement qui doit précéder la saisie de rentes constituées sur particuliers [Pr. 636];

§ 40. De dénonciation à la partie saisie de l'exploit de saisie de rentes constituées sur particuliers [Pr. 641];

§ 41. D'une sommation aux créanciers de produire dans les contributions, et à la partie saisie de prendre communication des pièces produites, et de contredire s'il y échet [Pr. 659, 660];

§ 42. D'une sommation à la partie saisie qui n'a point d'avoué constitué, à la requête du propriétaire, de comparaître en référé devant le juge-commissaire, pour faire statuer préliminairement sur son privilége pour raison des loyers à lui dus [Pr. 661];

§ 43. De dénonciation à la partie saisie, qui n'a point d'avoué constitué, de la clôture du procès-verbal du juge-commissaire, en contribution, avec sommation d'en prendre communication, et de contredire sur le procès-verbal dans la quinzaine [Pr. 663];

Les §§ 44, 45, 46, 47, 48 et 49, qui sont relatifs à l'original du commandement tendant à expropriation, de la notification, de l'acte d'apposition de placards, de la notification aux créanciers inscrits, de l'acte de consignation du prix de la vente, postérieure à la saisie immobilière, de la notification d'un exemplaire du placard aux créanciers inscrits, de la demande en distraction, de la notification au greffier de l'appel du jugement qui statue sur les nullités de la saisie immobilière, sont abrogés par l'art. 20 de l'ordonnance du 10 octobre 1841, laquelle règle le nouveau tarif des frais d'expropriation.—Il est inutile de les reproduire ici. On les retrouvera, en note, sous l'art. 3 de l'ordonnance du 10 octobre 1841.

§ 50. De sommation aux créanciers inscrits de produire dans les ordres [Pr. 753];

§ 51. D'assignation en référé dans les cas d'urgence, ou lorsqu'il s'agit de statuer sur des difficultés relatives à l'exécution d'un titre exécutoire ou d'un jugement [Pr. 807];

§ 52. De signification d'une ordonnance sur référé [Pr. 809];

§ 53. D'une sommation d'être présent à la consignation d'une somme offerte,—de dénonciation du procès-verbal de la chose ou de la somme consignée, au créancier qui n'était pas présent à la consignation [C. C. 1259];

§ 54. De sommation au créancier d'enlever le corps certain qui doit être livré au lieu où il se trouve [C. C. 1264];

§ 55. D'un commandement à la requête des propriétaires et principaux locataires de maisons ou biens ruraux à leurs locataires, sous-locataires et fermiers, pour paiement des loyers et fermages échus [Pr. 819];

§ 56. De la notification aux créanciers inscrits de l'extrait du titre du nouveau propriétaire, de la transcription et du tableau prescrit par l'art. 2183 du Cod. civ. [C. C. 2183];

§ 57. D'une assignation et sommation à un notaire, et aux parties intéressées s'il y a lieu, pour avoir expédition d'un acte parfait [Pr. 839];

§ 58. D'un acte non enregistré ou resté imparfait [Pr. 841];

§ 59. Ou d'une seconde grosse [Pr. 844];

§ 60. D'une sommation à la requête de la femme à son mari, de l'autoriser [Pr. 861];

§ 61. D'une demande à domicile, à fin de rectification d'un acte de l'état civil [Pr. 856];

§ 62. D'une demande en séparation de corps [Pr. 876];

§ 63. D'une demande en divorce pour cause déterminée [C. C. 241];

§ 64. D'ajournement pour demander la réformation d'un avis du conseil de famille qui n'a pas été unanime [Pr. 883];

§ 65. De l'opposition formée à la requête des membres du conseil de famille, à l'homologation de la délibération [Pr. 888];

§ 66. De sommation aux parties qui doivent être appelées à la vente des meubles dépendant d'une succession [Pr. 947];

§ 67. De sommation aux copartageants de comparaître devant le juge-commissaire [Pr. 976];

§ 68. De sommation aux parties pour assister à la clôture du procès-verbal de partage chez le notaire [Pr. 980];

§ 69. De sommation, à la requête d'un créancier, à l'héritier bénéficiaire de caution [Pr. 992];

§ 70. De sommation aux arbitres de se réunir au tiers arbitre pour vider le partage [Pr. 1018];

§ 71. De tout exploit contenant sommation de faire une chose, ou opposition à ce qu'une chose soit faite, protestation de nullité, et généralement de tous actes simples du ministère des huissiers, non compris dans la deuxième partie du présent tarif :

Émoluments.

A Paris, Bordeaux, Lyon, Rouen, Toulouse, Marseille, Lille et Nantes. . . . . 2 f. 00 c.

Dans les villes où il y a une Cour d'appel, ou dont la population excède 30,000 habitants. 1 80

Partout ailleurs. 1 50

Débours.

Enregistrement, décimes compris (1). . . . . 2 f. 40 c.
Timbre. . . . .

Pour chaque copie, le quart de l'original.

Indépendamment des copies de pièces qui n'auront pas été faites par les avoués, et qui seront taxées comme il a été dit ci-dessus (art. 28) (2).

---

(1) Loi du 28 nov. 1846, art. 43, n° 13; loi du 6 prair. an VII, et loi du 2 juill. 1862, art. 14.

(2) EXPROPRIATION POUR CAUSE D'UTILITÉ PUBLIQUE.

Droits et émoluments des huissiers pour les actes qu'ils signifient dans les expropriations pour cause d'utilité publique. (Ces droits sont invariables et indépendants des localités).

Il y a un tarif particulier pour les frais faits par les huissiers dans les expropriations pour cause d'utilité publique. Il est établi dans une ordonnance royale des 18-20 septembre 1833. En voici les dispositions, en ce qui concerne ces officiers ministériels.

CHAP. 1er. — *Des huissiers.*

ART. 1er. Il sera alloué à tous huissiers 4 fr. pour l'original :

1° De la notification de l'extrait du juge-ment d'expropriation aux personnes désignées dans les art. 15 et 22 de la loi du 7 juill. 1833;

2° De la signification de l'arrêt de la Cour de cassation (art. 20 et 42 de ladite loi);

3° De la dénonciation de l'extrait du jugement d'expropriation aux ayants droit mentionnés aux art. 21 et 22;

4° De la notification de l'arrêté du préfet qui fixe la somme offerte pour indemnités (art. 23);

5° De l'acte portant acceptation des offres faites par l'administration, avec signification, s'il y a lieu, des autorisations requises (art. 24, 25 et 26);

6° De l'acte portant convocation des jurés et des parties, avec notification aux parties d'une expédition de l'arrêt par lequel la Cour royale a formé la liste du jury (art. 31 et 33);

7° De la notification au juré défaillant de

4

Nota. Les débours d'enregistrement, pour ceux des actes énumérés dans les divers paragraphes de l'art. 29, qui sont faits, à l'occasion de procédures devant les Cours d'appel, jusques et y compris la signification de l'arrêt définitif, sont de 3 fr. 60 cent. (décimes compris), aux termes de l'art. 44, n° 7, de la loi du 28

l'ordonnance du directeur du jury, qui l'a condamné à l'amende (art 32) ;

8° De la notification de la décision du jury, revêtue de l'ordonnance d'exécution (art. 44) ;

9° De la sommation d'assister à la consignation, dans le cas où il n'y aura pas eu d'offres réelles (art. 54.) ;

10° De la sommation au préfet pour qu'il soit procédé à la fixation de l'indemnité (art. 55) ;

11° De l'acte contenant réquisition, par le propriétaire, de la consignation des sommes offertes, dans le cas où cette réquisition n'a pas été faite par l'acte même d'acceptation (art. 59) ;

12° Et généralement de tous actes simples auxquels pourra donner lieu l'expropriation.

Art. 2. Il sera alloué à tous huissiers 1 fr. 50 c. pour l'original :

1° De la notification du pourvoi en cassation formé, soit contre le jugement d'expropriation, soit contre la décision du jury (art. 20 et 42) ;

2° De la dénonciation faite au directeur du jury, par le propriétaire ou l'usufruitier, des noms et qualités des ayants droit mentionnés au § 1er de l'art. 24 de la loi précitée (art. 21 et 22) ;

3° De l'acte par lequel les parties intéressées font connaître leurs réclamations (art. 18, 21, 39, 52 et 54) ;

4° De l'acte d'acceptation des offres de l'administration, avec réquisition de consignation (art. 24 et 29) ;

5° De l'acte par lequel la partie qui refuse les offres de l'administration indique le montant de ses prétentions (art. 17, 24, 28 et 53) ;

6° De l'opposition formée par un juré à l'ordonnance du magistrat directeur du jury qui l'a condamné à l'amende (art. 32) ;

7° De la réquisition du propriétaire tendant à l'acquisition de la totalité de son immeuble (art. 50) ;

8° De la demande à fin de rétrocession des terrains non employés à des travaux d'utilité publique (art. 60 et 64) ;

9° De la demande tendant à ce que l'indemnité d'une expropriation déjà commencée soit réglée conformément à la loi du 9 juillet 1833 (art 68) ;

10° Enfin, de tous actes qui, par leur nature, pourront être assimilés à ceux dont l'énumération précède.

Art. 3. Il sera alloué à tous huissiers, pour l'original :

1° Du procès-verbal d'offres réelles, contenant le refus ou l'acceptation des ayants droit, et sommation d'assister à la consignation (art. 53), 2 fr. 25 c. ;

2° Du procès-verbal de consignation, soit qu'il y ait des offres réelles (art. 52, 53 et 54), 4 fr.

Art. 4. Il sera alloué pour chaque copie des exploits ci-dessus le quart de la somme fixée pour l'original.

Art. 5. Lorsque les copies des pièces dont la notification a eu lieu, en vertu de la loi, seront certifiées par l'huissier, il lui sera payé 30 c. par chaque rôle, évalué à raison de vingt-huit lignes à la page, et quatorze à seize syllabes à la ligne (art. 57).

Art. 6. Les copies des pièces déposées dans les archives de l'administration, qui seront réclamées par les parties dans leur intérêt pour l'exécution de la loi, et qui seront certifiées par les agents de l'administration, seront payées à l'administration sur le même taux que les copies certifiées par les huissiers.

Art. 7. Il sera alloué à tous huissiers 50 cent. pour visa de leurs actes dans le cas où cette formalité est prescrite. — Ce droit sera double si le refus du fonctionnaire qui doit donner le visa oblige l'huissier à se transporter auprès d'un autre fonctionnaire.

Art. 8. Les huissiers ne pourront rien réclamer pour le papier des actes par eux notifiés, ni pour l'avoir fait viser pour timbre.

Ils emploieront du papier d'une dimension égale au moins à celle des feuilles assujetties au timbre de 70 cent. (1 franc) (A).

(A) Il y a une observation à faire, quant *au timbre et à l'enregistrement* des actes des huissiers et autres : c'est que l'art. 58 de la loi du 3 mai 1841, *sur l'expropriation pour cause d'utilité publique*, dispose que les plans, procès-verbaux, certificats, significations, jugements, contrats, quittances, etc., faits en vertu de cette loi, seront portés sur papier *visé pour timbre* et enregistrés *gratis*. (*Voy.* APPENDICE, § 3, les articles de la loi du 17 juillet 1833 cités dans l'ordonnance du 20 septembre suivant, ci-dessus.)

avril 1816 et des lois des 6 prairial an VIII et 2 juillet 1862, art. 14. L'enregistrement des exploits d'appel, § 20, est de 12 fr., décimes compris (Loi du 22 frimaire an VII, § 5).

§ 2. — *Actes de seconde classe et procès-verbaux.*

Art. 30.—Pour l'original de la récusation du juge de paix, qui en contiendra les motifs et qui sera signé par la partie ou son fondé de pouvoir spécial, ainsi que la copie [Pr. 45] :

Émoluments.

A Paris, Bordeaux, Lyon, Rouen, Toulouse, Marseille, Lille et Nantes.	3 f. 00 c.
Dans les villes où il y a une Cour d'appel, ou dont la population excède 30,000 habitants.	2 70
Dans les villes où il y a un tribunal de 1re instance et dans les autres villes et cantons ruraux..	2 25

Débours.

Enregistrement, décimes compris (1)	1 f. 65 c.
Timbre.	

Et pour la copie, le quart.

Observations.

La copie de l'acte de récusation est donnée au greffier qui *vise* l'original. Cette copie me paraît destinée à devenir une minute de son greffe ; car c'est sur cette pièce que le juge de paix doit consigner sa réponse (C. proc. civ., art. 46).

Le greffier fait du tout une expédition pour être envoyée par lui au procureur de la République de l'arrondissement (même Code, art. 47).

1re QUESTION.

Lorsque l'acte de récusation est signé par un fondé de pouvoir, l'huissier a-t-il droit à un émolument pour la copie de la procuration ?

Je ne le crois pas, parce que cette procuration me paraît devoir être annexée à la copie, laissée aux mains du greffier, qui, comme je viens de le dire, se transforme en minute du greffe, sans qu'il soit besoin d'aucun acte de dépôt, et par la seule force des énonciations consignées par l'huissier dans son exploit.

Je préfère cette solution à celles qui ont été données par les auteurs qui ont examiné la question, parce qu'elle me paraît avoir l'avantage d'être plus simple et d'économiser les frais. MM. DALLOZ, v° *Frais et dépens*, n° 322 ; BOUCHER-D'ARGIS,

---

(1) Loi du 19 juillet 1845, art. 5; loi du 6 prair. an VII.

Dict. de la taxe, 1874, p. 364, n° 14), et CHAUVEAU et GODOFFRE, n° 724, pensent au contraire que la copie est nécessaire et qu'elle doit être passée à l'huissier : je ne saurais approuver leur opinion.

2e QUESTION.

L'huissier peut-il réclamer le droit du *visa* que le greffier du juge de paix doit apposer sur l'original de son exploit ?

Oui, dirais-je sans hésiter, si MM. Boucher-d'Argis, *loc. cit.*, p. 364, n° 15 ; et Dalloz, v° *Frais et dépens*, n° 323, n'avaient dit : non.

Cette contradiction m'oblige à ne pas m'en tenir à une simple affirmation et à fournir les preuves de mon opinion. Les voici :

L'art. 23, § 2, du tarif de 1807, porte :

« Il ne sera rien alloué *aux huissiers des juges de paix* pour *visa* par le greffier de la justice de paix, ou par les maires et adjoints des communes du canton, *dans les différents cas prévus par le Code de procédure.* »

Cet article fait partie du liv. 1er, chap. 3, du tarif, intitulé : TAXE DES HUISSIERS DES JUGES DE PAIX.

Or ce chapitre énumère et tarife, à des taux comparativement très-réduits, les actes que *les huissiers de juge de paix* (qui n'étaient pas en 1807, comme aujourd'hui, tous les huissiers du canton) font dans les affaires de la compétence de cette juridiction.

Le § 2 de l'article 23 avait évidemment un sens limité à *ces actes, dans les différents cas prévus par le Code de procédure.*

Il l'avait d'autant mieux qu'il est une exception au principe général posé dans le § 4 de l'art. 66, qui accorde aux huissiers ordinaires un droit de *visa pour tous les actes qui y sont assujettis.*

L'art. 30 est placé sous cette rubrique : DE LA TAXE DES HUISSIERS ORDINAIRES, au liv. 2, tit. 1er.

Il tarife un acte assez important pour être rangé dans la 2e classe, acte qui n'a aucun rapport avec ceux faits dans les affaires de la juridiction du juge de paix, puisqu'au contraire il a pour objet de le dessaisir et d'obtenir son déport volontaire ou forcé par un ajournement personnel devant le tribunal d'arrondissement. Cet acte, qui n'est respectueux que dans la forme, n'est plus de la compétence exclusive des huissiers de justice de paix. Ils ne le font que comme huissiers ordinaires et suivant les prescriptions de l'art. 45 du Code de procédure civile. « La « partie qui voudra récuser un juge de paix sera tenue de former « sa récusation et d'en exposer les motifs par un acte qu'elle

« fera signifier *par le premier huissier requis*, au greffier du
« juge de paix *qui visera l'original.* »

Voilà qui ne laisse aucun doute, à mon avis, sur le caractère
de l'acte de récusation assujetti au visa, et qui lui rend applicable le § 4 de l'article 66 du tarif, qui, comme je viens de le
démontrer, contient la règle générale.

3e QUESTION.

Les indemnités de transport, quand il a lieu, doivent-ils être
réglés par l'art. 66 du tarif?

Cette question a beaucoup d'analogie avec la précédente : elle
doit être résolue pour l'affirmative par les principes.

Voyez dans le même sens sur les deux questions Chauveau
et Godoffre, n°s 725 et 727.

4e QUESTION.

L'art. 30 du tarif est-il applicable aux récusations des membres du conseil des prud'hommes?

Cela ne doit pas faire question, car les articles 54, 55, 56 et
57 du décret du 20 février 1810, qui déterminent les cas de récusation des membres du conseil de prud'hommes, et les formalités à suivre pour la proposer, sont la reproduction textuelle et
sans variante des articles 44, 45, 46 et 47 du Code de procédure civile.

Ainsi les 1re, 2e et 3e questions qui précèdent se représentent
identiques, dans ce cas particulier, et elles y sont susceptibles
des mêmes solutions.

Nota. Le point de savoir si, dans certaines circonstances, le
juge de paix et les prud'hommes récusés peuvent être condamnés
aux dépens de l'instance en récusation, est une question étrangère aux tarifs et à la taxe : je ne crois pas utile de l'examiner.

Art. 31.—Pour un procès-verbal de saisie-exécution qui durera trois heures, y compris le temps nécessaire pour requérir, soit
le juge de paix, soit le commissaire de police, ou les maires et adjoints en cas de refus d'ouverture de porte :

Émoluments.

A Paris, Bordeaux, Lyon, Rouen, Toulouse, Marseille,
Lille et Nantes, y compris 1 fr. 50 c. pour chaque
témoin. . . . . 8 f. 00 c.
Dans les villes où il y a une Cour d'appel, ou dans
celles dont la population excède 30,000 habitants, y
compris 1 fr. 35 c. pour chaque témoin.. 7   20
Dans les villes où il y a un tribunal de 1re instance, dans

les autres villes et cantons ruraux, y compris 1 fr.
pour chaque témoin. 6 00

Débours.

Enregistrement, décimes compris. . . . . 2 f. 40 c.
Timbre. . . . .

§ 2. Si la saisie dure plus de trois heures, pour chacune des vacations subséquentes aussi de trois heures :

Émoluments.

À Paris, Bordeaux, Lyon, Rouen, Toulouse, Marseille,
  Lille et Nantes, y compris 80 c. pour chaque témoin. 5 f. 00 c.
Dans les villes où il y a une Cour d'appel , ou dont la
  population excède 30,000 habitants; y compris 72 c.
  pour chaque témoin. 4 50
Dans les villes où il y a un tribunal de 1re instance, et
  dans les autres villes et cantons ruraux, y compris
  60 c. pour chaque témoin. 3 75

Dans les taxes ci-dessus se trouvent comprises les copies pour la partie saisie et pour le gardien.

Observations.

1° Lorsqu'il n'y a qu'une vacation, elle doit être payée comme complète, quoiqu'elle n'ait pas duré trois heures ; on décide cela par analogie des vacations attribuées au juges de paix par l'article 1er du tarif.

2° *Quid* si la saisie dure plus de trois heures et moins de six? Est-il dû un émolument proportionnel à la vacation commencée?

Il paraît juste et naturel de l'accorder ; car en cela, comme en autre chose, on ne doit exiger de personne de travail utile sans lui accorder l'émolument proportionnel. C'est donc une obligation naturelle qu'il faut acquitter, si aucune loi n'en dispense.

3° Les frais de transport, dans les cas de l'art. 66, doivent être accordés, en sus des droits tarifés par l'art. 31 ; c'est une observation qu'il sera inutile de répéter pour les autres actes d'huissier. Mais cela ne doit pas s'appliquer aux témoins, parce qu'il est toujours facile de les prendre dans un lieu rapproché de la saisie (V. M. CHAUVEAU, *Comm. du tarif*, 2° éd., n° 2798 ; V. Boucher-d'Argis, *Dict. de la taxe*, 1874, p. 513, n° 5).

Il va de soi aussi que l'huissier ne peut faire que trois vacations par jour, dans le lieu de sa résidence (art. 151, § 5). Quant à la copie, l'huissier n'est pas obligé d'en donner autant qu'il y a de séances. Il la donne en entier, quand son procès-verbal est terminé.

4° Les copies étant comprises dans l'émolument alloué pour l'original, on doit comprendre dans les vacations le temps de les faire (1).

5° Si la partie saisissante avait choisi un Huissier éloigné du domicile du saisi, et qu'il apparût une intention évidente de vexation, on devrait laisser à son compte les frais de transport ; mais il n'y aucun doute qu'ils sont dus à l'huissier qui a accepté la mission de bonne foi. Cette bonne foi doit être présumée quand le contraire n'apparaît pas (V, arrêt d'Orléans du 17 fév. 1830, rapporté par M. Chauveau, 2° vol., p. 114 ; V. aussi la 5° question sous l'art. 60, § 1er).

6° Le procès-verbal de carence doit-il être assimilé au procès-verbal de saisie ? M. Chauveau, page 115, pense qu'il y a plus d'analogie avec le procès-verbal de récolement, tarifé par l'article 36. Nous partageons complétement cette manière de voir.

Art. 32.—Vacation du commissaire de police qui aura été requis pour être présent à l'ouverture des portes, et des meubles fermant à clef, ou aux maires et adjoints, si ces derniers le requièrent [Pr. 587] :

Émoluments.

A Paris, Bordeaux, Lyon, Rouen, Toulouse, Marseille, Lille et Nantes.	5 f. 00 c.
Dans les villes où il y a une Cour d'appel, et dans celles dont la population excède 30,000 habitants.	4 50
Dans les villes où il y a un tribunal de 1re instance. . .	3 75
Dans les autres villes et cantons ruraux..	2 50

Débours.

Enregistrement, décimes compris.	1 f. 20 c.
Timbre.	

Observations.

Quant au juge de paix, il ne lui est plus accordé d'émoluments, hors des cas prévus par l'ordonnance du 6 décembre 1845 (V. liv., 1er); et de ce qu'il n'y a aucun émolument fixé pour le greffier, il faut induire que sa présence n'est pas nécessaire.

Par analogie du cas prévu dans l'art. 6, § 1er, on doit décider que l'émolument du commissaire de police, et des maires et adjoints, doit être fixé par vacation et non pas pour le tout.

Art. 33 — Vacation de l'huissier pour déposer au lieu établi pour les consignations, ou entre les mains du dépositaire qui sera convenu, les deniers comptants qui pourraient avoir été trouvés [Pr. 590] :

---

(1) V. Boucher-d'Argis, *Dict. de la taxe*, 1874, p. 313, n° 7.

Émoluments.

A Paris, Bordeaux, Lyon, Rouen, Toulouse, Marseille,
Lille et Nantes. . . . . 2 f. 00 c.
Dans les villes où il y a une Cour d'appel, et dans
celles dont la population excède 30,000 habitants. . 1 80
Dans les villes où il y a un tribunal de 1re instance.. . 1 50
Dans les autres villes et cantons ruraux. 1 50

Observations.

Je crois que l'art. 66 ne permet pas qu'on mette en question
le droit de transport, quand il y a lieu. Cet émolument doit être
accordé. C'est d'ailleurs l'opinion de tous ceux qui ont écrit sur
le tarif. (V. Boucher-d'Argis, *loc. cit.*)

Art. 34.—Les frais de garde seront taxés pour chaque jour
pendant les douze premiers jours [Pr. 596] :

Émoluments.

A Paris, Bordeaux, Lyon, Rouen, Toulouse, Marseille,
Lille et Nantes. . . , ... 2 f. 50 c.
Dans les villes où il y a une Cour d'appel, et dans
celles dont la population excède 30,000 habitants. 2 25
Dans les villes où il y a un tribunal de 1re instance. . 2 00
Dans les autres villes et cantons ruraux. 1 50

Ensuite seulement, à raison de :

A Paris, Bordeaux, Lyon, Rouen, Toulouse, Marseille,
Lille et Nantes. . . . . 1 f. 00 c.
Dans les villes où il y a une Cour d'appel, et dans
celles dont la population excède 30,000 habitants. . 0 90
Dans les villes où il y a un tribunal de 1re instance . . 0 80
Dans les autres villes et cantons ruraux. 0 60

Observations.

1° Par arrêt du 19 août 1825 (Dalloz, 27.2.221), il a été jugé
que les salaires doivent être adjugés au gardien, à tant par jour,
jusqu'à sa décharge, et sans qu'il soit permis au juge de les mo-
dérer, sous le prétexte qu'il n'y a pas eu garde effective jusque-
là; qu'il n'y a pas lieu d'adopter la disposition de l'ordonnance
de 1667 qui n'allouait ces frais que pendant un an, attendu qu'elle
a été abrogée. Je crois avec M. Boucher d'Argis (*Dict. de la taxe*,
p. 304) que quand la garde a duré trop longtemps, on peut laisser à
la charge du saisissant la portion des frais qui est frustratoire. V.
aussi M. Dutruc, *Bull. de la taxe*, t. 3, p. 147. — Mais le gardien ne
peut être privé du remboursement des frais de nourriture des animaux saisis (Trib. civ. de Toulouse, 1847; *J. Av.*, t. 72, p. 164).

2° Le gardien qui a laissé soustraire une partie des objets saisis n'a point droit au salaire de l'art. 34 (Bordeaux, 21 déc. 1827 ; Dalloz, 30.2.113; Poitiers, 20 janv. 1826).

3° Au cas de nullité de la saisie, le gardien n'a de recours que contre le saisissant, dont il est l'homme (Bordeaux, 17 mars 1831 ; Dalloz, 31.2.210).

Art. 35.—Pour un procès-verbal de récolement des effets saisis quand le gardien a obtenu sa décharge [P. 606] :

Émoluments.

A Paris, Bordeaux, Lyon, Rouen, Toulouse, Marseille,
   Lille et Nantes. . . . . 3 f. 00 c.
Dans les villes où il y a une Cour d'appel, et dans
   celles dont la population excède 30,000 habitants. . 2 70
Dans les villes où il y a un tribunal de 1re instance, et
   dans les autres villes et cantons ruraux. 2 25

Débours.

Enregistrement, décimes compris.. . . . . 2 f. 40 c.
Timbre. . . . .

Ce procès-verbal ne contiendra aucun détail, si ce n'est pour constater les effets qui pourraient se trouver en déficit, et l'huissier ne sera point assisté de témoins.

Il sera donné copie du procès-verbal de récolement au gardien qui aura obtenu sa décharge ; il remettra la copie de la saisie qu'il avait entre les mains au nouveau gardien, qui se chargera du contenu sur le procès-verbal de récolement.

Pour chacune des copies à donner du procès-verbal de récolement, le quart de l'original.

Débours.

Timbre. . . . .

Art. 36. — Dans le cas de saisie antérieure et d'établissement de gardien, pour le procès-verbal de récolement sur le premier procès-verbal que le gardien sera tenu de représenter, et qui, sans entrer dans aucun détail, et *contenant* seulement la saisie des effets omis, et sommation au premier saisissant de vendre, témoins compris, et deux copies, sera taxé [Pr. 611] :

Émoluments.

A Paris, Bordeaux, Lyon, Rouen, Toulouse, Marseille,
   Lille et Nantes. . . . . 6 f. 00 c.
Dans les villes où il y a une Cour d'appel, et dans
   celles dont la population excède 30,000 habitants. . 5 40
Dans les villes où il y a un tribunal de 1re instance, et
   dans les autres villes et cantons ruraux. 4 50
Et pour une troisième copie, s'il y a lieu, le quart de
   l'original.

Débours.

Enregistrement, décimes compris.. . . . . 2 f. 40 c
Timbre de l'original et des copies. . . . .

Observations.

Cet article, dont la construction grammaticale n'est pas heureuse, n'indique pas quelle sera la somme à allouer aux témoins. Cela n'a peut-être jamais offert de difficulté, parce que les témoins se sont toujours parfaitement entendus avec l'huissier, puisqu'il lui est loisible de choisir les plus accommodants.

Mais si la discussion avait lieu, il faudrait décider que le salaire des témoins ne devrait pas descendre au-dessous de celui fixé par l'art. 31, § 2, pour le *minimum*, c'est-à-dire, pour Paris, 80 centimes; et partout ailleurs, 60 centimes.

Art. 37.—Pour le procès-verbal de récolement qui précédera la vente, et qui ne contiendra aucune énonciation des effets saisis, mais seulement de ceux en déficit, s'il y en a, y compris les témoins [Pr. 616] :

Émoluments.

À Paris, Bordeaux, Lyon, Rouen, Toulouse, Marseille,
  Lille et Nantes. . . . . 6 f. 00 c.
Dans les villes où il y a une Cour d'appel, et dans
  celles où la population excède 30,000 habitants. . . 5 40
Dans les villes où il y a un tribunal de 1re instance, et
  dans les autres villes et cantons ruraux. 4 50
Il n'en sera point donné de copie.

Débours.

Enregistrement, décimes compris.. . . . . 2 f. 40 c.
Timbre. . . . .

Observations.

Il faut remarquer que, encore qu'il n'ait pas été donné de copie de ce procès-verbal, il est tarifé comme le précédent. Cette différence ne s'explique pas, mais il faut exécuter la loi telle qu'elle est.

Art. 38.—S'il y a lieu au transport des effets saisis, l'huissier sera remboursé de ses frais, sur les quittances qu'il en représentera, ou sur sa simple déclaration; si les voituriers et gens de peine ne savent écrire, ce qu'il constatera par son procès-verbal de vente [Pr. 617].

§ 2. Il sera alloué à l'huissier, *ou autre officier qui procédera* à la vente, pour la rédaction de l'original du placard qui doit être affiché :

Émoluments.

A Paris et partout ailleurs. . . . . 1 f. 00 c.

Débours.

Enregistrement, décimes compris.. . . . . 2 f. 40 c.
Timbre. . . . .

§ 3. Pour chacun des placards s'ils sont manuscrits (*ils doivent être timbrés*) (1) :

A Paris et partout ailleurs. . . . . 0 f. 50 c.

§ 4. Et s'ils sont imprimés, l'officier qui procédera à la vente en sera remboursé sur les quittances de l'imprimeur et de l'afficheur (*y compris le timbre*).

Observations.

Lorsque les affiches sont manuscrites, n'est-ce pas l'huissier qui doit les apposer lui-même? Il paraît d'autant plus déraisonnable de l'y obliger, que le tarif ne lui accorde aucun déboursé pour cet objet, c'est l'opinion de M. Sudraud-Desisles (p. 64, n° 190). Dans la dernière édition de son *Comment. du tarif*, n° 2867, M. Chauveau reconnaît aussi qu'il n'y a pas de distinction à faire entre les affiches qui sont manuscrites et celles qui sont imprimées. — Compar. M. Dutruc, *Journ. des Huiss.*, t. 60, p. 172 et s.

Art. 39. — § 1er. Pour l'original de l'exploit qui constatera l'apposition des placards, dont il ne sera point donné de copie :

Émoluments.

A Paris, Bordeaux, Lyon, Rouen, Toulouse, Marseille, Lille et Nantes . . . . 3 f. 00 c.
Dans les villes où il y a une Cour d'appel, ou dans celles dont la population excède 30,000 habitants. 2 70
Dans les villes où il y a un tribunal de 1re instance, et dans les autres villes et cantons ruraux. 2 25

Débours.

Enregistrement, décimes compris.. . . . . 2 f. 40 c.
Timbre. . . . .

§ 3. Il sera passé, en outre, la somme qui aura été payée pour

____

(1) Ils sont même assujettis au timbre de dimension (décis. du min. des fin. du 10 mai 1854).

l'insertion de l'annonce de la vente dans le journal, si la vente est faite dans une ville où il s'en imprime ;

§ 4. Pour chaque vacation de trois heures, à la vente, le procès-verbal compris, il sera taxé à l'huissier, dans les lieux où ils *sont* autorisés à la faire :

Émoluments.

A Paris, Bordeaux, Lyon, Rouen, Toulouse, Marseille, Lille et Nantes....................	8 f. 00 c.
Dans les villes où il y a une Cour d'appel, et dans celles dont la population excède 30,000 habitants.	7 20
Dans les villes où il y a un tribunal de 1re instance...	5 00
Dans les autres villes et cantons ruraux............	4 00
Et à Paris, où les ventes sont faites par les commissaires-priseurs, il sera alloué à l'huissier, pour requérir le commissaire-priseur, une vacation de......	2 00(1)

Débours.

Enregistrement : pour 100 fr.......................... 2 f. 40 c.
Timbre.........

Observations.

La signature de l'imprimeur du journal dans lequel l'insertion aura été faite devra, sans aucun doute, être légalisée ; mais

---

(1) Lorsque la vente a lieu par le ministère d'un commissaire-priseur, le tarif de 1807 est-il encore applicable pour la taxe de ces droits ?

Il est certain que, dans le principe, les émoluments des commissaires-priseurs, pour les ventes dont il s'agit, ont dû être réglés par ce décret, dont l'art. 38 porte : « *Il sera alloué à l'huissier ou autre offi-* « *cier qui procédera à la vente pour la* « *rédaction de l'original du placard.* »

Mais il doit en être autrement aujourd'hui ; la loi du 18-20 juin 1843 a réglé d'une manière générale les droits des commissaires-priseurs pour les ventes auxquelles ils procèdent. L'art. 1er porte : « Il sera al-« loué aux commissaires-priseurs : 1°...; « 2°....; 3° *pour tous droits de vente, non* « *compris les déboursés pour y parvenir,* « *et en acquitter les droits, non plus que* « *la rédaction des placards*, SIX POUR CENT « SUR LE PRODUIT DES VENTES, sans dis-« tinction de résidence (A).

« 4° Pour expédition ou extrait de pro-« cès-verbaux de vente, s'ils sont requis, « outre le timbre, et pour chaque rôle de « vingt-cinq lignes à la page et de quinze « *syllabes à la ligne*, 1 fr. 50 c.

« Pour consignation à la caisse, s'il y a « lieu :

« A Paris, Lyon, Bordeaux, « Rouen, Toulouse et Marseille. 6 f. 00 c. « Partout ailleurs...... 5 00

« Pour assistance à l'essai ou au poin-« çonnage des matières d'or et d'argent :

« A Paris, Lyon, Bordeaux, « Rouen, Toulouse et Marseille. 6 f. 00 c. « Partout ailleurs...... 5 00

Pour paiement des contributions, conformément aux dispositions des lois des 5-18 août 1791 et 12 nov. 1808 :

A Paris, Lyon, etc........ 4 f. 00 c.
Partout ailleurs........ 3 00

L'art. 10 de cette même loi abroge toutes les dispositions contraires, de sorte qu'il paraît hors de doute que le décret du 16 fév. 1807 ne leur est plus applicable.

Ont-ils droit, comme les huissiers, à un émolument pour faire taxer leurs frais ? Non, car l'art. 2 de la loi du 18-20 juin 1843 porte *que l'état des vacations, droits et remises alloués aux commissaires-pri-seurs sera délivré sans frais aux parties.*

(A) Le décret du 5-8 nov. 1851 établit un autre droit pour les ventes publiques de récoltes pendantes par racines et de coupes de bois taillis.

il ne paraît pas que cette légalisation doive procurer aucun émolument à l'huissier ; elle est ordinairement faite par les soins du gérant, ou de l'imprimeur du journal, qui doit en porter dans son mémoire les frais, dont l'huissier est remboursé. Le certificat de l'imprimeur est soumis à l'enregistrement de 1 fr. 20 c.

Art. 40. — En cas d'absence de la partie saisie, son absence sera constatée, et il ne sera nommé aucun officier pour la représenter [Pr. 623] :

Art. 41.—§ 1er. Dans le cas de publication sur les lieux où se trouvent les barques, chaloupes et autres bâtiments, prescrite par l'art. 620 du Code, et dans les cas d'exposition de la vaisselle d'argent, bagues et joyaux, ordonnée par l'art. 621, il sera alloué à l'huissier, pour chacune de ces deux premières publications ou expositions [Pr. 520, 621] :

Émoluments.

A Paris, Bordeaux, Lyon, Rouen, Toulouse, Marseille, Lille et Nantes.	6 f.	00 c.
Dans les villes où il y a une Cour d'appel, et dans celles dont la population excède 30,000 habitants.	5	40
Dans les villes où il y a un tribunal de 1re instance.. .	4	00
Dans les autres villes et cantons ruraux..	3	00

Débours.

Enregistrement du procès-verbal, décimes compris..	2 f.	40 c.
Timbre.		

§ 2. La troisième publication ou exposition est comprise dans la vacation de vente.

§ 3. A Paris et dans les villes où il s'imprime des journaux, les vacations pour publication et exposition ne pourront être allouées aux huissiers, attendu qu'il doit y être suppléé par l'insertion dans un journal.

§ 4. Si l'expédition du procès-verbal de vente est requise par l'une des parties, il sera alloué à l'huissier, ou autre officier, qui aura procédé à la vente, par chaque rôle d'expédition, contenant vingt-cinq lignes à la page, et de dix à douze syllabes à la ligne :

Émoluments.

A Paris, Bordeaux, Lyon, Rouen, Toulouse, Marseille, Lille et Nantes..	1 f.	00 c.
Dans les villes où il y a une Cour d'appel, et dans celles dont la population excède 30,000 habitants.	0	90
Dans les villes où il y a un tribunal de 1re instance.	0	50
Dans les autres villes et cantons ruraux..	0	40

Débours.

Timbre, par deux rôles. . . . . 1 f. 80 c.

Art. 42. — § 1er. Pour la vacation de l'huissier, ou autre officier qui aura procédé à la vente, pour faire taxer ses frais par le juge, sur la minute de son procès-verbal [Pr. 657] :

Émoluments.

A Paris, Bordeaux, Lyon, Rouen, Toulouse, Marseille, Lille et Nantes . . . . 3 f. 00 c.
Dans les villes où il y a une Cour d'appel, et dans celles où la population excède 30,000 habitants. . . 2 70
Dans les villes où il y a un tribunal de 1re instance. . 2 00
Dans les autres villes et cantons ruraux.. . . . . 1 50

§ 2. Et pour consigner les deniers provenant de la vente (1) :

Émoluments.

A Paris. . . . . 3 f. 00 c.
Dans les villes où il y a une Cour d'appel, et dans celles où la population excède 30,000 habitants. . . 2 70
Dans les villes où il y a un tribunal de 1re instance. . . 2 00
Dans les autres villes et cantons ruraux.. . . . . 0 50

Débours.

Timbre du récépissé.. . . . . 0 f. 60 c·

Art. 43.—§ 1er. Pour un procès-verbal de saisie-brandon, contenant l'indication de chaque pièce, sa contenance et sa situation, deux au moins de ses tenants et aboutissants, et la nature des fruits, quand il n'y sera pas employé plus de trois heures [Pr. 627]:

Émoluments.

A Paris, Bordeaux, Lyon, Rouen, Toulouse, Marseille, Lille et Nantes. . . . . 6 f. 00 c.
Dans les villes où il y a une Cour d'appel, et dans celles où la population excède 30,000 habitants. . . 5 40
Dans les villes où il y a un tribunal de 1re instance.. . 5 00
Dans les autres villes et cantons ruraux.. . . . . 4 00

Débours.

Enregistrement, décimes compris. . . . . 2 f. 40 c.
Timbre. . . . .

§ 2. Et quand il y sera employé plus de trois heures, pour chacune des trois autres vacations aussi de trois heures :

---

(1) 1° Est-il dû une vacation à l'huissier pour payer les contributions ?
2° Est-il dû un droit pour les ventes à terme autorisées par les ayants droit ? Voir ces questions, p. 20.

Émoluments.

A Paris, Bordeaux, Lyon, Rouen, Toulouse, Marseille,
   Lille et Nantes. 5 f. 00 c.
Dans les villes où il y a une Cour d'appel, et dans
   celles où la population excède 30,000 habitants. . . 4   50
Dans les villes où il y a un tribunal de 1re instance. . . 4   00
Dans les autres villes et cantons ruraux.. 3   00
L'huissier ne sera point assisté de témoins.

Art. 44. — Pour les copies à délivrer à la partie saisie, au maire de la commune et au garde champêtre, ou autre gardien, pour chacune, le quart de l'original [Pr. 628] :

Débours.

Timbre. . . . .

Nota. Le surplus des actes sera taxé comme en saisie-exécution.

Art. 45.—§ 1er. Il sera alloué pour frais de garde, soit au garde champêtre, soit à tout autre gardien qui pourrait être établi, aux termes de l'art. 628, pour chaque jour, savoir :

Au garde champêtre :

A Paris, Bordeaux, Lyon, Rouen, Toulouse, Marseille,
   Lille et Nantes. . . . . 0 f. 75 c.
Et partout ailleurs. 0   75
Dans les villes où il y a un tribunal de 1re instance.)
Dans les autres villes et cantons ruraux.. . . . . . .) 0   75
§ 2. Et à tout autre que le garde champêtre :
A Paris et partout ailleurs. 1   25

Art. 46.—Pour un exploit de saisie du fonds d'une rente constituée sur particuliers, contenant assignation au tiers saisi, en déclaration affirmative devant le tribunal [Pr. 637] :

Émoluments.

A Paris, Bordeaux, Lyon, Rouen, Toulouse, Marseille,
   Lille et Nantes. . . . . 4 f. 00 c.
Dans les villes où il y a une Cour d'appel, et dans
   celles où la population excède 30,000 habitants. . . 3   60
Partout ailleurs.. 3   00
Pour la copie, le quart.

Débours.

Enregistrement, décimes compris. . . . . 2 f. 40 c.
Timbre. . . . .

Nota. La dénonciation des placards et tous les autres actes seront taxés comme en saisie immobilière.

Les art. 47, 48, 49 et 50, relatifs au procès-verbal de saisie immobilière et à ses copies, à la dénonciation des placards, ont été abrogés par l'art. 20 de l'ordonnance du 10 oct. 1841. Leur texte se trouvera plus loin, sous l'art. 4 de cette ordonnance.

Observations.

CONTRAINTE PAR CORPS.

M. Alex. SOREL, qui vient de donner une nouvelle édition du DICTIONNAIRE DE TAXE, du savant M. Boucher-d'Argis, telle que ce regrettable magistrat l'avait préparée avant sa mort et qui l'a enrichie de nombreuses et très-judicieuses notes, à cru devoir retrancher du livre l'article relatif à l'EMPRISONNEMENT POUR DETTES.

La raison qu'il donne de cette détermination, c'est que la loi du 22 juillet 1867, ayant supprimé la contrainte par corps, en matière *commerciale, civile et contre les étrangers*, et ne l'ayant laissée subsister qu'en matière *criminelle, correctionnelle et de police*, il n'y a plus lieu à l'application des tarifs en matière civile pour les actes relatifs à un emprisonnement qui n'est plus permis.

Il ajoute que la loi du 27 avril 1832 sur la contrainte par corps, a abrogé les articles 780 et suivant du C. proc. civ. et les tarifs qui s'y rapportent, puisque cette loi, dans ses articles 33 et suivants, a établi une procédure spéciale pour l'exercice de la contrainte par corps en matière criminelle, que cette voie d'exécution soit réclamée par les administrations publiques ou qu'elle le soit par des parties civiles.

Cette théorie est peut-être un peu trop absolue en ce qui concerne l'abrogation, par voie de conséquence, du tarif du 23-29 mars 1849.

Je vois bien, en effet, une procédure nouvelle substituée en matière criminelle à la procédure en matière civile, mais je ne vois pas aussi clairement que la taxe des actes similaires dans l'une et l'autre de ces procédures soit en rien changée. Suivons cet aperçu et reprenons la procédure et les textes de la loi du 17 avril 1832.

L'article 33 (1) détermine les mesures à prendre par l'administration de l'enregistrement avant la mise à exécution de la contrainte par corps contre le condamné ou la recommandation de sa personne s'il est détenu; tout cela jusqu'ici n'est applicable qu'à l'administration de l'enregistrement.

---

(1) Art. 33. — Les arrêts, jugements et exécutoires portant condamnation, au profit | de l'Etat, à des amendes, restitutions, dommages et intérêts et frais, en matière

Mais l'article 38 de la même loi (1) en rend les dispositions communes à la partie civile, quand il s'agit de condamnations prononcées en sa faveur pour réparations de crimes, délits ou contraventions.

Ainsi commandement préalable, consignation d'aliments, requête au procureur de la République (2) pour faire commettre un agent de la force publique ou *autre fonctionnaire chargé de l'exécution des mandements de justice* (c'est-à-dire un huissier ou un garde de commerce), enfin emprisonnement, procès-verbal et écrou.

Maintenant quels tarifs seront-ils applicables à la taxation de ces actes ?

Mais les tarifs en matière criminelle, me répondra-t-on.

Peut-être, mais cette solution ne va pas d'emblée ni sans démonstration.

J'ai traité cette question d'une manière générale, à la fin de cette partie de mon livre, section IV, § 1, nᵒˢ 1, 2 et 3; j'y renvoie pour l'intelligence de ce qui va suivre.

Revenons aux questions particulières que nous examinons ici. Je crois que pour les résoudre il faut reproduire plusieurs hypothèses.

1ʳᵉ HYPOTHÈSE.

Si l'exécution de la contrainte par corps a lieu à la requête de l'administration de l'enregistrement et des domaines, il n'est guère douteux qu'il faut appliquer aux actes des dispositions des tarifs en matière criminelle, parce que, comme je l'ai démontré ailleurs, c'est plus spécialement pour elle qu'ils ont été faits.

---

criminelle, correctionnelle ou de police, ne pourront être exécutés par la voie de la contrainte par corps, que cinq jours après le commandement qui sera fait aux condamnés, à la requête du receveur de l'enregistrement et des domaines.

Dans le cas où le jugement de condamnation n'aurait pas été précédemment signifié au débiteur, le commandement portera en tête un extrait de ce jugement, lequel contiendra le nom des parties et le dispositif.

Sur le vu du commandement et sur la demande du receveur de l'enregistrement et des domaines, le procureur du Roi adressera les réquisitions nécessaires aux agents de la force publique et *autres fonctionnaires chargés de l'exécution des mandements de justice.* Si le débiteur est détenu, la recommandation pourra être ordonnée immédiatement après la notification du commandement.

(1) Art. 38. — Les arrêts et jugements contenant des condamnations en faveur des particuliers pour réparations de crimes, délits ou contraventions commis à leur préjudice, seront, à leur diligence, signifiés et exécutés, suivant les mêmes formes et voies de contrainte que les jugements partant d'une condamnation au profit de l'État.

Toutefois les parties poursuivantes seront tenues de pourvoir à la consignation d'aliments, aux termes de la présente loi, lorsque la contrainte aura lieu à leur requête et dans leur intérêt.

(2) Je crois, contrairement à l'opinion de Mᵉ Sorel, que cette requête doit être rédigée sur papier timbré, quand il s'agit de parties civiles, et que même l'ordonnance du magistrat doit être enregistrée; mais c'est affaire à discuter avec le fisc : je passe, en conseillant à l'huissier de s'informer préalablement de son avis.

2ᵉ HYPOTHÈSE.

Si l'exécution a lieu à la requête des parties civiles pour des condamnations prononcées à leur profit, et que le procureur de la République ait commis un agent de la force publique (gendarme, commissaire ou agent de police), comme le 3ᵉ alinéa de l'article 33 de la loi du 27 avril 1832 lui en donne la faculté, ce sont encore les tarifs en matière criminelle qui sont applicables à la taxe des actes, parce que ces fonctionnaires n'en ont pas d'autres. Ce point cependant offre déjà plus de difficulté que dans la 1ʳᵉ hypothèse.

3ᵉ HYPOTHÈSE.

Mais si le procureur de la République a commis un huissier ou un garde de commerce pour procéder à la contrainte par corps, alors il faut aborder un autre ordre d'idées, et en revenir à la distinction entre la poursuite devant les tribunaux criminels et l'exécution de leurs arrêts et jugements.

Tant qu'il ne s'agit que de la poursuite, les actes des huissiers faits à la requête des parties civiles sont taxés par le tarif criminel. (Décret de 1811, art. 71.)

Mais quand il s'agit de l'exécution des arrêts et jugements, la thèse change, l'état et l'ordre public sont hors de cause, il n'y a plus des que intérêts particuliers et civils à régler, auxquels l'action publique demeure étrangère. Comme je crois l'avoir démontré plus loin, ce sont alors les tarifs, en matière civile, qui sont applicables aux actes d'exécution de quelque nature qu'elle soit.

Il ne m'en fallait pas davantage pour maintenir, dans cette nouvelle édition, le tarif applicable aux actes de la contrainte par corps, quelque peu d'intérêt qu'il offre au moment actuel.

L'art. 15 de la loi des 13-16 déc. 1848, relative à la contrainte par corps, porte *que, dans les trois mois qui suivront la prumulgation de cette loi, un arrêté du pouvoir exécutif, rendu dans la forme des règlements d'administration publique, modifiera le tarif des frais en matière de contrainte par corps.*

Cet arrêté a été promulgué le 24-29 mars 1849. Il a remplacé et abrogé les art. 51 et 58 du décret du 16 fév. 1807, ainsi que les art. 20 et 21 du décret du 14 mars 1808, concernant les gardes du commerce (1).

---

(1) **DES GARDES DU COMMERCE A PARIS.**

Depuis le décret du 16 fév. 1807, le Code de commerce a été décrété le 10 septembre 1807, et promulgué à la fin du même mois; il avait ordonné la création, ou plutôt le rétablissement d'officiers publics qui seraient chargés de mettre à exécution les jugements portant contrainte par corps.

L'art. 625, en effet, prescrit l'établissement, pour la ville de Paris seulement, de *gardes du commerce* pour l'exécution des jugements emportant la contrainte par

Voici le texte de cet arrêté :

corps.. La forme de leur organisation et leurs attributions étaient déterminées par un règlement particulier.

C'est en exécution de cette loi qu'est intervenu le décret du 14 mars 1808, qui a modifié celui du 16 fév. 1807, en ce qui concerne la ville de Paris.

Il a fixé à dix le nombre des gardes du commerce. Leur nomination appartient au Gouvernement; leurs fonctions sont à vie. Ils sont chargés exclusivement de l'exécution des contraintes par corps, et ne peuvent en aucun cas être suppléés par les *huissiers*. Ils forment un bureau permanent dans le centre de la ville de Paris, où les gardes du commerce sont tenus de se trouver alternativement, selon le règlement de leur service.

Il y a dans ce bureau un *vérificateur*, nommé par le Ministre de la justice, dont les fonctions consistent à vérifier si, d'après l'état des pièces qui lui sont remises par les parties, la contrainte par corps peut être mise à exécution. Il est responsable, tant vis-à-vis du créancier qu'envers le débiteur. La contrainte par corps ne peut être mise à exécution par les gardes du commerce qu'après la remise des pièces aux mains de celui qui doit y procéder, accompagnée du certificat du vérificateur qu'il n'existe aucun empêchement. Tout débiteur, dans le cas d'être arrêté, peut notifier au bureau les oppositions ou appels, ou autres actes empêchant l'exécution de la contrainte par corps prononcée contre lui.

Le garde du commerce n'a pas besoin de l'autorisation ni de l'assistance du juge de paix pour arrêter le débiteur dans son *propre domicile*, si l'entrée ne lui en est pas refusée.

Il n'en a besoin que quand le débiteur se trouve dans une *maison tierce*.

Si le juge de paix du canton ne peut ou ne veut autoriser l'arrestation et se transporter avec le garde pour y procéder, le garde du commerce chargé de l'exécution *peut requérir le juge de paix d'un autre canton* (art. 15 du décret).

Les art. 20 et 21 de ce décret contiennent le tarif des arrestations et recommandations dues aux gardes du commerce. Les deux premiers §§ de l'art. 20 et l'art. 21 sont abrogés par l'art. 8 de l'arrêté du 24-29 mars 1849, et remplacés :

Art. 20 (*abrogé*), § 1er. « Le salaire des « gardes du commerce qui procéderont à « une arrestation ou à une recommandation « est de.. . . . . 60 f. 00 c.

§ 2. « Dans le cas où l'arres-« tation n'aurait pu s'effectuer, « il en sera dressé procès-verbal « pour lequel il sera payé seu-« lement. . . . . : . . . 20 f. 00 c.

§ 3. « Le droit de garde au « domicile d'un failli sera de. . 5 00

Art. 21 (*abrogé*). « Il sera « alloué au garde du commerce : « 1° pour le dépôt des pièces « par le créancier. 3 00

« 2° Pour le visa apposé sur « chaque pièce produite ou si-« gnifiée par le créancier ou le « débiteur.. . . . . 0 23

« 3° Pour le certificat men-« tionné en l'art. 11, droits de « recherche compris.. . . . . . 2 00

« Outre les droits d'enregistrement. »

On s'est demandé, sous l'empire de ce décret, si les huissiers, dans la ville de Paris, pouvaient, concurremment avec les gardes du commerce, procéder à la recommandation d'un débiteur déjà incarcéré.

La question avait bien son importance sous le rapport des frais, car le décret du 14 mars 1808 accorde aux gardes du commerce le même droit pour la recommandation que pour l'arrestation, 60 fr., tandis que le tarif de 1807, art. 57, n'accordait que 3 fr. à l'huissier.

Le droit de concurrence est soutenu par des auteurs recommandables, MM. Carré, t. 3, p. 56 et 89, n° 2, et Pigeau, t. 2, p. 294.

Ils fondent leur raisonnement sur les termes de l'art. 7 du décret, « les gardes du commerce sont chargés *exclusivement* de l'exécution des contraintes par corps. »

Or, disent-ils, cet article n'ajoutant pas : *et des recommandations*, il faut en conclure que le droit de les faire, que les huissiers avaient avant le décret, ne leur a pas été ôté Quant à l'art. 19, il détermine les formalités que devront suivre les gardes du commerce dans les recommandations, quand ils les feront.

On répondait que les *recommandations* sont des moyens *des contraintes par corps*, qu'ainsi l'art. 7 s'y applique tout aussi bien qu'aux arrestations.

On ajoute que, d'après le vœu de l'article 625 du Code de commerce, les gardes du commerce sont institués pour l'exécution des jugements emportant la contrainte par corps, ce qui veut dire qu'ils ont attribution exclusive, aux termes de l'art. 7 du décret, pour tout ce qui concerne cette exécution.

ARRÊTÉ *des 23-29 mars 1849, qui modifie le tarif des frais, en matière de contrainte par corps.*

Le Président de la République, le Conseil d'Etat entendu, ARRÊTE :

Art. 1er. — Il est alloué à *tous* huissiers (*c'est-à-dire sans distinction de résidence*) :

1º Pour l'original de la signification du jugement qui prononce la contrainte par corps [Pr. 780] :

Émoluments.

Avec commandement. . . . . 2 f. 00 c.
Pour la copie, le quart. 0 50
Pour droit de copie de jugement. 2 00

Débours.

Enregistrement, décimes compris . . . . 2 f. 40 c.
Timbre. . . . .

Sans qu'il puisse être passé d'autres droits en taxe, dans le cas où la signification et le commandement seraient faits par actes séparés.

Émoluments.

2º Pour l'original de la signification du jugement qui déclare un emprisonnement nul [Pr. 796]. . . . . . . 2 f. 00 c.
Pour la copie à laisser au geôlier ou au gardien, le quart. 0 50

Débours.

Enregistrement, décimes compris . . . . 2 f. 40 c.
Timbre. . . . .

Il ne paraît pas que cette opinion doive être suivie depuis la promulgation de l'arrêté des 24-29 mars 1849, dont l'art. 2 porte : « *Il est alloué aux gardes du commerce et aux huissiers pour le procès-verbal d'emprisonnement... A Paris, 40 fr.* » Les huissiers, d'après cet article, devraient donc avoir à Paris la concurrence avec les gardes du commerce, non pas seulement pour la recommandation d'un débiteur incarcéré, mais même pour la capture. Cependant l'art. 7 du décret du 14 mars 1808, qui donne le droit exclusif aux gardes du commerce, n'est point compris au nombre des articles abrogés par l'arrêté des 24-29 mars 1849.

Ne faut-il pas admettre, pour concilier ces différents textes, que les gardes du commerce ont une attribution exclusive pour l'exécution des contraintes par corps, en matière commerciale, ainsi que pour les recommandations des débiteurs incarcérés dans les mêmes matières, tandis que les huissiers ont, de leur côté, le droit exclusif de faire les emprisonnements et les recommandations lorsque la contrainte par corps est prononcée, soit en matière civile, soit en matière criminelle ou de police ?

Je le crois d'autant plus volontiers que c'est le Code de commerce qui créa les gardes du commerce, et qu'il n'a voulu donner à ces officiers publics que des attributions commerciales. Le décret du 14 mars 1808 ne contient rien d'où l'on puisse induire qu'on ait voulu leur donner des attributions civiles.

Toutes ces dispositions et questions sont devenues sans objet par la cessation des fonctions des gardes du commerce depuis l'abolition de la contrainte par corps. (V. la *Note de M. Sorel* sur Boucher-d'Argis, *Dict. de la taxe*, 1874, p. 300.)

Art. 2. — Il est alloué aux gardes du commerce ou aux huissiers :

1º Pour le procès-verbal d'emprisonnement d'un débiteur, y compris l'assistance de deux recors et l'écrou [Pr. 783, 789] :

Émoluments.

A Paris (seulement, et non plus à Bordeaux, Lyon,
Rouen, Marseille, Lille et Nantes).. . . . . 40 f. 00 c.
Ailleurs.. 30   00

Débours.

Enregistrement, décimes compris . . . . 2 f. 40 c.
Timbre. . . . .

Pour la copie du procès-verbal d'emprisonnement et de
l'écrou, le tout ensemble. . . . . 2 f. 00 c.

Débours.

Timbre. . . . .

Il ne pourra être passé en taxe aucun procès-verbal de perquisition pour lequel les gardes du commerce, ou huissiers, n'auront point de recours, même contre leur partie, les sommes ci-dessus leur étant allouées en considération de toutes les démarches qu'ils pourraient faire, autres que celles expressément rémunérées par le présent tarif.

2º Pour vacation tendant à obtenir l'ordonnance du juge de paix, à l'effet, par ce dernier, de se transporter dans le lieu où se trouve le débiteur, condamné par corps, et à requérir son transport [Pr. 781].. . . . . 2 f. 00 c.

Débours.

Enregistrement de l'ordonnance, décimes compris (1) . . . . 1 f. 20 c.
Timbre. . . . .

3º Pour vacation en référé, si le débiteur arrêté le requiert [Pr. 786].. 5   00

Débours.

Enregistrement de l'ordonnance de référé, décimes compris (1) . . . . . . 3 f. 60 c.
Timbre. . . . .

4º Pour un acte de recommandation d'un débiteur emprisonné sans assistance de recors [Pr. 792, 793].. 3   00
Pour chaque copie à donner au débiteur et au geôlier,
le quart.. 0   75

Débours.

Enregistrement, décimes compris . . . . 2 f. 40 c.
Timbre de l'original et des copies. . . . .

---

(1) Loi du 22 frim. an VII, art. 68, nº 46. | (2) Loi du 28 avril 1840, art. 44, nº 40.

Art. 3. — Il est alloué aux gardes du commerce (*décret du 14 mars 1808, article 21*) :

Pour le dépôt des pièces par le créancier. . . . .   3 f. 00 c.

Pour le *visa* apposé sur chaque pièce, produite ou signifiée par le créancier ou le débiteur..   0   25

Pour le certificat (1) mentionné en l'art. 11 du décret du 14 mars 1808, droit de recherche compris (*sans objet*).   2   00

Débours.

Enregistrement du certificat, décimes compris . . . . 1 f. 20 c.
Timbre. . . . .

Art. 4. — Il est alloué aux huissiers pour rédaction du pouvoir spécial exigé par l'art. 556 du Code de procédure civile..   1 f. 00 c.

Débours.

Enregistrement du pouvoir, décimes compris (2) . . . . 2 f. 40 c
Timbre. . . . .

Art. 5. — Il ne sera alloué aucun droit au gardien ou geôlier à raison de la transcription sur son registre du jugement prononçant la contrainte par corps.

Art. 6. — Outre les fixations établies par les quatre premiers articles, seront alloués les simples déboursés de timbre et d'enregistrement, justifiés par pièces régulières.

Art. 7. — Il ne sera rien alloué aux huissiers et aux gardes du commerce pour leur transport jusqu'à un demi-myriamètre.

Il leur sera alloué au delà d'un demi-myriamètre, pour frais de voyage, qui ne pourra excéder une journée de cinq myriamètres, savoir :

Au delà d'un demi-myriamètre jusqu'à un myriamètre, pour aller et retour. . . . . 4 f. 00 c.

Au delà d'un myriamètre, il sera alloué par chaque demi-myriamètre sans distinction. 2   00

Art. 8. — Sont et demeurent abrogés les art. 51, 52, 53, 54, 55, 56, 57 et 58 du premier décret du 16 février 1807, les deux premiers paragraphes de l'art. 20, et l'art. 21 du décret du 14 mars 1808, concernant les gardes du commerce.

Observations.

1° Les juristes qui se sont occupés de la taxe, en matière d'emprisonnement, ont examiné beaucoup de questions qui présentent des difficultés fort graves. Je ne crois pas devoir les rappeler ici, car la plupart d'entre elles sont relatives à des nul-

----

(1) Art. 11 du décret du 14 mars 1808 : Le vérificateur ne pourra remettre au garde du commerce les titres et pièces qu'après avoir vérifié s'il n'est survenu « aucun empêchement à l'exécution de la « contrainte. — *Il en donnera un certifi-* « *cat qui sera annexé aux pièces.* »
(2) Même loi, art. 43, n° 17.

lités d'emprisonnement qui rentrent dans le domaine de la
procédure. Je les passe donc.

2° Mais il en est d'autres plus spéciales que je dois au moins
indiquer.

1re QUESTION.

Est-il nécessaire que les significations du jugement portant
contrainte par corps et du commandement tendant à l'exercice
de cette contrainte aient lieu dans le même acte ?

S'il ne s'agissait que de la nullité de l'exécution, on devrait
sans doute décider qu'elle n'existe pas, n'étant formellement
prononcée par aucune loi (Arrêt de Limoges du 18 janv. 1811 ;
Dalloz, v° *Contrainte par corps*, anc. édit., 3e vol., p. 777).

Mais il s'agit d'un acte qui augmente les frais contre la volonté formelle de l'art. 51 du tarif de 1807, et de l'art. 1er de
celui de 1849. Si donc la copie du jugement qui prononce la
contrainte par corps a déjà été signifiée avant le commandement,
et qu'elle soit répétée dans cet acte, il est évident qu'elle ne doit
pas entrer en taxe contre le débiteur ; elle ne doit pas y entrer
non plus contre le créancier qui l'a requise, parce qu'elle est
une violation du devoir de l'huissier.

2e QUESTION.

Lorsqu'il s'est écoulé plus d'une année depuis la signification
du commandement, l'art. 784 veut qu'il soit fait un nouveau
commandement *par un huissier commis à cet effet;* cela signifie-
t-il que l'ancienne commission, donnée à l'huissier par le jugement, est tombée, et qu'il en faut une nouvelle ?

La Cour de Rennes a jugé que oui, par arrêt du 28 déc. 1814
(rapporté par le *Journal des Avoués*, t. 8, n° 148 *bis*).

Quoique cette décision soit judaïquement conforme aux termes de l'art. 784 du Code de procédure, elle paraît bien rigoureuse. C'est une aggravation de frais peu motivée. Cependant le
devoir du taxateur serait peut-être de les admettre, à cause de la
bonne foi de ceux qui auraient ainsi entendu cet article ; cela
dépendrait des circonstances.

3e QUESTION.

Mais devrait-il en être de même d'une nouvelle signification
du jugement ?

La Cour de Toulouse, par arrêt du 11 février 1808, a jugé
que la signification du jugement, portant la contrainte par corps,
ne se périmait pas, comme le commandement, par le laps d'une

année. Dalloz (v° *Contrainte par corps*, 3ᵉ vol., p. 777), et Carré (*Lois de la procédure*, t. 3, p. 77) approuvent la doctrine de cet arrêt.

Mais Dalloz, dans une note dont il le fait suivre, paraît se ranger à l'opinion que le débiteur a intérêt à connaître le jugement en même temps que le commandement. M. Favard de Langlade (v° *Contrainte par corps*, § 4, n° 5) ne croit pas que la signification du jugement avec le nouveau commandement soit exigée à peine de nullité ; mais il pense qu'il est néanmoins prudent de la répéter, parce qu'il paraît dans le vœu de la loi que le débiteur soit dûment averti, à une époque rapprochée, des poursuites rigoureuses dont il va être l'objet.

Je n'approuve pas ces ménagements à l'aide desquels on écrase de frais un débiteur qui n'en peut mais; cependant je ne me dissimule pas que, dans les divergences d'opinions, les praticiens agiront, en général, dans le sens qu'on leur présente comme le plus prudent; peut-être ferais-je comme eux ; mais alors il y a un moyen de concilier la précaution avec les intérêts réels et légitimes du débiteur: c'est de laisser à la charge du créancier les frais du commandement périmé et de la première signification. N'est-il pas en faute de ne les avoir pas utilisés?

4ᵉ QUESTION.

Le changement d'état d'une veuve contraignable par corps, qui s'est remariée, nécessite-t-il une nouvelle signification du jugement au mari?

La Cour de Paris a jugé que non (Arrêt du 25 fév. 1808). Dalloz (*Alp..*, vol. 3, p. 785, anc. édit.) et Chauveau (*Comm.*, 2ᵉ vol., p. 265) estiment que, si cette signification était faite, elle devrait être admise en taxe.

Je ne saurais adopter ce sentiment.

Peut-être l'huissier ne devrait-il pas la perdre, comme frustratoire ; mais, dans mon opinion, il ne pourrait en obtenir les frais que contre son requérant.

5ᵉ QUESTION.

Si le juge de paix se faisait suivre de son greffier, dans les cas où il est requis par l'huissier de l'accompagner au domicile de celui qui veut contraindre, cela donnerait-il lieu à des émoluments taxables?

Non, car la présence du greffier est inutile. Les ordonnances du juge de paix se portent sur le procès-verbal de l'huissier, qui remplit dans cette circonstance les fonctions de greffier, et elles ne donnent lieu qu'à de simples droits d'enregistrement ; la signature seule du juge de paix sur le procès-verbal de l'huissier serait suffisante.

6° QUESTION.

L'huissier peut-il se servir de gendarmes pour l'arrestation ? Oui ; mais si leur emploi n'a pas été nécessité par la résistance obstinée et violente du débiteur, les frais en restent à la charge de l'huissier ou de son requérant.

Le décret du 7 avril 1813, art. 6, § 1er alloue aux gendarmes qui assistent les huissiers :

A Paris (*seulement*). . . . . 5 f. 00 c.
Dans les villes de 40,000 âmes et au-dessus. 4 00
Dans les autres villes et communes. 3 00

7° QUESTION

L'art. 53 du tarif s'oppose-t-il à ce que l'huissier ne puisse réclamer de droits de transport, en matière d'emprisonnement ?

Non : l'art. 66 est général. C'est aussi l'opinion de MM. Sudraud-Desisles et Vervoort, attestée par M. Chauveau (2e vol., p. 272). Il y a une opinion contraire, celle de M. Cabissol (p. 74); mais elle ne paraît pas devoir être suivie. (Voyez plus haut l'art. 7 de l'arrêté du 23 mars 1849 qui tranche la question.)

8e QUESTION.

Si le débiteur s'échappe ou s'il paie, quel sera le droit de l'huissier ?

Si l'on s'en rapportait au tarif, il semble qu'il ne serait rien dû : en effet, si le débiteur obéit à l'itératif commandement qui doit précéder le procès-verbal d'arrestation, il ne doit d'autres frais que ceux de cet itératif commandement; s'il s'échappe, l'huissier n'aura fait qu'une perquisition inutile, qui, aux termes de l'art. 53, § 2 du tarif, et de l'art. 2 de l'arrêté des 23-29 mars 1849, ne donne droit à aucun émolument. D'un autre côté, l'huissier aura peut-être à s'imputer de n'avoir pas pris toutes les précautions nécessaires pour le succès. Mais c'est une question qui ne serait pas de la compétence des juges taxateurs ; si elle s'élevait entre l'huissier et son requérant, c'est le tribunal qui devrait la juger.

Quand il s'agissait de la contrainte par corps, exercée par les gardes du commerce, l'art. 20 du décret du 14 mars 1808 accordait 20 fr. *dans le cas où l'arrestation n'aurait pu s'effectuer.*

Aujourd'hui cette taxe leur serait refusée, sans difficulté possible.

Art. 59. — Pour l'original d'un procès-verbal d'offres, contenant le refus ou l'acceptation du créancier [C. pr. 813] :

Émoluments.

A Paris, Bordeaux, Lyon, Rouen, Toulouse, Marseille, Lille et Nantes. . . . . 3 f. 00 c.
Dans les villes où il y a une Cour d'appel, et dans celles où la population excède 30,000 habitants. 2 70
Partout ailleurs.. 2 25
Pour la copie, le quart.

Débours.

Enregistrement, décimes compris . . . . , . . . 2 f. 40 c.
Timbre. . . . .

Art. 60. — D'un procès-verbal de consignation de la somme ou de la chose offerte [C. N:, 1259] :

Émoluments.

A Paris, Bordeaux, Lyon, Rouen, Toulouse, Marseille, Lille et Nantes. . . . . 5 f. 00 c.
Dans les villes où il y a une Cour d'appel, et dans celles où la population excède 30,000 âmes.. . . . . 4 50
Partout ailleurs.. 4 00

Débours.

Enregistrement, décimes compris . . . . 2 f. 40 c.
Timbre. . . . .
Pour chaque copie à laisser au créancier, s'il est présent, et au dépositaire, le quart.

Art. 61. — Les procès-verbaux de saisie-gagerie sur locataires et fermiers, et ceux de saisie des effets d'un débiteur forain, seront taxés comme ceux de saisie-exécution, ainsi que tout le reste de la poursuite [Pr. 819, 822, 825].

Art. 62. — Pour un procès-verbal tendant à la saisie-revendication, s'il y a refus de portes ou opposition à la saisie, contenant assignation en référé devant le juge, y compris les témoins [Pr. 829] :

Émoluments.

A Paris, Bordeaux, Lyon, Rouen, Toulouse, Marseille, Lille et Nantes. . . . . 5 f. 00 c.
Dans les villes où il y a une Cour d'appel, et dans celles où la population excède 30,000 habitants.. . . . . . 4 50
Partout ailleurs. 4 00
Pour la copie, le quart.

Débours.

Enregistrement, décimes compris . . . . 2 f. 40 c.
Timbre. . . . .

Le procès-verbal de saisie-revendication sera taxé comme celui de saisie-exécution.

Observations.

L'art. 63, qui est relatif aux surenchères sur aliénation volontaire, a été abrogé par l'art. 20 de l'ordonnance du 10 oct. 1841.

Art. 64. — Pour un procès-verbal de réitération de la cession (*de biens*) par le débiteur failli à la maison commune, s'il n'y a pas de tribunal de commerce [Pr. 901] :

Émoluments.

A Paris, Bordeaux, Lyon, Rouen, Toulouse, Marseille,
    Lille et Nantes. . . . . 4 f. 00 c.
Dans les villes où il y a une Cour d'appel, et dans celles
    où la population excède 30,000 habitants.. 3   60
Partout ailleurs. 3   00

Débours.

Enregistrement, décimes compris. . . . . 2 f. 40 c.
Timbre. . . . .

Art. 65. — Pour un procès-verbal d'extraction de la prison du débiteur failli, à l'effet de faire la réitération de sa cession de biens, indépendamment du procès-verbal de ladite réitération [Pr. 902] :

Émoluments.

A Paris, Bordeaux, Lyon, Rouen, Toulouse, Marseille,
    Lille et Nantes. . . . . 6 f. 00 c.
Dans les villes où il y a une Cour d'appel, et dans celles
    où la population excède 30,000 habitants.. 5   40
Partout ailleurs.. 5   00

Débours.

Enregistrement, décimes compris. . . . . 2 f. 40 c.
Timbre. . . . , ...

Observations.

Le § 2, relatif au procès-verbal d'apposition de placards, en matière de saisie immobilière, a été abrogé par l'art. 20 de l'ordonnance du 10 oct. 1841.

§ 3 (*modifié pour les chiffres par le décret du 23 mars 1848. V. la note* [1]). Par chaque original de protêt, intervention à protêt, et sommation d'intervenir, assistants et copie compris :

---

(1)   TARIF DES PROTÊTS.

Depuis longtemps les émoluments des protêts étaient considérés comme insuffisants pour rétribuer les actes auxquels ils s'appliquent Les conditions onéreuses imposées aux huissiers et aux notaires par les art. 173, 174, 175 et 176 du C. de comm., telles que l'assistance de témoins, ou d'un notaire en second, la transcription littérale de la lettre de change ou du billet, de l'acceptation, des endossements et des recom-

A Paris, Bordeaux, Lyon, Rouen, Toulouse, Marseille, Lille et Nantes. . . . . 2 f. 00 c.

---

mandations, l'inscription en entier du protêt sur un registre spécial, pouvaient les constituer en perte.

A Paris, on avait cru devoir interpréter d'une manière un peu large les §§ 3 et 4 de l'art. 65.

Indépendamment des émoluments qu'ils accordent, on portait un droit de copie pour l'effet, sur l'original et la copie du protêt, un autre pour la transcription du protêt sur le registre prescrit par l'art. 176 du Code de commerce, un autre encore pour la transcription de l'effet sur le même registre.

Il avait été rédigé un tableau de ces droits, qui se percevaient à titre d'usage; ce tableau avait été revêtu d'une sorte de caractère officiel ou public, par un avis de la chambre des huissiers du département de la Seine. Il était suivi, dans beaucoup de localités, comme base proportionnelle de perception, quoiqu'il n'eût, à vrai dire, aucune autorité légale.

Les choses étaient en cet état au moment de la révolution de février 1848; la crise commerciale qui se produisit immédiatement, et qui occasionna une grande multiplicité de protêts, éveilla la sollicitude du gouvernement provisoire; il tâcha d'amoindrir le désastre en diminuant les frais de poursuites. S'il ne crut pas que le tarif dont je viens de parler eût une existence légale, il le trouva raisonnable en soi; il le prit pour point de départ et il y appliqua les réductions qu'il crut possible de faire.

Voici le texte du décret que le gouvernement provisoire a rendu, le 23 mars 1848, à cette occasion :

« LE GOUVERNEMENT PROVISOIRE,

« Voulant venir en aide aux embarras « momentanés du commerce, en diminuant « les frais de protêt, les droits d'enregis« trement et les émoluments attachés à « chacun de ces actes, DÉCRÈTE :

« ART. 1er. Provisoirmeent, et jusqu'à ce « qu'il en soit autrement ordonné, le tarif « actuel est modifié comme il suit (A) :

ANCIEN TARIF.	Ém.	Déb.	Total.	NOUVEAU TARIF.	Ém.	Déb.	Total.
PROTÊT SIMPLE.	fr. c.	fr. c.	fr. c.	PROTÊT SIMPLE.	fr. c.	fr. c.	fr. c. (No 1.)
Original et copie. . . .	2 00	»		Original et copie	1 60	»	(B)
Droit de copie de l'effet sur l'original et la copie du protêt	1 50	»	6 80	Droit de copie de l'effet sur l'original et la copie du protêt	0 75	»	4 40
Transcription de l'effet et du protêt sur le répertoire.	»	»		Transcription sur le répertoire.			
Timbre du protêt. .	»	0 70		Timbre du protêt. . . .	»	0 70	
Timbre du registre des protêts	»	0 40		Timbre du registre. . .	»	0 25	
Enregistrement.	»	2 20		Enregistrement.	»	1 10	

(A) *Modifié et complété* pour les chiffres, mais non abrogé pour le reste.

(B) La loi de finances du 2 juill. 1862, art. 17, a augmenté de 30 p. 100 le prix du papier timbré employé aux protêts.

De sorte que la feuille de 0 fr. 70 c. se trouve aujourd'hui élevée à 1 fr. 20 c.

Il faut donc élever proportionnellement, dans la dernière colonne du tableau, les chiffres des totaux :

C'est ce qu'a fait le décret du 8-10 déc. 1862, dont l'art. 5 porte :

« Il est alloué aux huissiers, comme remboursement du papier timbré du registre tenu « en exécution de l'art. 176 du Code de commerce :

« 1° Pour le protêt et simple intervention. . . . . 0 f. 35 c.

« 2° Pour le protêt de perquisition. . . . . , ... 0 50

Par les motifs que j'ai donnés en commentant l'art. 3 de ce même décret (*Livre* 1er, 1re *division*, § 3). Cette allocation doit être augmentée de 1/5e et portée à :

1° Pour le protêt et simple intervention. , . . . 0 f. 40 c.

2° Pour le protêt de perquisition. . . . . 0 f. 60 c.

Dans les villes où il y a une Cour d'appel, et dans celles
où la population excède 30,000 habitants..   1   80

ANCIEN TARIF.	Ém.	Déb.	Total.
	fr. c.	fr. c.	fr. c.
PROTÊT A DEUX DOMICILES OU AVEC UN BESOIN.			
Protêt simple.. . . . : .	»	6 80	
Pour le second domicile ou le besoin. . . . . :	»	»	8 80
Timbre..	»	0 35	
Emolument..	1 65	»	
PROTÊT A DEUX EFFETS.			
Le protêt simple. . . .	»	6 80	
Copie du second effet sur l'original et la copie. .	0 50	»	7 70
Transcription de l'effet sur le registre.	0 25	»	
Papier timbré du registre..	0 45	»	
PROTÊT DE PERQUISITION.			
Original et copie du procès-verbal et du protêt.	5 00	»	
Droit de 2 copies à afficher au tribunal de commerce et au tribunal civil.	2 50	»	
Les copies du titre. . .	1 00	»	
Visa du parquet.. . . .	1 00	»	
Timbre de l'original et des copies.	»	»	15 70
Au parquet et pour les affiches	»	2 10	
Enregistrement. . . .	»	2 20	
Transcription du titre au registre.	0 25	»	
Transcription du procès-verbal de perquisition et du protêt.	1 25	»	
Papier du registre pour la transcription	»	0 40	
PROTÊT AU PARQUET.			
Le protêt simple	6 80	»	
Pour une 2e copie au parquet.	0 50	»	
Pour une 3e au tribunal.	0 50	»	10 35
Droit de copie de l'effet sur les 2e et 3e copies.	0 50	»	
Vacation au visa	1 00	»	
Timbre de la copie du parquet et de l'affiche.	»	1 05	

NOUVEAU TARIF.	Ém.	Déb.	Total.
	fr. c.	fr. c.	fr. c.
PROTÊT A DEUX DOMICILES OU AVEC UN BESOIN.			(N° 2.) (B)
Protêt simple.	»	4 40	
Pour le second protêt ou le besoin	1 00	»	5 75
Timbre.	»	0 35	
PROTÊT A DEUX EFFETS.			(N° 3.) (B)
Protêt simple.	»	4 40	
Emoluments pour le 2e effet.	0 60	»	5 05
Timbre.	»	0 15	
PROTÊT DE PERQUISITION.			(N° 4.) (B)
Original et copie. . . .	5 00	»	
Droit de copies.	1 25	»	
Les copies du titre. . .	0 50	»	
Visa	1 00	»	
Timbre des copies . . .	»	1 75	
Enregistrement.	»	1 40	11 75
Transcription du titre au registre . . . . . . Transcription du procès-verbal de perquisition et du protêt.	0 75	»	
Papier du registre pour la prescription. . . .	»	0 40	
PROTÊT AU PARQUET.			(N° 5.) (B)
Protêt simple.	4 40	»	
Deuxième copie au parquet.	0 60	»	
Troisième au tribunal et droit de la copie du titre.	1 50	»	8 20 (A)
Visa	1 00	»	
Timbre.	»	0 70	

(A) C'est par erreur que le *Bulletin des lois* porte seulement 7 fr. 40 c., ou bien le
détail serait inexact, ce qui n'est pas probable.

(B) Voir la note (B) de la page 76.

Partout ailleurs. 1 50

ANCIEN TARIF.	Ém.	Déb.	Total.	NOUVEAU TARIF.	Ém.	Déb.	Total.
	fr. c.	fr. c.	fr. c.		fr. c.	fr. c.	fr. c.
INTERVENTION.				INTERVENTION.			(N° 6.) (A)
Original.	2 00	»		Original et copie. . . .	2 00	»	
Transcription au regis-tre.	0 50	»	5 00	Transcription au regis-tre.	0 25	»	3 50
Papier du registre . . .	»	0 30		Papier du registre . . .	»	0 15	
Enregistrement.	»	2 20		Enregistrement.	»	1 10	
DÉNONCIATION DE PROTÊT.				DÉNONCIATION DE PROTÊT.			(N° 7.) (A)
Original	2 00	»		Original	2 00	»	
Copie de l'exploit. . . .	0 50	»		Copie de l'exploit. . . .	0 50	»	
Copie du billet.	0 50	»		Copie du billet.		»	
Copie du protêt.	0 75	»	7 75	Copie du protêt.	0 75	»	5 90
Copie d'intervention . .	0 25	»		Copie d'intervention . .	0 25	»	
Copie de compte de re-tour.	0 50	»		Copie de compte de re-tour.	0 25	»	
Timbre.	»	1 05		Timbre.	»	1 05	
Enregistrement.	»	2 20		Enregistrement.	»	1 10	

« ART. 2. Les actes de protêt seront désormais dressés sans assistance de témoins. »

OBSERVATIONS.

Ce décret a donné force obligatoire et légale au tarif de la chambre des huissiers de Paris ; c'est maintenant un règlement d'administration publique régissant la taxe des protêts. Cela ne fait aucun doute ; mais il s'élève cependant des difficultés d'application qui sont assez sérieuses.

1° *Est-il encore en vigueur ?* Oui.

Il est vrai qu'il n'était que provisoire, ainsi que le dit son art. 1er, mais cet article ajoute aussi ces mots : *et jusqu'à ce qu'il en soit autrement ordonné.*

Je ne connais aucune décision qui soit depuis intervenue sur cette matière, et je pense que ce décret a continué et continuera d'avoir force de loi *jusqu'à ce qu'il en ait été,* comme il le dit, *autrement ordonné.*

2° *Mais doit-il recevoir son application ailleurs qu'à Paris ?* Oui.

Il est vrai encore que le tableau qu'il a adopté, en le modifiant, ne concernait que les protêts faits à Paris. Si on l'appliquait quelquefois ailleurs, c'était en réduisant les droits qu'il accordait, suivant les bases fixées par le 2e décret du 16 fév. 1807, c'est-à-dire qu'on diminuait d'un dixième les émoluments dans les villes où il y a une Cour d'appel et dans celles où la population excède 30,000 habitants, et d'un quart dans les autres localités ; mais rien dans le texte n'autorise à penser que ce décret ne doive être appliqué qu'à Paris ; il est général dans ses termes et dans son esprit ; à l'époque où il a été rendu, il n'y avait aucun motif pour en faire une mesure exclusivement locale. Le commerce de toute la République était atteint comme celui de Paris, et méritait la même protection et la même sollicitude. Je ne fais donc aucun doute que ce décret doit s'appliquer partout.

3° *Les chiffres qu'il fixe doivent-ils être alloués invariablement et sans distinction de la résidence des officiers publics chargés de faire les protêts ?*

Je ne le crois pas. Sans doute ce décret ne dit pas qu'il se réfère au 2e décret du 16 fév. 1807 (B), pour son application dans les divers ressorts des tribunaux de la France, mais cela a dû néanmoins entrer dans l'intention de ses auteurs. Ils n'ont point déclaré qu'ils abrogeaient les §§ 3 et 4 de l'art. 65 du 1er décret du 16 fév. 1807 ; ils en ont seulement abaissé les chiffres, en adoptant toutefois l'interprétation qui lui avait déjà été donnée par l'usage à Paris, usage dont le tableau adopté par le décret justifie l'existence.

Ce qui, au reste, lève toute espèce de doute, c'est le motif exprimé dans le décret : *Voulant venir en aide aux embarras momentanés du commerce, en diminuant les frais de protêt, les droits d'enregistre-*

(A) Voir la note (B) de la page 76.

(B) Voyez les art. 1, 2 et 3 du 2e décret du 16 février 1807.

§ 4. Pour l'original d'un protêt, assistants et copie compris :

A Paris, Bordeaux, Lyon, Rouen, Toulouse, Marseille,
Lille et Nantes. . . . . 5 f. 00 c.

---

ment et les émoluments attachés à ces divers actes, DÉCRÈTE, etc. : car, s'il fallait l'appliquer sans distinction de localité, il en résulterait qu'au lieu d'avoir diminué les *émoluments*, il les aurait augmentés. En effet, le tarif de 1807 accorde, pour l'original et la copie d'un protêt simple, 1 fr. 50 c. partout ailleurs qu'à Paris, Bordeaux, Lyon, Rouen, et dans les villes où il y a une Cour d'appel, tandis que le décret de 1848 accorderait 1 fr. 60 c.

Il en est de même pour le protêt avec perquisition : là où le 1er décret n'accorde que 4 fr., le 2e en accorderait 5; là aussi où l'un n'accorde que 75 c. pour les *visa*, l'autre accorderait 1 fr. Il en est de même encore pour l'émolument des copies et autres droits, ainsi qu'on peut s'en convaincre en continuant de rapprocher et de comparer ces deux tarifs.

4° De tout ce qu'on vient de dire il faut conclure qu'il est nécessaire, pour la juste application du décret de 1848, de faire des calculs analogues à ceux qu'on a exécutés pour l'application du tarif de 1807.

Ainsi, quand il s'agira de protêts faits à Paris, Bordeaux, Lyon, Rouen, Toulouse, Marseille, Lille et Nantes, on allouera les chiffres mêmes portés dans le tableau qui précède.

On les diminuera d'un dixième pour les protêts faits dans les villes où il y a une Cour d'appel, et dans celles où la population excède 30,000 âmes.

Enfin, on les diminuera d'un quart pour les protêts faits dans toutes les autres localités.

Je ne crois pas nécessaire de refaire ici le tableau pour y ajouter ces calculs; les opérations dont il s'agit sont trop faciles pour n'être pas comprises par tout le monde.

Il y a dans le sens de cette solution une circulaire du procureur général de la Cour de Dijon, à la date du 8 septembre 1855, qui constate que le garde des sceaux, consulté par lui sur l'interprétation à donner au décret du 23 mars, a pensé que ce décret, conçu dans le même esprit que celui de 1807, contenait seulement le tableau-type des droits perçus à Paris, mais que ces droits devaient subir pour la province la réduction établie comme règle générale par le décret de 1807.

Les honorables auteurs de l'*Encyclopédie des huissiers*, 2e édit., v° *Protêt*, n° 463, qui mentionnent cette circulaire, se prononcent néanmoins avec force pour l'opinion contraire. Ils avouent cependant qu'il *peut en résulter que, dans certaines localités, quelques-uns des droits fixés par le décret du 23 mars seront plus élevés qu'autrefois*, mais ils ne s'arrêtent pas à ce léger inconvénient, compensé d'ailleurs par la diminution des autres droits.

Selon moi, cette concession, qui leur était imposée par la conscience et la bonne foi, suffit à ruiner leur système. Qui pourrait comprendre, en effet, qu'une loi faite pour diminuer une perception reconnue exagérée au moins à Paris, puisse avoir pour résultat de l'augmenter ailleurs sans qu'elle l'ait dit, surtout quand il y avait parité de motifs pour la diminuer partout ?

Si elle n'a été faite que pour Paris, elle n'a rien changé aux droits perçus dans les autres localités.

Mais vous affirmez (*eod.*, n° 462) qu'elle est applicable partout : soit. Je le reconnais et j'ajoute, ce que vous ne niez pas, qu'avant sa promulgation elle était pratiquée, comme usage toléré, dans plusieurs endroits, mais avec les réductions afférentes aux localités, ainsi que le prescrivent les §§ 3 et 4 de l'art. 65 du tarif et le 2e décret du 16 févr. 1807.

Qui peut soutenir raisonnablement que l'usage converti en loi doit avoir un autre sens?

D'ailleurs, je l'ai déjà fait remarquer, et cela est décisif, les §§ 3 et 4 de l'art. 65 ne sont pas abrogés au fond par le décret du 23 mars 1848; ils sont *modifiés* pour les chiffres seulement par un nouveau tableau substitué à l'ancien.

Je ne crois pas qu'on puisse sortir de là, quelque effort de logique qu'on y mette (A).

5° Il est indubitable que c'est ce tarif qui doit être appliqué aux protêts qui sont faits par les notaires; la loi, en leur accordant la concurrence avec les huissiers, n'a pas dû vouloir tarifer le même acte d'une façon différente, selon qu'il serait fait par les uns ou par les autres.

6° *Mais les notaires sont ils, comme les huissiers, dispensés d'employer les témoins dans les protêts qu'ils font ?*

Je le crois aussi, car les termes de l'art.

(A) Les opinions exprimées aux §§ 1, 2 et 3 qui précèdent, sont partagées et affirmées par M. Sorel, qui a supprimé dans le manuscrit de M. Boucher-d'Argis les opinions contraires qu'il avait admises avant sa mort. (V. *Dict. de la taxe*, 1874, p. 441.)

Il n'y aura donc qu'à ajouter au tableau qui précède, l'augmentation du prix du papier timbré, conformément aux lois postérieures.

Dans les villes où il y a une Cour d'appel, et dans celles
 où la population excède 30,000 habitants 4 50
Partout ailleurs. 4 00

---

2 du décret du 23 mars 1848 sont si formels qu'ils ne paraissent comporter aucune distinction. Et puisqu'on s'en est rapporté aux huissiers pour constater seuls l'existence de leurs protêts, il y a au moins autant de raisons pour accorder la même confiance aux notaires. Si l'on n'exige pas que ces derniers soient assistés de témoins, il faut en tirer la conséquence que la présence d'un notaire en second est pareillement inutile.

7° Je n'avais rien dit, dans les éditions précédentes, des droits de transport quand il y a lieu, parce que je considérais qu'ils ne peuvent pas être mis en question en présence des dispositions de l'art. 66; mais il peut s'élever une difficulté quand les protêts sont faits par un notaire et qu'il s'agit de régler l'indemnité de transport.

Est-ce celle de l'art. 66 ou bien celle de l'art. 170 du tarif de 1807, qui doit leur être allouée?

Chacun comprend immédiatement combien la différence est grande et de quelle aggravation de frais pourrait être chargé le débiteur, quand il plairait au porteur des effets d'en confier le protêt à un notaire de préférence à un huissier, si l'on devait appliquer l'art. 170 au notaire là où l'on appliquerait l'art. 66 à l'huissier.

Voici, à cet égard, ce qu'on lit dans l'*Encyclopédie des Huissiers*, v° *Protêt*, n° 466 :
« Nous avons eu plusieurs fois l'occasion
« de faire remarquer que, quand les pro-
« têts sont faits par des notaires seuls,
« c'est-à-dire sans assistance de témoins ou
« d'un second notaire, ces officiers ministé-
« riels remplissent alors les fonctions
« d'huissiers, auxquels ils doivent, pour
« ces sortes d'actes, être assimilés. C'est
« par suite de cette assimilation que nous
« avons pensé que les émoluments fixés
« par le décret du 23 mars devaient leur
« être alloués. Il doit leur être dû aussi les
« mêmes droits de transport qu'aux huis-
« siers et dans les mêmes cas. »

Je reconnais la justesse de ces observations et, sans hésiter, j'en adopte toutes les conséquences. Je crois aussi que si le notaire fait plusieurs protêts dans un même lieu, il sera obligé, comme le serait l'huissier, de partager également les frais de transport entre tous les originaux. C'est la conséquence du même principe. (Voy. l'*Encyclop. des Huissiers, eod.*, n° 467.)

8° *Lorsque, le lendemain de l'échéance de l'effet à recouvrer, l'huissier ou le notaire se présentent pour faire le protêt,*

peuvent-ils en réclamer les frais si le débiteur se déclare prêt à se libérer et offre le paiement?

Cette question m'avait toujours paru étrangère au tarif et à la taxe; c'est, en effet, une contestation qui doit être jugée par les tribunaux ordinaires. Je l'avais exclue de mon cadre, déjà trop élargi.

Cependant mes savants collègues en tarifs, MM. Chauveau et Godoffre, l'ont examinée, n° 2351.

Ils pensent que, en thèse générale, le débiteur ne doit rien en sus du montant de l'effet présenté au paiement.

Elle est aussi très-disertement traitée dans l'*Encyclopédie des Huissiers*, v° *Protêt*, n°ˢ 469 et suiv. Comme cet ouvrage est ou devrait être entre les mains de tous les huissiers, je les y renvoie pour les détails et l'examen des précédents judiciaires.

Je me borne ici à énoncer sommairement mon avis sans discuter les documents.

Je reconnais que les effets protestables sont payables par le débiteur le jour de l'échéance (Code de comm., art. 134), mais il est certain aussi qu'il a jusqu'à la dernière minute de ce jour pour se libérer. Le *dies interpellat pro homine* ne le constitue en demeure que quand elle est écoulée. C'est seulement après cet instant qu'il peut être protesté ou mis légalement en demeure; mais si, au moment même de cette demande, le débiteur s'exécute, il n'y a pas de protêt possible, car ces effets sont quérables, à moins de conventions contraires, et l'huissier ou le notaire n'ont droit à aucun émolument pour un acte qu'ils sont dans l'impossibilité de faire.

Il est vrai que le protêt a pu être préparé d'avance, quoique ce ne soit pas une nécessité rigoureuse, mais simplement une chose plus commode pour eux, et qu'il y a là des déboursés, et quelquefois des indemnités de transport. Faut-il qu'ils les perdent ? — Non, sans doute, mais je ne crois pas que le débiteur en soit tenu; c'est au créancier à faire les frais nécessaires pour obtenir le paiement au lieu où il doit être fait. C'est la loi de son titre; il a su à quoi il s'exposait en le prenant, et s'il est tiers porteur, il a dû faire entrer ces chances dans la négociation et les compenser par des droits de commission ou de change.

Toutefois, la jurisprudence se prononce généralement en faveur du droit pour l'huissier, d'exiger du débiteur le coût du protêt. V. tableau de jurisp., *J. Huiss.*, t. 53, p. 207.

§ 3. *Dispositions générales relatives aux huissiers* (1).

Art. 66. — § 1er. Il ne sera rien alloué aux huissiers pour transport jusqu'à un demi-myriamètre [P. 62].

§ 2. Il leur sera alloué au delà d'un demi-myriamètre, pour frais de voyage qui ne pourra excéder une journée, cinq myriamètres

---

(1) Ordonnance (18 sept. 1833).

Contenant le tarif des frais et dépens pour tous les actes qui seront faits en vertu de la loi du 7 juill. 1833 sur l'expropriation pour cause d'utilité publique.

§ 1er. — *Comment le transport des huissiers doit être réglé en matière d'expropriation pour cause d'utilité publique ?*

« Art. 21. Les huissiers qui instrumen-
« teront dans les procédures, en matière
« d'expropriation pour cause d'utilité pu-
« blique, recevront, lorsqu'ils seront obligés
« de se transporter à plus de 2 kilomètres
« de leur résidence, 1 fr. 50 c. pour chaque
« myriamètre parcouru en allant et en re-
« venant, sans préjudice de l'application
« du décret du 14 juin 1813.

« Art. 22. Les indemnités de transport
« ci-dessus établies seront réglées par my-
« riamètre et demi-myriamètre.

« Les fractions de 8 ou 9 kilomètres se-
« ront comptées pour 1 myriamètre, et
« celles de 3 à 8 kilomètres pour un demi-
« myriamètre. »

OBSERVATIONS.

Ainsi, ce tarif accorde aux huissiers, pour transport, 3 francs par myriamètre, retour compris.

Il veut que cette indemnité soit réglée par myriamètre et demi-myriamètre.

Il veut aussi que la fraction de 3 kilomètres soit comptée pour un demi-myriamètre, et celle de 8 kilomètres pour un myriamètre.

Donc, quand l'huissier se transporte à plus de 2 kilomètres de sa résidence, jusqu'à 8 kilomètres exclusivement, il a droit à . . . . 1 f. 50 c.

Quand il se transporte depuis 8 kilomètres jusqu'à 13 kilomètres exclusivement, il a droit à. 3 00

Quand il se transporte depuis 13 kilomètres jusqu'à 18 kilomètres inclusivement, il a droit à 4 50

Depuis 18 kilomètres jusqu'à 2 myriam. 3 kilom. exclusivement, il a droit à 6 00

Depuis 23 kilomètres jusqu'à 28 kilomètres, il a droit à 7 50

Et ainsi de suite.

1re QUESTION.

La course de l'huissier doit-elle être limitée à une journée de 5 myriamètres, après lesquels il ne serait rien passé, comme cela a lieu dans les matières civiles ordinaires, suivant les prescriptions de l'article 66 du décret de 1807 ?

Je ne le crois pas. Les art. 21 et 22 de l'ordonnance de 1833 ne le disent pas ; ils sont la reproduction presque textuelle des art. 90, 91 et 92 du décret du 18 juin 1811 (tarif des matières criminelles), qui ne le disent pas non plus.

La disposition de l'art. 66 du décret de 1807 est une restriction et une dérogation au droit commun, qui ne doit pas s'étendre ni être suppléé dans les autres cas.

Du reste, cette question n'est que d'une très-mince importance, parce que les cas où elle peut se présenter sont fort rares.

2e ET 3e QUESTIONS.

Application des art. 35 et 36 du décret du 14 juin 1813.

Ces questions sont les mêmes que celles qui naissent de l'application de ces articles à l'art. 66 du décret de 1807. Les solutions doivent être aussi les mêmes : elles sont examinées plus loin.

§ 2. — *Comment les distances doivent-elles être déterminées et le séjour constaté ?*

« Art. 23. Les distances seront calcu-
« lées d'après le tableau dressé par les
« préfets, conformément à l'art. 93 du dé-
« cret du 18 juin 1811.

« Art. 24. Lorsque (*les huissiers*) se-
« ront arrêtés dans le cours du voyage par
« force majeure, ils recevront en indemni-
« té, pour chaque jour de séjour forcé, sa-
« voir :... et les huissiers 1 fr. 50 c. — Ils
« seront tenus de faire constater par le juge
« de paix, et à son défaut par l'un des sup-
« pléants ou par le maire, et à son défaut
« par l'un des adjoints, la cause du séjour
« forcé en route, et d'en représenter le cer-
« tificat à l'appui de leur demande de
« taxe. »

Ces textes sont trop clairs pour avoir besoin de commentaires et d'explications.

(10 lieues anciennes), savoir, au delà d'un demi-myriamètre, et jusqu'à un myriamètre, pour aller et retour :

    Partout. . . . . 4 f. 00 c.

  § 3. Au delà d'un myriamètre, il sera alloué :

    Par chaque demi-myriamètre sans distinction. 2   00

  § 4. Il sera taxé pour *visa* de chacun des actes qui y sont assujettis :

    A Paris, Bordeaux, Lyon, Rouen, Marseille, Lille et
      Nantes. . . . . 1 f. 00 c.
    Dans les villes où il y a une Cour d'appel, et dans celles
      où la population excède 30,000 habitants. 0   90
    Partout ailleurs.. 0   75

  § 5. En cas de refus de la part du fonctionnaire public qui doit
donner le *visa*, et dans le cas où l'huissier sera obligé, à raison de
ce refus, de requérir le visa du procureur impérial, le droit sera
double.

  § 6. Les huissiers qui seront commis pour donner des ajourne-
ments, faire des significations de jugement, et tous autres actes, ou
procéder à des opérations, ne pourront prendre de plus forts droits
que ceux énoncés au présent tarif, à peine de restitution et d'interdiction, quels que soient la Cour et le tribunal auxquels ils sont
attachés.

  § 7. Les huissiers qui auront omis de mettre au bas de l'original
et de chaque copie des actes de leur ministère la mention du coût
d'icelui pourront, indépendamment de l'amende portée par l'art. 67
du Code de procédure, être suspendus de leurs fonctions, sur la réquisition d'office des procureurs généraux et impériaux.

Observations.

§ 1ᵉʳ. — FRAIS DE VOYAGE OU TRANSPORT DES HUISSIERS EN
GÉNÉRAL.

  1° C'est une règle générale que, dans tous les cas où il y a
lieu au transport d'un huissier, des frais de voyage lui sont dus,
s'il est allé à plus d'un demi-myriamètre du chef-lieu de sa résidence, peu importe qu'il s'agisse d'actes concernant la juridiction du juge de paix, celle des tribunaux civils ou de commerce,
ou d'actes particuliers. Il n'y a d'autre exception que celle qui
résulterait d'un texte spécial.

  Les droits de transport sont accordés sans distinction de lieux
et sont les mêmes partout, à Paris comme ailleurs : seulement
ils sont tarifés à un taux moins élevé pour les actes faits devant
la juridiction des juges de paix, des conseils de prud'hommes,
dans les expropriations pour cause d'utilité publique et dans les
matières criminelles.

1re QUESTION.

Pour qu'il y ait lieu d'accorder le droit de 4 francs, faut-il que l'huissier ordinaire ait parcouru le premier myriamètre en entier ? ou suffit-il qu'il ait parcouru un demi-myriamètre et une fraction quelconque de l'autre moitié ?

L'art. 66 dit :

« 1° Il ne sera rien alloué aux huissiers pour le transport jusqu'à un demi-myriamètre.

« 2° Il leur sera alloué, au delà d'un demi-myriamètre et « jusqu'à un myriamètre, pour aller et retour .   4 f. 00 c.

« 3° Au delà d'un myriamètre, il sera alloué, par chaque demi-myriamètre, sans distinction. . .   2   00

Ainsi : 1° Jusqu'à un demi-myriamètre, il n'est rien dû.

2° Depuis un demi-myriamètre, *quelque minime que soit la fraction*, jusqu'à un myriamètre, il est dû . .   4 f. 00 c.

3° Depuis un myriamètre jusqu'à un myriamètre et demi complet, il est dû, ...   6   00

4° Depuis un myriamètre et demi jusqu'à deux myriamètres complets.   8   00

5° Depuis deux myriamètres jusqu'à deux myriamètres et demi complets. 10   00

6° Depuis deux myriamètres et demi jusqu'à trois myriamètres complets. 12   00

7° Depuis trois myriamètres jusqu'à trois myriamètres et demi complets. 14   00

8° Depuis trois myriamètres et demi jusqu'à quatre myriamètres complets. 16   00

9° Depuis quatre myriamètres jusqu'à quatre myriamètres et demi complets. 18   00

10° Depuis quatre myriamètres et demi jusqu'à cinq myriamètres complets., ... 20   00

Après cinq myriamètres, il n'est rien alloué en sus (1).

---

(1) MM. Chauveau et Godoffre, n° 790, pensent que ce *maximum* de 20 francs n'est fixé ainsi qu'en faveur de la partie qui, en définitive, est condamnée aux dépens envers le requérant, et qu'il n'est pas applicable à celui-ci. Ils invoquent à l'appui de leur opinion celle de M. Bonnier, t. 1, p. 472, n° 589.

Malgré ma bonne volonté, je ne puis me rendre compte de cette distinction. La taxe des actes d'huissier me paraît fixée d'une manière absolue, et sans relation avec ceux qui doivent l'acquitter. C'est le client qui doit la payer d'abord et en faire l'avance si l'huissier l'exige. Les résultats et les recours ultérieurs n'y peuvent apporter aucune modification. L'officier ministériel ne connaît et ne doit connaître que son client.

Rien n'est plus formel ni plus absolu que l'art. 66 : « Il leur sera alloué, pour frais

Qu'on me pardonne ces détails et ces répétitions ; je ne les crois pas tout à fait inutiles.

En effet, la chose n'a pas toujours été vue d'une manière aussi simple qu'elle nous paraît ici.

Des commentateurs estimables ont essayé de démontrer que l'allocation de 4 francs n'était due à l'huissier qu'autant qu'il avait parcouru le premier myriamètre complet.

Ils ont été suivis dans cette opinion par quelques Cours et tribunaux.

Je crois inutile de rappeler en détail cette jurisprudence et les opinions des auteurs qui l'ont approuvée.

Mais je ne puis pas omettre de parler d'un jugement rendu en l'année 1856, par le tribunal de Bergerac, et de dire ce qui en est advenu.

Dans l'arrondissement de Bergerac, l'huissier Bessine avait signifié un exploit dont il avait remis la copie à une distance éloignée de six kilomètres de son domicile.

Il avait porté un transport de 4 francs, qui figura dans l'état de frais présenté à la taxe par son requérant.

Mais le taxateur le rejeta, et sur l'opposition, le tribunal maintint le rejet.

Son jugement est long, mais d'une rédaction très-soignée et irréprochable dans la forme ; il contient en très-bons termes tout ce qu'on peut dire pour établir que le droit de 4 francs n'est dû qu'autant que le premier myriamètre a été parcouru en entier.

Il y eut pourvoi en cassation, et le 27 avril 1858, la chambre civile rendit l'arrêt qu'on va lire (1).

« La Cour; — Vu l'art. 66 du décret du 16 février 1807 ;
« Attendu que cette disposition attribue aux huissiers une indem-
« nité de voyage, dont la base et la quotité proportionnelle varient
« suivant que la distance parcourue excède un demi-myriamètre ou
« qu'elle dépasse un myriamètre; que si, au delà d'un myriamètre,
« le parcours d'un demi-myriamètre entier est, d'après le texte de
« l'article précité, la condition de chaque allocation de 2 francs, il
« n'en est pas de même pour l'indemnité de 4 francs, allouée à rai-
« son d'une distance de moins d'un myriamètre, mais supérieure

---

« de voyage, *qui ne pourra excéder une*
« *journée, cinq myriamètres* (10 lieues
« anciennes). »
Il faut renoncer à faire des lois si l'on
veut exiger plus de précision,
Qu'importe qui paiera le voyage? — Il
ne pourra *excéder une journée.*
Je cherche en vain dans les tarifs une
disposition, une analogie prochaine ou éloignée : rien ne laisse passage à cette trop
subtile distinction. Je la trouve repoussée
par l'art. 62 du Code de proc.: « Dans le
« cas de transport d'un huissier, il ne lui
« sera payé pour tous frais de déplacement
« qu'une journée au plus, » et par le droit
le plus certain ; elle est une erreur évidente,
et je ne m'y arrête pas davantage.
(1) Sirey, 1858.1.342.

« à un demi-myriamètre; qu'alors pour avoir droit à l'allocation
« de 4 francs, il suffit à l'huissier de s'être transporté au delà d'un
« demi-myriamètre, quelle que soit la fraction excédant cette me-
« sure; — d'où il suit qu'en décidant le contraire, le jugement dé-
« noncé a faussement interprété et par suite violé l'art. 66; —Casse. »

Cet arrêt me paraît avoir fait la lumière sur l'application à faire
de l'art. 66. — (Compar. M. Dutruc, *J. Huiss.*, t. 52, p. 33,
et *Bull. de la taxe*, t. 1er, p. 148).

2e QUESTION.

Après le premier myriamètre, peut-on compter à l'huissier,
comme un demi-myriamètre entier, les fractions de 3 kilomètres et plus?

De manière à compter 1 myriamètre 3 kilomètres pour
1 myriamètre et demi, et 1 myriamètre 8 kilomètres pour 2
myriamètres?

Évidemment non, et ce qu'on vient de lire sur la question
précédente le démontre surabondamment.

Cependant, encore, il y a controverse ; c'est par une voie indirecte qu'on espère élargir l'article 66 de manière à y intercaler
le principe qui veut que les fractions de 3 kilomètres comptent
pour un demi-myriamètre entier, et celle de 8 kilomètres aussi
pour un myriamètre entier.

Une ordonnance du 18 septembre 1833, dont j'ai déjà parlé,
contient le tarif des frais et dépens pour tous les actes qui ont
lieu, en matière d'expropriation pour cause d'utilité publique.

L'article 22 porte que *les indemnités de transport seront réglées par myriamètre et demi-myriamètre; que les fractions de
8 ou 9 kilomètres seront comptées pour 1 myriamètre*, et celles de
3 ou 8 kilomètres *pour un demi-myriamètre.* —Cet article est
conforme au décret du 18 juin 1811, sur les frais en matière
criminelle.

Je sais que beaucoup de taxateurs se croient suffisamment
autorisés à modifier dans ce sens l'art. 66 et à lui substituer les
dispositions de l'art. 22 de l'ordonnance du 18 septembre 1833.
Je ne saurais les en approuver, malgré ce que dit M. Dalloz
(*Jurisprudence générale*, v° *Frais et dépens*, n° 331) : « Nous ne
« voyons pas pourquoi les principes consacrés dans les matières
« criminelles ne recevraient pas application dans les matières
« civiles. »

L'honorable jurisconsulte aurait parfaitement raison, s'il s'a-
gissait de faire le règlement; mais il ne faut pas oublier que
pour les officiers ministériels et les taxateurs, il ne s'agit que de
l'appliquer, et nous avons déjà dit que rien n'est plus clair que

l'article 66 du décret de 1807. M. Dalloz en convient lui-même, et quoique les tarifs de ce décret, en ce qui concerne les huissiers, soient peu en rapport avec les besoins de l'époque, il faut les appliquer jusqu'à ce qu'il plaise aux pouvoirs publics de les modifier.

Un arrêt de la Cour de cassation, du 10 août 1863, décide très-expressément la question dans le sens exprimé ci-dessus.

« Attendu, dit-il, que du texte des divers §§ de l'art. 66 du
« tarif des dépens, en matière civile, et de l'esprit qui les a
« dictés, il résulte que le transport de l'huissier, hors du lieu de
« sa résidence, n'est considéré comme un voyage qu'alors qu'il
« dépasse un demi-myriamètre ; que les allocations, pour frais
« de ce voyage, ont été fixées, à forfait, en vue d'une compen-
« sation à établir entre ces divers déplacements ; qu'après les
« deux premiers demi-myriamètres, le voyage de l'huissier n'a
« été considéré comme entraînant une augmentation de frais
« qu'autant qu'il se prolonge au delà d'un ou plusieurs autres
« demi-myriamètres ; et que l'allocation supplémentaire de
« 2 fr., applicable à chacun de ces autres demi-myriamètres,
« *n'est acquise que par chaque demi-myriamètre réellement*
« *parcouru, sans qu'il y ait lieu d'avoir égard aux fractions de*
« *demi-myriamètre commencé.....* Rejette. » (Dalloz, 1863, 1.475.)

Ainsi le doute n'est plus possible, et l'opinion contraire n'est plus soutenable.

Ce n'en est pas moins une justice que de reconnaître que les huissiers, qui forment la classe la plus nombreuse des officiers ministériels, sont ceux dont les émoluments sont le moins proportionnés aux peines et aux soins qui leur sont imposés, et qu'il serait à désirer que l'administration publique vînt bientôt à leur secours, en augmentant un peu le taux de leurs émoluments.— Le Sénat est, du reste, saisi d'un projet de loi en ce sens.

3e QUESTION. — *De la distribution des frais de transport entre les originaux des actes faits dans la même course et dans le même lieu.*

S'il n'y avait que l'article 66 du tarif, on pourrait penser que dans le cas où l'huissier aurait plusieurs actes à faire dans le même lieu, chacun de ces actes lui donnerait droit à l'émolument entier du transport. Cela paraîtrait une circonstance favorable à l'huissier, qui n'aggraverait en rien la position de celui qui, en définitive, devrait supporter les frais de l'acte donnant lieu au droit de transport, puisque ce n'est que par des circonstances fortuites qu'il paie moins.

Mais on a craint que des bénéfices trop élevés, et quelquefois accaparés au détriment de confrères, moins intrigants ou moins heureux, n'excitassent trop la cupidité, et l'on a modifié les dispositions de l'article 66 du tarif par les articles 35 et 36 du décret du 14 juin 1813, sur l'organisation et le service des huissiers. Ils sont ainsi conçus :

« Art. 35. — Dans tous les cas où les règlements accordent « aux huissiers une indemnité pour frais de voyage, il ne sera « alloué qu'un seul droit de transport pour la totalité des actes « que l'huissier aura faits *dans une même course et dans le* « *même lieu.*

« *Ce droit sera partagé en autant de portions égales entre* « *elles qu'il y aura d'originaux d'actes;* et à chacun de ces « actes, l'huissier appliquera l'une desdites portions, le tout à « peine de rejet de la taxe, ou de restitution envers la partie, « et d'une amende, qui ne pourra excéder 100 francs, ni être « moindre de 20 francs. »

« Art. 36. — Tout huissier qui chargera un huissier d'une « autre résidence d'instrumenter pour lui, à l'effet de se pro- « curer un droit de transport, qui ne lui aurait pas été alloué, « s'il eût instrumenté lui-même, sera puni d'une amende de « 100 francs ; l'huissier qui aura prêté sa signature sera puni « de la même peine.

« En cas de récidive, la peine sera double, et l'huissier sera « de plus destitué.

« Dans tous les cas, le droit de transport indûment alloué, « ou perçu, sera rejeté de la taxe ou restitué à la partie. »

Je disais dans la première édition que le vœu de ces articles était bien positif et bien nettement exprimé ; que cependant il n'était pas aisé de donner une formule générale qui pût s'appliquer facilement à tous les cas où il y avait lieu par l'huissier de faire à chacun de ces actes la part qu'il doit supporter ; que cette part ne devait pas toujours être égale ; qu'elle devait être proportionnelle quelquefois ;

Que trois cas pouvaient se présenter :

1° Les actes ont été donnés dans le même lieu ;

2° Ils ont été donnés dans des lieux différents, mais sur une même ligne parcourue ;

3° Ils l'ont été sur des lignes brisées.

Passant à l'examen du premier cas, celui où les actes d'huissier ont été donnés dans la *même course* et *dans le même lieu* (c'est-à-dire dans la même commune), je ne voyais et je ne vois encore aujourd'hui aucune difficulté à le résoudre.

Il rentre, en effet, en plein texte de l'article 35 du décret : « Il « ne sera alloué qu'un seul droit de transport pour la totalité « des actes que l'huissier aura faits *dans une même course et dans le même lieu.* — Ce droit sera partagé en autant *de portions, égales entre elles,* qu'il y aura d'originaux d'actes. »

A s'en tenir strictement à ces termes, il semblerait bien que les deux autres hypothèses, l'une de la remise des actes dans une même course, mais dans des communes différentes, l'autre de la remise sur ligne brisée, aussi dans des communes différentes, ne rentrent pas dans le cadre de la disposition, avec d'autant plus de raison qu'il est impossible, dans ces deux cas, de partager le coût du transport entre les originaux *par portions égales.*

Cependant cette interprétation restreinte paraissait contraire à l'esprit général de la loi, et n'atteignait qu'en partie le but que le législateur s'était proposé.

M. Favard-Langlade, qui avait, comme conseiller d'Etat et comme membre d'une commission spéciale, concouru à la rédaction de notre article 35, avait aussi publié une instruction sur l'application du décret du 14 juin 1813.

Il y interprète l'art. 35 *latissimo sensu*, et il l'applique à tous les cas où l'huissier a remis dans une même course plusieurs actes, fût-ce dans des communes différentes.

Il reconnaît que, dans la plupart de ces cas, le partage égal entre les originaux du coût du transport est impossible. Il fait des hypothèses et donne des règles pour le distribuer inégalement.

La chancellerie, dans les instructions à donner aux parquets pour l'exécution de l'article 35, ne pouvait suivre un meilleur guide.

Mes honorables et savants devanciers l'ont successivement très-exactement copié. Je les ai imités, comme tout autre écrivain en use avec ceux qui l'ont précédé. Mais, soit que ce fût chez moi défaut de pénétration, soit que ce fût chez eux, ce qui est moins probable, un défaut de clarté, je ne trouvais pas que leur système fût d'une application facile dans la pratique.

Je mis donc mon imagination en campagne pour combiner les différentes hypothèses avec des formules empruntées à l'arithmétique, et j'arrivai à des solutions que je crus très-satisfaisantes, et surtout très-faciles.

J'avais pour ma petite découverte les illusions de la paternité. Mais hélas ! elle n'a pas eu même le destin des plus belles choses... elle est morte en venant au monde !

J'apercevais bien contre elle et contre le système semi-séculaire, dont elle favorisait l'application, un petit point noir dans un arrêt qui venait d'être rendu par la Cour de Dijon, le 28 août 1856; mais sa doctrine paraissait une révolte contre le passé : elle était déférée à la censure de la Cour de cassation, et l'on ne pouvait guère s'attendre à ce que cette doctrine, cachée aux regards pénétrants des parquets et du monde judiciaire depuis cinquante ans, devînt une révélation de la saine intelligence de l'art. 35.

C'est pourtant ce qui est arrivé et ce qu'il aurait fallu prévoir, *si mens non læva fuisset!* Voici le fait.

Un huissier de l'arrondissement de Langres, le sieur Perrot, percevait, le 29 janvier 1836, les droits entiers de transport, sur chacun de deux exploits, signifiés par lui, le même jour, dans la même course et sur la même route, mais dont les copies étaient remises dans deux communes différentes.

Le 3 mars de la même année, un fait identique se renouvela à la charge du même huissier.

Il avait été dénoncé, ou bien son répertoire avait dévoilé la chose au parquet.

Le procureur impérial s'empressa de le faire citer devant le tribunal de Langres pour lui faire appliquer l'amende de 20 à 100 francs édictée par l'art. 35.

Mais le tribunal l'acquitta, par le motif que, si les exploits avaient été donnés le même jour, dans la même course et sur la même route, ils n'avaient pas été remis *dans le même lieu;* qu'ainsi il manquait une des conditions exigées par la loi pour constituer l'huissier en contravention.

Le ministère public fit appel : mais la Cour de Dijon, par arrêt du 28 août 1856, confirma le jugement du tribunal de Langres.

Cet arrêt parut à M. le procureur général trop en opposition avec les instructions, et avec ce qui s'était pratiqué jusqu'alors, pour qu'il dût le laisser passer.

Il se pourvut en cassation, pour violation de l'art. 35 du décret du 14 juin 1813.

Mais la Cour, après une discussion approfondie à l'audience, et une longue délibération à la chambre du conseil, a rendu, le 29 juin 1857 (*J. des Huiss.*, t. 38, p. 229), l'arrêt suivant :

La Cour; — Sur le moyen unique tiré de la violation de l'art. 35 du décret du 14 juin 1813 :

« Attendu que la disposition de cet article est tout à la fois exceptionnelle et pénale; que, sous ce double rapport, l'application n'en saurait être étendue, sous prétexte d'analogie, à des cas qui n'auraient pas été l'objet de sa prévision;

« Attendu que la réduction à un seul droit de transport, même lorsqu'il y a eu plusieurs actes signifiés par l'huissier, ne doit avoir lieu qu'autant que ces actes ont été signifiés *dans un même lieu ;*

« Que le sens des mots, *dans un même lieu,* est clair et ne présente aucune équivoque ; que s'ils peuvent s'entendre non-seulement de la résidence de la partie à qui la signification est faite, mais même, et par extension, de la commune tout entière où est située cette résidence, on ne saurait, sans faire violence au sens usuel de ces expressions, aller plus loin encore, et comprendre, sous les mots *un même lieu,* plusieurs communes, par le motif qu'elles seraient situées dans la même direction ou dans la même région ;

« Que si telle avait été la pensée de la loi, il lui aurait suffi d'exiger l'*identité de course,* tandis qu'à cette première condition elle en a joint une seconde, et en termes non moins impératifs, l'*identité de lieu ;*

« Que tout doute serait d'ailleurs, au besoin, levé par la disposition finale de l'art. 35 précité, portant que le droit unique alloué à l'huissier, dans les cas prévus, sera partagé en *autant de portions égales entre elles* qu'il y aura d'originaux d'actes, et qu'à chacun de ces actes l'huissier appliquera l'une desdites portions ; que cette égalité, facile à établir entre les actes signifiés dans une même commune, serait impossible, au contraire, entre des actes signifiés dans des communes différentes, et à des distances, nécessairement inégales, de la résidence de l'huissier ;

« D'où il suit que la Cour impériale de Dijon, en jugeant que l'huissier Perrot avait pu, sans contrevenir à l'art. 35 du décret du 14 juin 1813, réclamer deux droits de transport pour des actes par lui signifiés dans une même course, mais dans deux communes différentes, quoique dans la même direction, et en renvoyant cet officier ministériel des fins de la poursuite dirigée contre lui, loin de violer les dispositions de cet art. 35, en a fait, au contraire, une juste application ; — REJETTE. »

Cet arrêt est sans contredit, comme je l'ai déjà fait remarquer, une révolution. A-t-il dit le dernier mot sur l'interprétation de l'art. 35 ?

Tout porte à le croire tant qu'il s'agira de son application pénale. L'arrêt, en effet, s'appuie sur les principes les plus incontestables de la matière, qui sont que la pénalité ne doit pas être étendue ni appliquée par analogie à des cas non prévus.

Mais en doit-il être de même en matière de taxe ? Le tribunal de Langres et la Cour de Dijon ne s'étaient pas dissimulé la différence entre l'huissier, qui veut gagner un salaire et qui doit justifier du droit qu'il a de l'obtenir, et l'huissier qu'on poursuit pour lui faire appliquer une peine et qui n'a qu'à se défendre sans être obligé à prouver son innocence ; les rôles sont en effet renversés ; dans le doute on éconduit l'un, et dans le doute on acquitte l'autre.

Tout le monde cependant aperçoit, à première vue, la bizarrerie qu'il y aurait à donner à un même texte une interprétation contraire dans l'esprit et dans les mots, selon qu'il s'agirait de l'appliquer correctionnellement ou civilement.

Sous un autre point de vue, l'art. 35 n'est pas plus un texte de droit commun en matière de taxe qu'en matière pénale; il a été imaginé pour faire prévaloir un intérêt très-certain d'ordre public contre un intérêt particulier qui semble aussi de toute équité et que la délicatesse et la morale la plus sévère ne réprouvent pas.

Il faut donc, quand l'intérêt général l'invoque, le restreindre aux termes dans lesquels il s'est lui-même circonscrit.

Qu'on ne dise pas que ceux qui ont concouru à la rédaction de la loi avaient une visée plus étendue que ne le comportent les termes qu'ils ont employés et que cela résulte de la pensée qu'ils ont exprimée ailleurs.

Il est trop évident que, quand ils ont parlé comme législateurs, ils doivent être obéis dans les limites du commandement qu'ils ont donné, mais qu'ils n'ont plus la même autorité quand ils n'ont parlé que comme écrivains; leurs commentaires sont impuissants au delà du texte.

Si donc l'arrêt de la Cour de cassation, qu'on vient de lire, a donné à l'article 35 sa véritable interprétation (et je crois fermement qu'il en est ainsi), il faut la suivre, en matière de taxe, comme en toute autre.

Cet article a été pour les huissiers, humbles officiers ministériels si maltraités, une cause incessante de bien des tribulations judiciaires.

Je désire sincèrement que l'arrêt de la Cour de cassation y pose une limite, et que les magistrats chargés de la répression veuillent bien y acquiescer et le prendre pour règle à l'avenir.

4° QUESTION. — *Quelles sont les règles à suivre pour déterminer les distances taxables?*

C'est là une question de fait, qui se résout par la connaissance des distances réelles.

Cependant il existe des dispositions dans les articles 92 et 93 du décret de 1811, concernant la taxe des frais, en matière criminelle, qui portent: *Article* 92. « L'indemnité sera réglée par « myriamètre et demi-myriamètre. » *Article* 93. « Pour faciliter « le règlement de cette indemnité, les préfets feront dresser « un tableau des distances, en myriamètres et kilomètres, de

« chaque commune ou chef-lieu de canton, au chef-lieu d'arron-
« dissement et au chef-lieu de département.

« Ce tableau sera déposé aux greffes des Cours d'appel, des
« tribunaux de première instance et des justices de paix. »

Les distances fixées par ce tableau sont obligatoires pour la
taxe, en matière criminelle ; elles ne le sont pas pour la taxe,
en matière civile ; mais il n'en est pas moins vrai, en fait, que
le tableau dont il s'agit est le meilleur guide que puissent prendre les officiers ministériels et les taxateurs. — Compar. M. Dutruc, *J. des Huiss.*, t. 58, p. 344, et *B. de la taxe*, t. 4, p. 65.

Ce n'est plus une question, que les distances doivent être
comptées, de clocher à clocher, ou de chef-lieu de commune à
chef-lieu de commune, et qu'elles sont applicables à tous les
lieux compris dans la circonscription de la commune, qu'ils
soient plus rapprochés ou plus éloignés du point de départ (Cass.,
14 fév. 1838, Dalloz 1838, 1.96 ; M. Dutruc, *loc. cit.*).

5e QUESTION.

La partie qui a choisi, pour agir à sa requête, un huissier
plus éloigné du domicile de sa partie adverse, quand il y en avait
de plus près, est-elle obligée de supporter, sans recours, la différence des droits de transport?

Cette question s'est quelquefois présentée ; mais les tribunaux,
chargés de la résoudre, l'ont presque toujours jugée en ce sens,
que les parties ont le choix de leurs huissiers, dans tout l'arrondissement, pour toutes les significations qu'elles ont à faire faire,
et qu'elles ont les recours de droit, sans réduction des frais de
transport, à moins qu'il n'apparût qu'elles ont agi méchamment
(*Cour de cassation*, 27 *fév.* 1830 *et* 28 *juin* 1854, Dalloz, *Jurisprudence générale*, v° *Frais et dépens*, n° 338).

C'est ce que la Cour de Bordeaux a expressément jugé le
3 mars 1858 (*Journ. des arrêts de Bordeaux*, p. 100).

« Attendu, porte l'arrêt, que les articles 2 et 24 du décret du
14 juin 1813, donnent à tous les huissiers d'un même arrondissement le même caractère, les mêmes attributions, et le droit
d'exploiter concurremment dans l'étendue de l'arrondissement
du tribunal auquel ils sont attachés ; que les parties sont donc
libres d'accorder leur confiance à celui des huissiers qu'elles
préfèrent dans l'arrondissement où elles veulent le faire exploiter ; qu'elles ne doivent supporter l'aggravation des frais, qui
peut résulter de leur choix, qu'autant qu'elles auraient agi méchamment, et avec intention de porter préjudice. » (V. cependant Boucher-d'Argis, *Dict. de la taxe*, 1874, page 647, note de

M. Sorel, où il réprouve la pratique de certains avoués d'adresser à des huissiers éloignés les significations, sous prétexte qu'ils tiennent d'eux les affaires qui y sont relatives.)

§ 2. — *De l'obligation faite aux huissiers de mettre au bas de l'original et de chaque copie la mention du coût de l'acte.*

1° L'art. 48 du décret du 14 juin 1813 a ajouté aux obligations imposées aux huissiers par le § 7 de l'art. 66 du tarif, celle d'indiquer, en marge de l'original, le nombre de rôles de copies de pièces, et d'y marquer le même détail de tous les articles de frais formant le coût de l'acte; en voici le texte : « Pour « faciliter la taxe des frais, les huissiers, outre la mention qu'ils « doivent faire au bas de l'original et de la copie de chaque acte « du montant de leurs droits, *seront tenus d'indiquer, en marge* « *de* l'ORIGINAL, *le nombre de rôles des copies de pièces, et d'y* « *marquer de même les détails de tous les articles de frais for-* « *mant le coût de l'acte.* »

Le motif de cette disposition est facile à saisir; l'original ne faisant qu'une mention sommaire des pièces dont il a été donné copie, il était, pour la taxe de cet original, intéressant de savoir combien l'huissier avait signifié de rôles de copies de pièces, et la quantité de feuilles timbrées qu'il y avait employées. C'est quand ces copies étaient encore en sa possession qu'il lui a été plus facile de faire ce compte; il doit le consigner sur son original, où il sera très-difficile de l'oublier, et même de le changer après coup.

Il est aussi applicable aux actes de tous les huissiers soit des juges de paix, soit des conseils de prud'hommes et en toutes matières, parce que, comme le disent MM. Chauveau et Godoffre, n° 572, « il y a même raison de décider. »

2° Est-il encore applicable aux écritures signifiées d'avoués à avoués par des huissiers audienciers ?

La question est loin d'être sans intérêt dans la pratique. Il n'arrive, sans doute, que très-rarement que des avoués portent, dans leurs états de frais, plus de papier timbré qu'ils n'en ont employé dans les copies qu'ils ont données à leurs confrères; cependant les taxateurs n'ont à cet égard que leur déclaration ; c'est beaucoup certainement, mais ne serait-il pas convenable que cette déclaration pût être appuyée du certificat d'un officier ministériel, dont les actes font foi de leur contenu, d'un officier ministériel, qui peut s'assurer de l'exactitude du détail, avant de remettre les copies qu'il est chargé de signifier ? Sans aucun doute, cela serait bien.

L'avoué lui-même trouverait toujours dans son dossier, où il conserve l'original, le moyen de réparer une erreur ou un oubli.

On se demande maintenant pourquoi la loi ne s'appliquerait pas à ce cas, et s'il y a un texte qui fasse une exception pour les actes du Palais? Pour mon compte, je n'en connais aucun.

Invoquerait-on un usage contraire? Je ne sais pas s'il existe; mais si cela est, je suis porté à croire que c'est un abus qu'il faudrait s'empresser de réformer (V. *sous l'art.* 156, l'observation dans laquelle je cite la décision du Ministre des finances qui déclare que l'art. 67, § 7, est applicable aux actes du Palais comme aux autres) (1).

3° Quelle est la sanction contre l'huissier qui n'obéirait pas aux injonctions de l'art. 48?

Cet article ne le dit pas, et il ne répète pas la pénalité prononcée par l'art. 67, C. proc. civ. — Mais, en admettant que l'omission n'entraîne pas l'amende de cinq francs, payable à l'instant de l'enregistrement, il est certain qu'elle peut entraîner des peines disciplinaires, et de plus l'application de l'art. 1030, C. proc. civ. — Comp. M. Dutruc, j. *Huiss.*, t. 57, p. 358.

§ 3. — *Si les huissiers peuvent exiger d'autres droits que ceux alloués par le tarif.*

Il n'y a pas de question, le § 6 de l'art. 66 est formel :

1° Cependant certains huissiers élevaient la prétention d'avoir droit à quelque chose pour la tenue de leur répertoire.—Il n'est absolument rien dû. (V. Boucher-d'Argis, *Dict. de la taxe*, 1874, p. 487.)

2° Peuvent-ils ajouter les frais de port de pièces et de correspondance à leurs émoluments taxables ?

Sans aucun doute, ce sont des déboursés ; mais ces déboursés doivent rester à la charge de leur partie requérante, et ne peuvent jamais entrer dans la taxe des frais qu'elle aurait obtenus contre ses adversaires. Les usages contraires ne sont que des abus. — V. toutefois M. Dutruc, *Bull. de la taxe*, t. 3, p. 22.

3° Dans les lieux où le tarif de la Cour de Paris est applicable, comme à Bordeaux, Lyon, Rouen, Toulouse, Marseille,

---

(1) C'est en 1857 que ce qu'on vient de lire sous le n° 2 a été écrit. Depuis, la question a changé de face; il est intervenu, le 24 déc. 1858 (*J. Huiss.*, t. 40, p. 84), un arrêt de la Cour de la cassation contre l'administration de l'enregistrement. Il faut en tenir compte dans l'examen de la question. — Depuis, sont survenus la loi du 25 déc. 1873 et le décret du même mois (V. *Append.*, § 4, n° 2) qui ont imposé de plus aux huissiers l'obligation d'indiquer au bas de leurs exploits et de mentionner dans leur répertoire le nombre des feuilles de papier timbré employées et le montant des droits de timbre dus à raison de la dimension de ces feuilles.

Lille et Nantes, tous les huissiers de l'arrondissement, qui ne résident pas au chef-lieu, ont-ils droit à l'augmentation ?

Les huissiers de l'arrondissement de Bordeaux avaient élevé cette prétention, dans un mémoire très-détaillé et fort bien rédigé, qu'ils avaient adressé au président du tribunal.

Cet honorable magistrat me fit l'honneur de me demander mon sentiment en me disant que, pour lui, il ne pensait pas que les huissiers, dont la résidence n'est pas à Bordeaux même, fussent fondés dans leur réclamation.

Je ne pensais pas non plus qu'il pût être fait droit à leur demande, et elle est restée sans résultat.

C'est, en effet, à cause de l'élévation du prix de toutes choses nécessaires à la vie dans les grands centres de population que l'augmentation des droits a été accordée ; elle ne serait pas motivée pour les huissiers dont la résidence a été fixée dans les cantons ruraux. Cela, je le dis à regret, ne me paraît pas pouvoir être l'objet d'un doute.

MM. Chauveau et Godoffre (*Comment. du tarif*, n° 249), qui posent la même question, dans une autre hypothèse, disent que la réponse n'est pas difficile et qu'il est évident que l'augmentation ne s'applique qu'aux huissiers dont la résidence est dans la ville même pour laquelle elle est autorisée. — Toutefois l'interprétation contraire est défendue par M. Dutruc dans le *Bull. de la taxe*, t. 1er, p. 38 et suiv.

SECTION II.

Des Huissiers audienciers.

Observations.

Les décrets du 30 mars 1808 et du 14 juin 1813 réglementent ce qui est relatif aux huissiers audienciers et à leurs fonctions près des Cours d'appel et des tribunaux d'arrondissement et de commerce (Voy. *Appendice*, § 2).

L'art. 624, C. comm., et l'art. 6 du décret du 6 oct. 1809, s'occupent plus spécialement de ceux attachés aux tribunaux de commerce.

La loi du 5 mai 1838 contient des dispositions relatives à ceux des juges de paix.

Et enfin le décret du 11 juin 1809, art. 30 et 32, donne aux conseils de prud'hommes le droit de nommer un ou deux huissiers, pris parmi les huissiers ordinaires de leur résidence, pour le service de leurs audiences.

Les huissiers audienciers des Cours d'appel et ceux des tribunaux d'arrondissement sont nommés et choisis par ces autorités respectives sans contrôle ; elles peuvent les révoquer et les remplacer à leur volonté. La nomination entraîne pour l'huissier l'obligation de résider au chef-lieu où siége le tribunal qui l'a choisi.

Le nombre des huissiers audienciers, sauf pour les tribunaux de commerce et la Cour de cassation, n'est pas fixé par la loi; il n'a de limites que les besoins du service.

Ils exercent leurs fonctions concurremment avec les huissiers ordinaires de l'arrondissement.

Ils n'ont pas de traitement particulier : mais ils ont le privilége exclusif de faire l'appel des causes sur le rôle d'audience et la signification des actes d'avoué à avoué, les publications du cahier des charges, dans les ventes judiciaires, et les autres publications lors des adjudications (1).

Les émoluments en sont partagés également entre eux. — V. à cet égard trib. civ. de Céret, 21 juin 1882 (*B. de la taxe,* t. 2, p. 174), et les observations à la suite.

---

(1) Il est perçu encore à leur profit par le greffier un droit de 0 fr. 25 c. pour chaque placement de cause au rôle (Loi du 21 ventôse an VII [11 *mars* 1799], art. 3, § 6).

Cette perception est la même devant les Cours d'appel, les tribunaux d'arrondissement et les tribunaux de commerce.

Le tarif de ces émoluments est réglé, pour les Cours d'appel et les tribunaux d'arrondissement, par le chapitre 5 du titre II du décret du 16 fév. 1807 dont suivent les dispositions.

TITRE II. — CHAP. V. — Des Huissiers audienciers.

§ 1er.—*Des tribunaux de première instance.*

Art. 152.—Pour chaque appel de cause sur le rôle et lors des jugements par défaut, interlocutoires et définitifs, sans qu'il soit alloué aucun droit pour les jugements préparatoires et de simples remises (1) :

Émoluments.

A Paris, Bordeaux, Lyon, Rouen, Toulouse, Marseille, Lille et Nantes. . . . . 0 f. 30 c.
Dans les villes où il y a une Cour d'appel, et dans celles où la population excède 30,000 habitants. . . 0 . 27
Dans le ressort et partout ailleurs.. . . . . 0 . 25

Art. 153, 154 et **155.**—*Ces articles ont été abrogés par l'art. 20 de l'ordonnance du 10 octobre 1841, et remplacés par les dispositions de cette ordonnance* (Voyez-les plus loin, section 3).

Art. 156.—§ 1er. Pour significations de toute espèce, d'avoué à avoué, sans aucune distinction : *à l'ordinaire :*

Émoluments.

A Paris, Bordeaux, Lyon, Rouen, Toulouse, Marseille, Lille et Nantes. 0 f. 30 c.
Dans les villes où il y a une Cour d'appel, et dans celles dont la population excède 30,000 habitants. . 0 . 27
Dans le ressort et partout ailleurs. . . . . 0 . 25

Débours.

Enregistrement, décimes compris. . . . . 0 f. 60 c. (2)

§ 2. Pour significations *extraordinaires*, c'est-à-dire à une autre heure que celles où se font les significations ordinaires, suivant l'usage du tribunal :

Émoluments.

A Paris, Lyon, Bordeaux, Rouen, Toulouse, Marseille, Lille et Nantes (*seulement*). . . . . 1 f. 00 c.

Débours.

Enregistrement . . . . 0 f. 60 c.

---

(1) Dans les mêmes conditions, les huissiers audienciers des tribunaux de commerce ont droit, par appel de causes, à

0 fr. 30 c. (art. 94 du décret du 14 juin 1843).
(2) Loi du 28 avril 1816, art. 44, n° 4.— Le timbre est fourni par l'avoué.

§ 3. Nota. — Ces significations doivent être faites à heure datée, et, à défaut de date, elles ne seront taxées que comme significations ordinaires. Elles ne sont passées en taxe, comme extraordinaires, qu'à Paris seulement (*et dans les tribunaux où le tarif de Paris est applicable, 3e décret de 1807, art. 1 et 2*).

§ 4. Les huissiers audienciers, quoiqu'ils soient commis pour faire des significations ou autres opérations, ne pourront exiger autres ni plus forts droits que les huissiers ordinaires, et ils seront obligés de se conformer à toutes les dispositions du Code comme tous les autres huissiers ; mais les frais de transport des huissiers de la Cour d'appel, commis par elle, seront, dans ce cas, alloués suivant la taxe, quelle que soit la distance.

Observations.

Les émoluments dus aux huissiers audienciers et les droits d'enregistrement se perçoivent par chaque copie ; il n'est rien dû pour l'original ; mais on y relate l'enregistrement pour laisser aux mains de l'huissier ou de l'avoué la preuve qu'ils en ont déboursé les droits.

§ 2. *Des huissiers audienciers de la Cour d'appel de Paris et des autres Cours.*

Art. 157. — § 1er. Pour l'appel des causes sur le rôle, ou lors des arrêts par défaut, interlocutoires et définitifs, à la charge d'envoyer des bulletins aux avoués pour toutes les remises de cause qui seront ordonnées (1) :

Émoluments.

A Paris, Bordeaux, Lyon, Rouen, Toulouse, Marseille,
  Lille et Nantes. 1 25
Dans les autres Cours. 1 13

§ 2. Il ne sera passé aucun droit d'appel pour les simples remises de causes et les jugements préparatoires.

Art. 158. — § 1er. Pour signification de toute espèce, d'avoué à avoué, sans aucune distinction ; *à l'ordinaire* (2) :

Émoluments.

A Paris, Bordeaux, Lyon, Rouen, Toulouse, Marseille,
  Lille et Nantes. 0 75
Dans les autres Cours. 0 68

Débours.

Enregistrement du procès-verbal, par copie . . . . 1 f. 20 c.

---

(1) Ces bulletins sont fournis par les greffiers, depuis le 1er juin 1854 (Décret du 24 mai 1854.)

(2) Loi du 28 avril 1816, art. 42.

§ 2. A l'extraordinaire ou à une heure datée :

Émoluments.

A Paris, Bordeaux, Lyon, Rouen, Toulouse, Marseille,
Lille et Nantes. 1   50
Dans les autres Cours.. 1   35

Débours.

Enregistrement, décimes compris, par copie. . . . . 1 f. 20 c.

Observations.

1re QUESTION.

Le droit d'appel de cause est-il dû aux huissiers audienciers dans les jugements sur requête?

Nous ne croyons pas que cela puisse faire difficulté; ces causes s'inscrivent au rôle comme les autres, et nul autre que les huissiers n'a le droit d'en faire l'appel sur le rôle. Le texte est formel *pour chaque appel de cause sur le rôle.* Il est vrai que Boucher-d'Argis (*Dict. de la taxe,* p. 320) dit que ces causes ne s'inscrivent pas au rôle. La pratique est contraire, du moins à Bordeaux et dans le ressort. J'ai essayé, mais en vain, de la faire réformer, l'administration de l'enregistrement s'y est, je crois, opposée. Or, tant que durera cet état de chose le droit d'appel de cause sera dû. Quel autre, en effet, que l'huissier pourrait faire l'appel de la cause?

2e QUESTION.

Les huissiers audienciers ont-ils droit à une rétribution pour l'appel des causes à l'audience des conseils de prud'hommes?

L'art. 94 du décret du 14 juin 1813 accorde 15 centimes par chaque appel de cause aux huissiers audienciers près les tribunaux de paix. Il est vrai que l'analogie entre ceux-ci et les conseils de prud'hommes est aussi rapprochée que possible.

Mais je ne crois pas qu'il soit permis d'établir la perception d'un droit en se basant sur une analogie. Les émoluments comme les impôts ne peuvent être exigés qu'en vertu d'un texte : cette opinion est confirmée par la pratique des conseils de prud'hommes.

3e QUESTION.

Les art. 67, C. proc. civ. 66, § 7 du tarif de 1807, et 48 du décret du 14 juin 1813, qui obligent les huissiers à mettre, à la fin de l'original et de la copie de l'exploit, le coût d'icelui, et, en outre, à indiquer, en marge de l'original, le nombre de rôles des copies de pièces, et à y marquer de même le détail de tous les articles de frais formant le coût de l'acte, sous les peines qu'ils prononcent, sont-ils applicables aux huissiers audienciers, pour les significations d'avoué à avoué?

Nous avons déjà examiné cette question sous l'art. 66, p. 93, § 2, où nous avons motivé et exprimé l'opinion que ces articles sont applicables aux significations d'avoués comme à tous les actes des huissiers.

« Malgré le grand nombre d'objections qu'on s'est plu à entasser pour défendre l'opinion contraire, objections tirées de la place qu'occupent les textes dans les titres où ils sont placés, l'administration de l'enregistrement a été d'avis que les huissiers audienciers sont, comme les autres, tenus de mettre au bas des significations d'avoué à avoué le coût d'icelles.

« Le ministre des finances a approuvé cet avis le 21 fév. 1824 (*Journal de l'Enregistrement*, art. 7674, *Dictionnaire de l'Enregistrement*, v° *Coût*).

« Nous avons fréquemment entendu des taxateurs se plaindre de ce qu'ils n'avaient aucun moyen de vérification pour la quantité de papier timbré, portée, dans les états soumis à leur taxe, comme ayant été employée pour les copies des écrits qui ont été signifiés (1), parce que l'original de la signification ne leur donnait aucun renseignement à cet égard. Nous pensions que, quand ils voudraient exiger que les huissiers se conformassent à la loi, ce moyen de contrôle ne leur ferait pas défaut. »

Ce qui précède, sur cette question, avait été écrit et publié en 1857, lors de la première édition de ce livre; j'ai cru devoir le laisser en entier dans celle-ci.

Mais les choses ne sont plus aujourd'hui dans l'état où elles étaient alors, et la question de savoir si tous les huissiers, ordinaires et audienciers, sont obligés de comprendre, dans le coût de leurs diligences, celui des copies de pièces qu'ils n'ont pas signées, du timbre employé à ces copies, et de l'envoi des

---

(1) Autrefois les copies des requêtes faites par les avoués n'étaient point assujetties à n'avoir, par pages, qu'un nombre déterminé de lignes, ni un nombre fixe de syllabes par ligne.

Il n'y avait, pour les avoués, d'autres conditions que celle de les faire correctes et lisibles; partant, il était impossible de savoir, en voyant la grosse d'un écrit, combien il avait été employé de papier timbré pour en faire la copie: l'avoué lui-même devait avoir oublié cette quantité s'il avait négligé d'en tenir note au moment où les copies étaient sorties de ses mains. Il était donc fort difficile de faire une évaluation exacte du papier timbré employé à ces copies.

Aujourd'hui, cette évaluation est plus facile, car le décret du 30 juillet 1862, rendu en exécution de la loi de finance, détermine le nombre de lignes et de syllabes que peut contenir chaque feuille selon sa dimension. (V. ci-devant page 33 et 34.)

Or, ce que la feuille peut, elle doit le contenir, et c'est là-dessus que les taxateurs doivent se baser. Le calcul est de la plus grande simplicité : chaque rôle de grosse d'avoué doit contenir 600 syllabes (c'est une demi-feuille au timbre de 50 centimes); chaque rôle de copie doit en contenir 1800. Il faut donc passer pour les copies le tiers du timbre employé pour la grosse, en ajoutant pour la fraction une demi-feuille en sus.

pièces, a marché depuis dans une direction contraire à celle que je croyais la bonne.

En effet, l'administration de l'enregistrement, pour se conformer aux instructions approuvées par le ministre des finances, avait décerné une contrainte contre un huissier de l'arrondissement de Lille, auquel elle avait infligé une amende de 5 fr., pour n'avoir pas compris, dans le coût d'un exploit signifié par lui, celui des copies de pièces qu'il n'avait pas signées et du timbre employé à ces copies.

L'huissier fit opposition à la contrainte, et l'affaire fut portée devant le tribunal de Lille, en suivant la procédure prescrite en cette matière.

Le tribunal, par un jugement motivé avec un grand soin, admit l'opposition et annula la contrainte. Il statuait en dernier ressort.

L'administration de l'enregistrement se pourvut en cassation.

Mais le 21 déc. 1858 (V. *suprà*, p. 94, à la note), la chambre civile de la Cour, sous la première présidence de M. Troplong, prononça le rejet du pourvoi. Voici les motifs de l'arrêt :

« Attendu qu'il résulte des dispositions combinées des art. 67
« (C. proc. civ.), 66, paragraphe dernier, du décret du 16 fév.
« 1807, et 48 du décret du 14 juin 1813, que l'obligation, im-
« posée à l'huissier par l'art. 67, C. proc. civ., de mettre à la
« fin de l'original et de la copie de l'exploit, *le coût d'icelui*, doit
« s'entendre seulement de ce qui est dû personnellement à
« l'huissier pour émoluments et déboursés ; que les huissiers,
« n'ayant pas à s'immiscer dans la taxe des frais dus aux avoués,
« ne sauraient être tenus de comprendre, dans l'énonciation du
« coût de leurs exploits, les frais de copie, de timbre et d'envoi
« de pièces, qui seraient dus aux avoués ; — D'où il suit qu'en
« le décidant ainsi, le jugement attaqué n'a violé aucune
« loi. »

Quelles que soient les objections qu'on puisse faire à la doctrine de cet arrêt, il a fixé la jurisprudence sur ce point pendant quinze ans.

L'administration de l'enregistrement n'existant plus, les abus ont continué jusqu'à la loi de finances du 29 déc. 1873 qui est reproduite ci-après (*Appendice*, § 4, n° 2).

4ᵉ QUESTION.

Les huissiers audienciers requis de service aux enquêtes ont-ils droit à des émoluments ?

Ce service est ordinairement pénible et exige du temps ; il semble qu'on aurait pu leur allouer 15 ou 20 cent. par témoin appelé par eux et entendu par le commissaire ou le tribunal.

Mais le tarif ne leur accorde rien ; c'est un oubli que ni les taxateurs ni les tribunaux, ni les commentateurs ne peuvent réparer.

Ils n'auraient pas non plus droit à une indemnité de transport s'ils étaient requis pour une enquête dans un lieu éloigné de leur domicile d'une distance taxable, parce que les droits de transport ne sont que l'accessoire des actes rétribués (Voir MM. Chauveau et Godoffre, *Comm. du tarif*, n° 683).

La Cour de Nîmes a décidé, par arrêt du 25 mars 1878 (*J. Huiss.*, t. 59, p. 273), que les émoluments des actes d'avoué à avoué doivent être partagés par portions égales entre les huissiers audienciers par application de l'art. 98 du décret du 30 mars 1808 et de l'art. 95 du décret du 14 juin 1813, auxquels n'a point dérogé l'ordonnance du 26 juin 1822, relative à la bourse commune. Mais une opinion contraire est soutenue par M. Dutruc, *J. Huiss.*, t. 54, p. 202, et *Formulaire annoté à l'usage des huissiers*, t. 2, p. 1003, n° 6.

SECTION III.

Émoluments des huissiers ordinaires et audienciers dans les ventes judiciaires d'immeubles.

Observations préliminaires.

L'article 20 de l'ordonnance du 10 octobre 1841 est ainsi conçu :

« § 1er. Sont et demeurent abrogés..... les §§ 44, 45, 46, 47, « 48 et 49 de l'art. 29..... du décret du 16 février 1807. »

Au premier abord, quand on veut savoir à quelle partie de cet art. 29 s'applique l'*abrogation*, on se heurte à un léger embarras matériel.

Si l'on se reporte, en effet, au texte officiel de cet article (*Bulletin des lois*, 4e série, t. VI, nº 148 du *Bulletin* et nº 2240 de l'*Extrait des minutes de la secrétairerie d'Etat*), on voit qu'il n'a point été divisé en paragraphes numérotés ; mais qu'il renferme 75 alinéa qui ont été transformés par les principaux commentateurs en paragraphes portant chacun un numéro d'ordre (1).

Il est évident que l'*abrogation* prononcée par l'art. 20 de l'ordonnance de 1841 ne peut se référer à ce numérotage et que les rédacteurs de cette ordonnance ont dû suivre un autre système.

En effet, les alinéa de l'art. 29 abrogés sont, sans aucun doute, ceux dont ils ont répété, plus ou moins littéralement, la rédaction dans les divers paragraphes de l'art. 3 de l'ordonnance : or, pour arriver au numérotage sous lequel ils les ont désignés, il faut qu'ils n'aient compté que les alinéa de l'art. 29 portant, en tête, des chiffres de renvoi à un ou à plusieurs des articles des Codes ; il les ont ainsi réduits à 70 paragraphes au lieu de 75.

J'ai suivi le même ordre, satisfait de donner ainsi une base légale à des additions et des divisions indispensables pour l'ordre et la clarté du commentaire ; partant, voici, sans incertitude possible, les alinéa de l'art. 29 du tarif de 1807 abrogés par l'art. 20 et remplacés par l'art. 3 de l'ordonnance de 1841.

---

(1) Voy. MM. Chauveau et Godoffre, *Comment. du tarif*, 2e édit., nº 5578.

(§ 44.) « [Art. 673, Cod. proc. civ.] Pour l'original d'un comman-
« dement tendant à saisie immobilière.

(§ 45.) « [Art. 687, Cod. proc. civ.] De la notification à la partie
« saisie de l'acte d'apposition de placards en saisie immobilière.

(§ 46.) « [Art. 693, Cod. proc. civ.] De la signification aux créan-
« ciers inscrits de l'acte de consignation faite par l'acquéreur, en
« cas d'aliénation, qui peut avoir lieu après la saisie immobilière,
« sous la condition de consigner.

(§ 47.) « [Art. 695, Cod. proc. civ.] De la notification d'un exem-
« plaire du placard aux créanciers inscrits.

(§ 48.) « [Art. 727, Cod. proc. civ.] De la demande en distraction
« d'objets saisis immobilièrement contre la partie qui n'a pas avoué
« en cause.

(§ 49.) « [Art. 734 et 736, Cod. proc. civ.] De la notification au
« greffier de l'appel du jugement qui aura statué sur les nullités
« proposées en saisie immobilière.
« A Paris. . . . . 2 f. 00 c.
« Partout ailleurs. 1 50

Ceci préémis, arrivons au texte de l'ordonnance du 10 oct.
1841 en ce qui concerne les émoluments des huissiers ordinaires et audienciers dans les saisies immobilières et les ventes
judiciaires d'immeubles.

DISPOSITIONS POUR LE RESSORT DE LA COUR ROYALE DE PARIS.

CHAP. Iᵉʳ. — HUISSIERS.

§ 1ᵉʳ. — *Huissiers ordinaires.*

Actes de première classe.

Art. 3.—§ 1ᵉʳ. Il est alloué aux huissiers ordinaires [Pr. 673],
pour l'original du commandement à saisie immobilière :

Émoluments.

A Paris, Bordeaux, Lyon, Rouen, Toulouse, Marseille,
Lille et Nantes. . . . . 2 f. 00 c.
Dans les villes où il y a une Cour d'appel, et dans
celles dont la population excède 30,000 habitants. . 1 80
Dans le ressort et partout ailleurs. 1 50

Débours.

Enregistrement , décimes compris . . . . 2 f. 40 c.
Timbre. . . . .

§ 2. Pour chaque copie, le quart de l'original.

§ 3. Pour droit de copie du titre, par rôle contenant vingt lignes à la page et dix syllabes à la ligne, ou évalué sur ce pied :

Émoluments.

A Paris, Bordeaux, Lyon, Rouen, Toulouse, Marseille, Lille et Nantes. . . . . 0 f. 25 c.
Dans les villes où il y a une Cour d'appel, et dans celles dont la population excède 30,000 habitants. . . 0 23
Dans le ressort et partout ailleurs. 0 20

Débours.

Timbre. . . . .

Observations.

Il est reconnu par les auteurs qui se sont occupés de cette matière que le § 3 ne s'applique qu'à la copie du titre authentique exécutoire ou à celle du jugement exécutoire en vertu de quels est fait le commandement, et non à la copie des titres et pièces qui ont servi de fondement primitif à l'obligation et au jugement. Ces dernières ne devraient pas être admises en taxe. Tout cela est sans difficulté. (Boucher-d'Argis, *Dict. de la taxe*, p. 537, n° 2.)

Il est admis aujourd'hui, aussi sans difficulté, que cette copie appartient exclusivement à l'huissier et que l'avoué qui l'aurait signée n'a aucun droit à l'émolument (V. Boucher-d'Argis, v° *Saisie immobilière*, n° 2, et les autorités par lui citées; Dalloz, v° *Frais et dépens*, n° 651).

Du reste, la circulaire ministérielle du 20 mai 1842 s'exprime ainsi :

« Le tarif a résolu une question controversée en attribuant aux huissiers exclusivement chargés de la copie du titre, en vertu duquel la saisie est faite, le droit alloué pour cette copie.

« Les magistrats doivent veiller à ce que la règle posée dans le 3e paragraphe de l'art. 3 soit exactement observée.»

Sur le point de savoir s'il doit être donné copie entière d'un titre commun à plusieurs débiteurs. V. M. Dutruc, *Bull. de la taxe*, t. 2, p. 98.

§ 4. Pour l'original de l'assignation en référé [Pr. 681].

§ 5. De la demande en nullité de bail [Pr. 684].

(1) Loi du 28 avril 1846, art. 43, n° 13, et loi du 2 juillet 1862, art. 11 (*abrogée*).

§ 6. De l'acte d'opposition entre les mains des fermiers ou locataires, ou de la simple sommation aux mêmes [Pr. 685].

§ 7. De la signification aux créanciers inscrits de l'acte de la consignation faite par l'acquéreur, en cas d'aliénation, qui peut avoir lieu après saisie immobilière, sous la condition de consigner [Pr. 687].

§ 8. De la sommation, à la partie saisie et aux créanciers inscrits, de prendre communication du cahier des charges [Pr. 691, 692].

§ 9. De la signification du jugement d'adjudication [Pr. 716].

§ 10. De la demande en résolution qui doit être formée avant l'adjudication et notifiée au greffe [Pr. 717].

§ 11. De l'exploit d'ajournement [Pr. 718].

§ 12. De la demande en distraction de tout ou partie des objets saisis immobilièrement contre la partie qui n'a pas avoué en cause [Pr. 725].

§ 13. De l'acte d'appel qui doit être en même temps notifié au greffier du tribunal, et visé par lui [Pr. 732].

§ 14. De la signification du bordereau de collocation avec commandement [Pr. 735].

§ 15. De la signification des jour et heure de l'adjudication sur folle enchère [Pr. 736].

§ 16. De la sommation à faire à l'ancien et au nouveau propriétaire, et, s'il y a lieu, au créancier surenchérisseur [Pr. 837].

§ 17. De l'avertissement qui doit être donné au subrogé tuteur [Pr. 962].

§ 18. De la demande en partage [Pr. 969].

§ 19. Et généralement de tous actes simples non compris dans l'article suivant :

Émoluments.

A Paris, Bordeaux, Lyon, Rouen, Toulouse, Marseille,
  Lille et Nantes. . . . . : 2 f. 00 c.
Dans les villes où il y a une Cour d'appel, et dans
  celles dont la population excède 30,000 habitants. . 1   80
Dans le ressort et partout ailleurs. . . . . : 1   50

Débours.

Enregistrement, décimes compris (1) . . . . 2 f. 40 c.
Timbre. . . . . : . . . : . .
Pour chaque copie, le quart de l'original.

Observations.

La sommation exigée par l'art. 3, § 8, l'est, à peine de nullité, lors même que la partie saisie aurait constitué avoué. Mais elle

---

(1) L'enregistrement de l'acte d'appel (§ 13) est, décimé compris, de 11 fr.

est suffisante pour la mettre en demeure. Il serait inutile de la renouveler par acte d'avoué à avoué. Si cela avait lieu, cet acte devrait être rejeté de la taxe (Arrêt de la Cour de Rouen du 4 juin 1842 ; Sirey, 1842.2.367 ; *J. du Palais*, 1842, 2e vol., p. 366).

Procès-verbaux et actes de seconde classe.

Art. 4.—§ 1er. Pour un procès-verbal de saisie immobilière auquel il n'aura été employé que trois heures [Pr. 675] (1) :

---

(1) Décret du 16 février 1807, liv. ii, tit. 2, § 2 (*articles abrogés*).

Art. 47. — § 1er. Pour un procès-verbal de saisie immobilière auquel il n'aura été employé que trois heures [Proc. 675] :

A Paris..	6 f. 00 c.
Dans les villes où il y a un tribunal de première instance. . .	5 00
Dans les autres villes et cantons ruraux..	5 00

§ 2. Et cette somme sera augmentée, par chacune des vacations subséquentes qui auront pu être employées, de :

A Paris..	5 f. 00 c.
Dans les villes où il y a un tribunal de première instance. . .	4 00
Dans les autres villes et cantons ruraux..	4 00

§ 3. L'huissier ne se fera point assister de témoins.

Art. 48. Pour chaque copie de ladite saisie, qui sera laissée aux greffiers des juges de paix, et aux maires et adjoints des communes de la situation, le quart de l'original [Proc. 676].

Art. 49. Pour la dénonciation de la saisie immobilière et des enregistrements à la partie saisie [Proc. 681] :

A Paris. .	2 f. 50 c.
Dans les villes où il y a un tribunal de première instance. . .	2 00
Et dans les autres villes et cantons ruraux..	2 00

Pour la copie de ladite dénonciation, le quart

Art. 50. Pour l'original de l'acte d'apposition de placards en saisie immobilière, lequel ne contiendra pas la désignation des lieux où ils ont été apposés [Pr. 685 et 686] :

A Paris..	4 f. 00 c.
Dans les villes où il y a un tribunal de première instance. . .	3 00

Dans les autres villes et cantons ruraux. :	3 00

Art. 63. — § 1er. Pour l'original de l'acte contenant réquisition d'un créancier inscrit, à fin de mise aux enchères et adjudication publique de l'immeuble aliéné par son débiteur [Pr. 822, C. C. 2185] :

A Paris, 5 fr. 00 c., et partout ailleurs, 4 fr. 00 c.

Et pour la copie, le quart.

§ 2. L'original et la copie de cette réquisition seront signés par le requérant, ou par son fondé de procuration spéciale.

§ 3. Il contiendra la soumission de porter ou faire porter le prix à un dixième en sus de celui qui aura été stipulé dans le contrat, et l'offre d'une caution avec assignation devant le tribunal pour la réception de la caution.

Art. 65. ..... — § 2. Le procès-verbal d'apposition de placards, en vente de biens immeubles de mineurs, ou dépendant d'une succession bénéficiaire ou vacante, ou abandonnée par un débiteur failli, sera taxé comme en saisie immobilière.

Art. 153. Pour chaque publication du cahier des charges, dans toute espèce de ventes :

A Paris..	1 f. 00 c.
Dans les tribunaux du ressort.	0 75

Art. 154. Pour la même publication, lors de l'adjudication préparatoire :

A Paris. :	3 f. 00 c.
Dans les tribunaux du ressort.	2 25

Art. 155. Pour la publication, lors de l'adjudication définitive, y compris les frais de bougie. que les huissiers disposeront et allumeront eux-mêmes :

A Paris..	5 f. 00 c.
Dans les tribunaux du ressort.	3 75

Émoluments.

A Paris, Bordeaux, Lyon, Rouen, Toulouse, Marseille,
  Lille et Nantes. . . . . 6 f. 00 c.
Dans les villes où il y a une Cour d'appel, et dans
  celles dont la population excède 30,000 habitants. . 5 40
Dans le ressort et partout ailleurs. 5 00

Débours.

Enregistrement, décimes compris. . . . . 2 f. 40 c.
Timbre. . . . .

§ 2. Et cette somme sera augmentée, par chacune des vacations subséquentes qui auront pu être employées, de :

A Paris, Bordeaux, Lyon, Rouen, Toulouse, Marseille,
  Lille et Nantes. 5 f. 00 c.
Dans les villes où il y a une Cour d'appel, ou dont la
  population excède 30,000 habitants.. . . . . 4 50
Dans le ressort et partout ailleurs. 4 00

§ 3. L'huissier ne se fera pas assister de témoins.

§ 4. Pour la dénonciation de la saisie immobilière à la partie saisie [Pr. 677] :

Émoluments.

A Paris, Lyon, Bordeaux, Rouen, Toulouse, Marseille,
  Lille et Nantes.. . . . . 2 f. 50 c.
Dans les villes où il y a une Cour d'appel, et dans
  celles où la population excède 30,000 habitants. . . 2 25
Dans le ressort et ailleurs. 2 00

Débours.

Enregistrement, décimes compris.. . . . . 2 f. 40 c.
Timbre. . . . .

Pour la copie de ladite dénonciation, le quart.

§ 5. Pour l'original de l'acte contenant réquisition d'un créancier inscrit, à fin de mise aux enchères et adjudication publique de l'immeuble aliéné par son débiteur [Pr. 832, C. C. 2185] :

Émoluments.

A Paris, Bordeaux, Lyon, Rouen, Toulouse, Marseille,
  Lille et Nantes. 5 f. 00 c.
Dans les villes où il y a une Cour d'appel, et dans
  celles où la population excède 30,000 habitants. . . 4 50
Dans le ressort et partout ailleurs.. . . . . 4 00

Débours.

Enregistrement, décimes compris.. . . . . 2 f. 40 c.
Ecriture ou copie de la procuration. — Timbre. . . . .

Et pour la copie, le quart.

§ 6. L'original et la copie de cette réquisition seront signés par le requérant ou par son fondé de procuration spéciale.

§ 7. Pour le procès-verbal d'apposition de placards dans toutes les ventes judiciaires, y compris le salaire de l'afficheur [Pr. 699, 704, 709, 735, 741, 743, 836, 959, 972, 988, 997] :

Émoluments.

A Paris, Bordeaux, Lyon, Rouen, Toulouse, Marseille,
  Lille et Nantes. . . . . 8 f. 00 c.
Dans les villes où il y a une Cour d'appel, et dans
  celles où la population excède 30,000 âmes. 7   20
Dans le ressort et partout ailleurs. 6   00

Débours.

Enregistremeut, décimes compris. . . . . 2 f. 40 c.
Timbre. . . . .

Art. 5.—§ 1er. Il ne sera rien alloué aux huissiers pour transport jusqu'à un demi-myriamètre.

§ 2. Il leur sera alloué, au delà d'un demi-myriamètre, pour frais de voyage qui ne pourra excéder une journée de cinq myriamètres (dix lieues anciennes), savoir : au delà d'un demi-myriamètre et jusqu'à un myriamètre pour aller et retour :
  A Paris et partout ailleurs. . . . . 4 f. 00 c.

§ 3. Au delà d'un myriamètre, il sera alloué :
  Par chaque demi-myriamètre, sans distinction. . . . . 2 f. 00 c. (1)

§ 4. Il sera taxé, pour *visa* de chacun des actes qui y sont assujettis :

Émoluments.

A Paris, Bordeaux, Lyon, Rouen, Toulouse, Marseille,
  Lille et Nantes. . . . . 1 f. 00 c.
Dans les villes où il y a une Cour d'appel, et dans
  celles où la population excède 30,000 habitants. . . 0   90
Dans le ressort et partout ailleurs. 0   75

1re QUESTION.

L'huissier a-t-il droit à une vacation pour se faire délivrer la copie de la matrice cadastrale ?
  La loi n'en accorde aucune, quoique cette pièce soit indispensable pour la validité du procès-verbal de saisie. On ne peut

---

(1) Voy. ce qui a été dit plus haut, pag. 76 à 83. La rédaction de l'art. 5 de l'ordonnance étant la même que celle de l'art. 66 du tarif de 1807, les questions d'interprétration sont aussi les mêmes.

donc rien admettre en taxe ni pour l'huissier, ni pour l'avoué. C'est l'avis de tous les auteurs ; il ne souffre plus aucune contradiction, et l'opinion de M·Chauveau sur Carré n'est pas suivie dans la pratique (Dalloz, v° *Frais et dépens*, n° 653).

Telle est aussi l'opinion de MM. DEFFAUX et HABEL (*Encyclopédie des huissiers*, 2° édit., v° *Saisie immobilière*, p. 757, n° 234).

Cependant MM. CHAUVEAU et GODOFFRE (*Comm. du tarif*, 2° édit., n° 3027) insistent. Ils reconnaissent bien que la vacation, passée pour cet objet au Tribunal de la Seine, n'est réellement pas due ; mais ils ajoutent qu'elle doit être comprise dans celles nécessaires à la rédaction du procès-verbal de saisie. — (V. aussi M. Dutruc, *Formul. annot.*, t. 2, p. 628, note 18, n° 3).

Je ne saurais partager leur opinion.

La demande de délivrance de la matrice cadastrale à la mairie de la situation des biens saisis, n'est pas un acte plus inhérent aux fonctions d'huissier, que celle à faire au notaire ou au greffier de la grosse exécutoire de l'acte en vertu duquel la saisie est pratiquée. Les démarches pour compléter le dossier peuvent être faites par le client, un commissionnaire, un clerc ou tout autre aussi bien que par l'huissier; s'il est dû pour cela quelque chose, ce ne peut être que par le poursuivant, sans recours contre le débiteur.

Et puis si l'acte appartient à l'huissier, comment lui refuser l'indemnité de *transport*, qui peut, dans certains cas, s'allonger jusqu'au siége de la direction des contributions directes? Certes les savants commentateurs dont je critique la solution n'iraient pas jusque-là.

Ainsi l'avoué et l'huissier n'ont droit qu'à leurs déboursés, qui consistent : 1° dans le timbre ; 2° dans le droit d'enregistrement, 1 fr. 10 c., décime compris, là où ces déboursés sont exigés par l'administration de l'enregistrement.

2° QUESTION.

L'huissier peut-il réclamer des droits de copie pour l'insertion de la matrice cadastrale au procès-verbal de saisie ?

Évidemment. Mais MM. CHAUVEAU et GODOFFRE (*eod.*, n° 3028) disent que l'usage à Toulouse est d'accorder à l'huissier un émolument de 10 centimes par article de la matrice cadastrale.

Je ne connais aucun document législatif qui, directement ou par analogie, puisse être invoqué pour justifier cet usage, que je suis très-enclin à considérer comme un abus.

3ᵉ QUESTION.

Chaque vacation au procès-verbal de saisie doit durer trois heures. La dernière vacation est-elle due en entier, quoiqu'elle n'ait pas duré ce temps?

Non. Mais elle est due proportionnellement. C'est l'opinion de MM. Carré et Dalloz, que je partage complétement. Je l'accorderais par fraction d'une heure au moins.

4ᵉ QUESTION.

L'opposition autorisée par l'art. 3, § 6, de l'ordonnance, est-elle une saisie-arrêt? Et doit-elle être suivie des dénonciations et des autres procédures nécessaires à la validité des saisies-arrêts?

Non. C'est une simple opposition ; M. Persil, rapporteur de la loi du 2 juin 1841, l'a caractérisée ainsi dans la séance de la Chambre des pairs du 23 mars 1840 (V. le *Moniteur* du 31 mars, p. 597).

Si donc les actes de la saisie-arrêt étaient faits, ils devraient être rejetés de la taxe. Cela ne comporte aucun doute.

5ᵉ QUESTION.

S'il y a eu plusieurs commandements périmés, doit-on les admettre en taxe?

Non. La péremption a lieu par la faute du poursuivant; il doit prendre à son compte les actes qu'elle a pour objet d'annuler. Il en serait autrement si la péremption avait eu lieu par suite d'une demande, bien constatée, faite par le débiteur d'un délai de grâce, qui lui aurait été accordé par le créancier ; mais dans le doute il faudrait se décider contre ce dernier, et attribuer la péremption à sa négligence. (V. Boucher-d'Argis, *Dict. de la taxe*, p. 537.)

6ᵉ QUESTION.

L'huissier chargé de l'apposition du placard peut-il faire plusieurs procès-verbaux, quand il a été obligé, par l'éloignement du lieu où ils doivent être apposés, d'employer plusieurs jours à en parcourir les distances ?

Il est certain, qu'il y ait plusieurs procès-verbaux ou qu'il n'y en ait qu'un, qu'il n'y a pas nullité de la procédure. Ce n'est donc qu'une question de taxe et d'appréciation de frais frustratoires.

Le *Journal des huissiers* (1854, p. 141) contient une longue

et intéressante dissertation pour établir, à l'encontre de M. CHAU-
VEAU, que l'huissier chargé de l'apposition des placards peut,
lorsqu'il est obligé de consacrer plusieurs jours à cette opération, dresser autant de procès-verbaux, entraînant un émolument particulier, qu'il emploie de journées de voyage.

MM. CHAUVEAU et GODOFFRE (*Comm. du tarif*, 2° édit.,
n° 3169), après avoir reproduit cette dissertation, persistent avec
force dans l'opinion contraire qu'ils résument ainsi :

« 1° Il ne faut qu'un procès-verbal, quand l'huissier a ca-
« pacité pour instrumenter dans tous les lieux d'apposition,
« quelle que soit la durée de l'opération ; seulement, en pareil
« cas, le droit d'enregistrement de 2 fr. 20 c. est dû par séance,
« quelle qu'en soit la durée ;

« 2° Il faut autant de procès-verbaux qu'il y a de lieux d'ap-
« position dans des arrondissements différents. »

Je suis, à mon tour, obligé de dire mon sentiment sur cette
question :

Sans me dissimuler la valeur de l'objection qu'en certains cas
(mais fort rares), les salaires des afficheurs dont l'huissier est
tenu réduiraient les émoluments d'une manière fâcheuse, je
me range à l'opinion de MM. Chauveau et Godoffre. Je suis
touché par une grosse raison qui vient d'abord à l'esprit de
chacun, et qui plane sur toute cette matière : c'est qu'en principe, les actes ministériels sont faits pour l'avantage des parties
et que l'intérêt de ceux qui ont mission de les faire, tout respec-
table qu'il soit, ne vient pourtant que dans un rang subordonné:
or, tout le monde s'accorde à reconnaître qu'un seul procès-
verbal est possible et suffit aux nécessités de la procédure. Sans
doute l'intérêt de l'huissier serait mieux sauvegardé s'il y en
avait plusieurs ; mais ils produiraient pour les parties le même
résultat qu'un seul aurait donné. *Non fieri debet per plura
quod per pauciora fieri potest.*

Et puis, le dirai-je ? l'opinion contraire ouvrirait la porte à
d'inévitables abus et créerait le germe d'interminables et irri-
tantes discussions de taxe.

Quant au droit de transport, il n'y a aucune difficulté à l'accorder à l'huissier pour toutes les journées employées à l'opération.

Si, au lieu de faire plusieurs procès-verbaux, plusieurs huissiers avaient été employés dans le même arrondissement, l'opération ne serait pas irrégulière, mais les frais frustratoires devraient être retranchés à la taxe.

7ᵉ et 8ᵉ QUESTIONS.

1º L'huissier peut-il comprendre dans ses frais ceux du pouvoir spécial qu'il doit avoir pour faire la saisie immobilière ?

L'affirmative ne paraît pas douteuse ; le pouvoir est un déboursé nécessaire : or, l'art. 19 de l'ordonnance du 10 oct. 1841 veut que les déboursés soient alloués en sus des droits qu'il fixe.

2º Les art. 35 et 36 du décret du 14 juin 1813 sont-ils applicables aux transports des huissiers en matière de ventes judiciaires ? Cela ne peut non plus faire doute ; l'ordonnance de 1841 n'a pas voulu déroger à cette loi spéciale ; il faut entendre et appliquer l'art. 5 du tarif de 1841, comme l'on entend et l'on applique l'art. 66 de celui de 1807.

9ᵉ QUESTION. — La droit de certifier la copie d'un jugement d'adjudication appartient-il toujours exclusivement à l'huissier ? V. à cet égard M. Dutruc, *Bull. de la taxe*, t. 3, p. 34.

§ 2. — *Huissiers audienciers des tribunaux de première instance.*

Art. 6. — Il est alloué aux huissiers audienciers des tribunaux de première instance :

§ 1ᵉʳ. Pour la publication du cahier des charges [Pr. 659] :

A Paris, Bordeaux, Lyon, Rouen, Toulouse, Marseille, Lille et Nantes. . . . . 1 f. 00 c.
Dans les villes où il y a une Cour d'appel, et dans celles dont la population excède 30,000 habitants. 0 90
Dans le ressort et partout ailleurs.. . . . . 0 75

§ 2. Lors de l'adjudication, y compris les frais de bougie, que les huissiers disposeront et allumeront eux-mêmes [Pr. 705, 706] :

A Paris, Bordeaux, Lyon, Rouen, Toulouse, Marseille, Lille et Nantes. . . . . 5 f. 00 c.
Dans les villes où il y a une Cour d'appel, et dans celles où la population excède 30,000 habitants. . . 4 50
Dans le ressort et partout ailleurs. 3 75

§ 3. Ce droit sera alloué à raison de chaque lot adjugé, quelle qu'en soit la composition, sans qu'il puisse être exigé sur un nombre de lots supérieur à six.

§ 4. Lorsqu'après l'ouverture des enchères, l'adjudication n'aura pas lieu, il sera alloué aux huissiers, y compris les frais de bougie, et quel que soit le nombre de lots :

A Paris, Bordeaux, Lyon, Rouen, Toulouse, Marseille, Lille et Nantes. . . . . 5 f. 00 c.
Dans les villes où il y a une Cour d'appel, et dans celles dont la population excède 30,000 habitants. . 4 50
Et partout ailleurs. 3 75

SECTION IV.

§ 1er.

QUEL EST LE TARIF APPLICABLE AUX ACTES DES HUISSIERS, QUAND ILS AGISSENT, EN MATIÈRE CRIMINELLE OU DE POLICE, A LA REQUÊTE DE PARTIES CIVILES POUR LEURS DOMMAGES ET INTÉRÊTS ?

Je m'étais proposé de ne parler que des tarifs civils et de laisser à l'écart les tarifs criminels ; mais les termes dans lesquels la question qu'on vient de lire est formulée impliqueraient une matière mixte qui rentre en plein dans mon sujet : je dois donc en parler et en dire mon sentiment.

Tout le monde comprend l'intérêt des huissiers à ce qu'on applique aux actes dont il s'agit le tarif du 16 février 1807 plutôt que celui du 18 juin 1811.

Voyons si cela est possible : Peu d'auteurs ont parlé de cette question, et à ma connaissance, elle n'a donné lieu à aucune décision judiciaire.

Mais les honorables et savants auteurs de l'*Encyclopédie des huissiers* en ont fait l'objet de leur examen. Seulement ils ne se sont pas accordés sur la solution ; car ils la font varier de la négative à l'affirmative, laissant ainsi les officiers ministériels, auxquels leur livre est destiné, dans la pénible incertitude de ne savoir à quoi se résoudre sur un point de droit qui touche de si près leur intérêt. La faute en est-elle à la difficulté du problème ?

Voici d'abord ce qu'on lit dans le 4e vol., 2e édit. (1856), v° *Frais et dépens*, n° 190 :

« Les actes faits par les huissiers, en matière criminelle ou correctionnelle, à la requête des parties civiles, doivent être taxés comme les actes signifiés à la requête du ministère public : c'est-à-dire, conformément au tarif du 18 juin 1811, et non conformément au tarif du 16 février 1807.

« Autrement on arriverait à ce résultat étrange que le même acte (une citation à témoins, par exemple) fait par le même huissier, dans la même instance, donnerait lieu à deux droits différents, selon que l'acte serait signifié à la requête du ministère public ou à celle de la partie civile.

« Telle n'a pas été la volonté du législateur : pour s'en convaincre, il suffit de se reporter aux dispositions des art. 182, 197, 202 et 208 du Cod. d'instr. crim. rapprochés de l'art. 71 du décret du 18 juin 1811.

« On voit, en effet, par ce rapprochement, que le salaire des huissiers est fixé pour tous les cas, et qu'il n'y a pas lieu de distinguer entre l'acte fait à la requête du ministère public et celui qui est signifié à la requête de la partie civile. »

Voilà qui est très-explicite et appuyé de raisons sérieuses.

Mais plus tard les mêmes auteurs (6° vol., 2° édit. 1865, v° *Tarif*, n° 23), ont soutenu l'opinion contraire :

« Ici, disent-ils, se présente une question qui intéresse au plus haut degré les huissiers.

« Les actes faits à la requête de la partie civile, qui saisit les tribunaux criminels de son action en dommages et intérêts, doivent-ils être taxés selon le décret du 18 juin 1811 ?

« Evidemment non, quoique cela se fasse en certaines localités.

« En effet, le décret de 1811 n'est applicable qu'aux actes nécessaires pour parvenir à l'application des peines prononcées par la loi, aux actes faits en vertu du Code d'instruction criminelle, en un mot, aux actes seuls faits à la requête du ministère public.

« La preuve de ce que nous venons de dire se trouve : 1° dans l'art. 1er du décret de 1811, qui charge l'administration de l'enregistrement de faire l'avance des frais de justice criminelle ;

« 2° Dans l'art. 2, qui comprend dans ces frais le salaire des huissiers ;

« 3° Dans les art. 71 et suiv., qui ne fixent le salaire que pour les actes résultant du Cod. d'instr. crim. et du Cod. pén., et qui énoncent en même temps les articles desdits Codes, en vertu desquels les actes sont signifiés ;

« 4° Dans l'art. 83, qui exige la tenue au parquet d'un registre des actes des huissiers, prévus par le décret de 1811 ;

« 5° Enfin dans le tit. 3, chap. 1er, sur le mode de paiement desdits frais, et le visa des états par les officiers de justice et le préfet.

« Or, les actes faits à la requête de la partie civile n'ont lieu qu'en vertu des dispositions du droit civil et non pour l'exécution des lois pénales ; les frais de ces actes ne sont jamais à la charge de l'administration de l'enregistrement et doivent toujours être payés par la partie civile. Enfin les mémoires ou états desdits frais ne sont pas soumis au visa du préfet... Ce qui a pu induire en erreur, c'est la faculté accordée à la partie civile de soumettre son action civile à la juridiction criminelle ; mais cette faculté ne change rien à la nature de l'action, ni à celle de l'exploit qui reste un exploit en matière civile. »

Pour démêler avec exactitude ce qu'il y a d'admissible ou de contestable dans cette ingénieuse théorie, trop laconiquement exposée, il faut la compléter, en remontant jusqu'au droit ancien et à celui qui a immédiatement précédé le décret du 18 juin 1811, qui contient le tarif, en matière criminelle.

La route est un peu longue, mais qu'importe, si nous espérons trouver la lumière au bout du chemin !

I.

Droit ancien.

Je m'empresse de reconnaître et même de constater, en principe :

1° Que le 2° § de l'art. 1er et l'article 182 du Code d'instruction criminelle ne sont pas introductifs d'un droit nouveau ; que sous l'ancienne législation, la partie lésée par un fait délictueux avait l'exercice de l'action en réparation civile devant les tribunaux criminels, soit qu'elle voulût agir par voie de plainte, soit par voie de citation directe. C'est ce que démontre M. Faustin (Hélie) (*Traité de l'instruction crim., tom. 2, liv. 2, chap. 2*);

2° Que les formalités nécessaires à la validité *des exploits* (nom générique de tous les actes de la compétence des huissiers), étaient réglementées par l'ordonnance civile de 1667 ; que l'ordonnance criminelle de 1670 ne contenait rien là-dessus, et qu'elle s'en référait à la 1re (NOUVEAU DENISART, v° *Assignation en matière criminelle*, § 1, n° 2); que même l'art. 20 du titre 25 portait : « VOULONS que ce qui a été ordonné pour les dépens, « en matière civile, soit exécuté en matière criminelle ; »

3° Que les salaires attribués aux huissiers pour leurs exploits ont été réglés selon les temps par divers tarifs, émanés des juridictions royales, déléguées à cet effet par l'ordonnance de mai 1579;—Que le dernier pour le parlement de Paris est contenu dans un arrêt du 1er juin 1775, et rédigé en 13 articles; ils sont en quelque sorte la préface du règlement général de 1778, qui pour ce motif ne contenait que le tarif des greffiers, procureurs et avocats ;

4° Que ces tarifs, en ce qui concerne les salaires des huissiers, n'ont établi aucune distinction entre les matières civiles et les matières criminelles, soit que ces salaires dussent être acquittés par les parties civiles, ou même par le domaine royal ou par celui des seigneurs justiciers dans l'étendue de leur fief ;

5° Que cependant il y avait une exception dans le ressort du parlement de Bordeaux, où la déclaration du roi, du 26 juin 1745, établissait un tarif spécial pour les actes d'huissier, en matière criminelle, lorsque les salaires en retombaient à la charge du domaine ou des seigneurs; mais que Serpillon atteste qu'il n'est applicable qu'au ressort du parlement de Bordeaux, et nulle part ailleurs.—(SERPILLON, *Code crim.* (ordonn. de 1670) *pag. 46 à 48.*)

II.

Droit intermédiaire.

Les choses en étaient là au moment de la Révolution ; plusieurs décrets s'étaient occupés des huissiers, sans rien innover à ce qu'on vient de lire, lorsque, le 26 novembre 1792, la Convention nationale décréta que les huissiers des tribunaux criminels seraient payés pour leur service intérieur près des tribunaux, à raison de 600 livres par an, et qu'ils seraient, en outre, payés pour les actes de leur ministère, *comme les huissiers des tribunaux civils.*

Plus tard, le 23 brumaire an iv (14 novembre 1795), un arrêté du Pouvoir exécutif autorisa le ministre de la justice à régler le salaire des huissiers, chargés des citations, assignations et significations *à la requête des commissaires du Pouvoir exécutif.*

Je ne sais pas si ce tarif a été fait, mais s'il l'a été, j'accorde qu'il n'a rien changé à l'égalité du salaire des huissiers, quand ils agissaient à la requête des particuliers, soit au civil, soit au criminel, car le ministre aurait excédé ses pouvoirs et violé le décret de la Convention du 26 nov. 1792.

Cette égalité a été rappelée par l'art. 12 de l'ARRÊTÉ du 6 messidor an vi, qui se réfère à l'art. 32 de la loi du 6 mars 1791 et à celle du 26 nov. 1792, pour la taxe des procédures.

Nous voici au tarif du 16 février 1807 ; il est intitulé :

DÉCRET IMPÉRIAL *contenant le tarif des frais et dépens pour le ressort de la Cour d'appel de Paris.*

Le livre 2, titre 1er, contient la taxe des actes des huissiers ordinaires.

Ce tarif s'appliquait-il aux actes des huissiers, en matière criminelle ?

Laissons de côté ceux de ces actes faits à la requête du ministère public, et dont les salaires retombaient à la charge du Trésor, puisque l'arrêté du Pouvoir exécutif, du 23 brumaire an iv, avait inauguré pour eux le principe d'un droit nouveau.

Mais quant à ceux faits à la requête des parties civiles ou même à la requête des parties poursuivies et dont les frais étaient à leur charge, j'admets volontiers que le décret les régissait. En effet, 1o ce tarif remplaçait celui 1775, qui était commun aux matières civiles et criminelles.

2o Son art. 29, § 71, comprend, dans sa généralité, tous les actes possibles de la compétence des huissiers :

« De tout exploit, dit-il, contenant sommation de faire une

« chose, ou opposition à ce qu'une chose soit faite, protestation
« de nullité, *et généralement de tous actes simples du ministère*
« *des huissiers, non compris dans la* 2ᵉ *partie du présent*
« *tarif.* »

3° Enfin, et cela est décisif, la loi du 26 nov. 1792, alors non
abrogée, disait que les huissiers seraient payés pour les actes
de leur ministère, *en matière criminelle, comme les huissiers
des tribunaux civils.*

Voilà quel était le droit à l'apparition du décret du 18 juin
1811.

A-t-il voulu le changer ? a-t-il abrogé en cette partie le tarif
de 1807 ?

L'*Encyclopédie*, en 1865, dit : non.

Car, suivant-elle, le décret de 1811 ne s'est proposé d'autre
objet que d'organiser le principe nouveau posé dans l'arrêté du
gouvernement du 23 brumaire an iv. Et il n'aurait tarifé les salaires *des citations, assignations et significations* données à la
requête du ministère public, en vue de la répression pénale des
crimes, délits et contraventions, que pour alléger les charges
du Trésor, qui doit en avancer les frais.

Elle trouve la preuve de cela dans les art. 1, 2, 83, et dans le
titre 3, chapitre 1ᵉʳ de ce décret.

Mais quant aux actes, donnés à la requête des parties civiles
pour leurs dommages et intérêts, comme les salaires n'en peuvent jamais retomber sur le Trésor, il ne s'en serait pas occupé.
C'est même pour cela qu'ils doivent être écrits sur papier timbré
et enregistrés dans les délais ordinaires, les droits à la charge
des parties requérantes.

Ces raisonnements seraient justes et fondés s'il n'existait pas
dans le décret d'autres dispositions que celles qu'on invoque, ou
si les autres pouvaient se prêter à ce système d'interprétation.

Mais, à mon avis, cela n'est pas. C'est le contraire qui est la
vérité.

Pour le démontrer, il faut faire remarquer qu'en 1811, il
n'existait encore aucun règlement général organique pour les
huissiers ordinaires et les huissiers audienciers des tribunaux
civils et criminels. Ce règlement n'est intervenu que le 14 juin
1813.

Le décret de 1811, titre 1ᵉʳ, chap. vi, s'est proposé d'en jeter
les bases ; l'art. 69 enjoint au grand juge, ministre de la justice,
d'en préparer le projet. Ce chapitre est intitulé :

Des salaires des huissiers.

Quoiqu'il s'occupe, dans les art. 65 à 69, des huissiers en général, tant en matière civile qu'en matière criminelle, il ne tarife pourtant leurs actes qu'en matière criminelle.

L'art. 71 est ainsi conçu :

« Les salaires des huissiers, *pour tous les actes de leur ministère*
« *résultant du Code d'instruction criminelle et du Code pénal*, sont fixés
« ainsi qu'il suit :

« 1° Pour *toutes* citations, significations, communications et man-
« dats de comparution, dans les cas prévus par les art. 19, 37, 72,
« 81, 91, 97, 109, 114, 116, 117, 128, 129, 130, 131, 135, **145**,
« 146, 149, **151**, 153, 157, 158, 160, 172, 174, 177, **182**, 185,
« 186, **187**, 188, 190, 199, 203, 205, 212, 213, 214, 229, 230,
« 231, 242, 266, 269, 281, 292, 203, **321**, 354, 355, 356, 358,
« 389, 394, 396, 397, 398, 415, **418**, 421, 452, 454, 456, 466,
« 479, 487, 492, 500, 507, 517, 519, 528, 531, 532, 538, 546, 547,
« 548 et 567 du Cod. d'instr. crim.

« Pour l'original seulement, etc. »

Peut-il rester un doute que cet article s'applique aussi bien aux actes faits à la requête des parties civiles qu'à ceux donnés à la requête du ministère public ?

J'ai le regret d'être contraint, par l'évidence des choses, à dire que non.

Il suffit, en effet, de se reporter aux art. 145, 151, 182, 187, 321 et 418 du Cod. d'inst. criminelle, imprimés ci-dessus en plus gros caractères (1), pour acquérir la preuve non équivoque qu'aucune distinction ne peut être admise entre les actes notifiés à la requête du ministère public et ceux signifiés à la requête des parties civiles, de sorte que si le décret de 1811 n'abroge pas explicitement le tarif de 1807, il y déroge, et c'est le même résultat (V. aussi M. Dutruc, *Form. ann.*, t. 2, p. 1015, not. 1, n° 2, et *Bull. de la taxe*, t. 1, p. 68 et t. 2, p. 55).

<h3 style="text-align:center">§ 2.</h3>

EN EST-IL DE MÊME POUR LES ACTES D'EXÉCUTION, A LA REQUÊTE DE PARTIES CIVILES, DES JUGEMENTS ET ARRÊTS PRONONÇANT DES CONDAMNATIONS CIVILES A LEUR PROFIT ?

LES SIGNIFICATIONS ET COMMANDEMENTS AUX FINS D'EXÉCUTION DESDITS JUGEMENTS ET ARRÊTS, SOIT PAR VOIE DE SAISIE, SOIT PAR L'EXERCICE DE LA CONTRAINTE PAR CORPS, SONT-ILS SOUMIS A LA TAXE DE L'ART. 71 ?

Je suis parfaitement d'avis qu'il n'en est rien.

---

(1) CODE D'INSTRUCTION CRIMINELLE.

ART. 145. Les citations pour contraventions de police seront faites à la requête du ministère public *ou de la partie qui ré-* *clame.*—Elles seront notifiées par un huissier.....

ART. 151. L'opposition au jugement par défaut pourra être faite..... *ou par acte no-*

En effet, la dérogation du décret de 1811 à celui de 1807 ne s'étend pas jusqu'à l'exécution civile des condamnations en dommages et intérêts, prononcées par les jugements et arrêts criminels au profit des parties civiles. L'exécution des condamnations pénales ne regarde plus que le pouvoir chargé d'assurer la vindicte publique. Il n'y a plus promiscuité de rôle, entre lui et les parties lésées, comme dans les poursuites préalables à la condamnation.

Les procédures et formalités, édictées pour parvenir à l'exécution civile des titres authentiques, et en forme exécutoire, ne dépendent pas de l'origine autoritaire de ces titres ; elles appartiennent toutes au droit civil, qui règle l'exercice de la contrainte par corps, et la pratique des saisies mobilières et immobilières et des autres voies d'exécution de toute nature.

La taxe de ces procédures est donc évidemment du ressort des tarifs civils.

Les significations et commandements préalables exigés pour leur validité doivent être soumis à la même règle.

---

tifié dans les trois jours de la signification.

Art. 152. Le tribunal est saisi, en matière correctionnelle..... soit par citation donnée directement au prévenu, à la requête de la pariie civile.

Art. 187. La condamnation par défaut sera comme non avenue..... si (*le prévenu*) notifie son opposition tant au ministère public qu'à la partie civile.

Art. 321... (*2e alinéa*). Les citations (*à témoins*) faites à la requête des accusés seront à leurs frais...

Art. 418. Lorsque le recours en cassation contre un arrêt ou jugement en dernier ressort, rendu en matière criminelle, correctionnelle ou de police, sera exercé par la partie civile... (*il*) *sera notifié à la partie contre laquelle il est dirigé.*

IIᴱ PARTIE.

CHAPITRE UNIQUE.

De l'action des officiers publics aux fins du recouvrement des frais et dépens qu'ils ont exposés pour les parties, et de la taxe de leurs actes.

Je ne dois m'occuper ici que des officiers publics dont les tarifs sont contenus dans le travail qui précède. J'ai parlé des autres avec un peu plus de détail dans mon ouvrage général sur la taxe en matière civile.

§ 1ᵉʳ.

De la taxe des indemnités de transport accordées aux juges de paix.

On a vu plus haut que les juges de paix n'ont plus droit aux vacations que leur accordait le tarif de 1807.

Mais il leur est dû des indemnités de transport, lorsqu'ils vont à plus de cinq myriamètres du chef-lieu de leur canton :

1° Dans les transports sur les lieux contentieux, en exécution d'un jugement préparatoire, rendu sur la réquisition des parties ou de l'une d'elles (*Art. 1ᵉʳ de la loi du 21 juin 1845, article unique de l'ordonnance du 6 décembre de la même année, et §. 2 de l'art. 8 du décret du 16 fév. 1807*).

2° Dans les transports pour les opérations d'apposition, de reconnaissance ou de levée de scellés (*Tarif, art. 1ᵉʳ, § 2*), pour un référé au cours des mêmes opérations ou pour la présentation d'un testament ou de tout autre papier cacheté, au président du tribunal de première instance (*Tarif, art. 2*), pour être présent à l'ouverture des portes, en cas de saisie-exécution (*Tarif, art. 6*), ou à l'arrestation d'un débiteur, condamné par corps, dans le domicile où se trouve ce dernier (*Tarif, art. 6, § 2*).

I. Il est certain, dans la première hypothèse, que l'indemnité de transport rentre dans les frais généraux, qui sont l'accessoire de la contestation principale dont le juge de paix est saisi, et qu'il a compétence pour y condamner celle des parties qu'il estime devoir les supporter d'après les circonstances de la cause.

L'ordonnance du 6 décembre 1845 est si claire et si facile à appliquer, qu'il n'est pas à ma connaissance qu'il se soit encore élevé de contestations relativement à la taxe de l'indemnité qu'elle tarife.

Mais s'il y avait contestation soulevée par une partie de mauvaise humeur, contestation fondée ou non fondée, quelle serait la marche à suivre pour la vider?

L'art. 6 du second décret du 16 février 1807 est ainsi conçu :

« L'exécutoire ou le jugement, au chef de la liquidation (*des dé-*
« *pens*) seront susceptibles d'opposition.

« L'opposition sera formée dans les trois jours de la signification
« à avoué avec citation. Il y sera statué sommairement, et il ne
« pourra être interjeté appel de ce jugement que lorsqu'il y aura
« appel de quelques dispositions sur le fond. »

Selon moi, cet article est général, et par une analogie certaine, il s'applique à toutes les juridictions. Et, dans celles où les parties ne sont pas représentées par des avoués, les significations exigées doivent s'entendre de celles faites à leurs personnes.

Ainsi, la partie condamnée par une sentence du juge de paix, et qui voudra en faire réformer la liquidation des dépens, devra, dans les trois jours de la signification qui lui en aura été donnée, faire opposition et citer sa partie adverse devant le juge qui l'a rendue. Tout cela est clair et facile.

Il se rencontre cependant un obstacle; car le juge de paix est personnellement intéressé à maintenir la taxe qu'il s'est adjugée ; pourra-t-il être récusé?

Oui, sans aucun doute. Il se trouvera dans le cas prévu par le nº 1 de l'art. 44 du Cod. de proc. civ. Il se récusera naturellement; il n'est pas supposable qu'il forcera par son obstination la partie opposante à recourir à l'accomplissement des formalités légales de la récusation. En tout cas, elle y serait fondée.

Alors le suppléant du juge de paix deviendra nécessairement juge de l'opposition. Il y statuera, et le jugement qu'il rendra sera ou non susceptible d'appel selon les cas prévus par l'art. 6 qu'on vient de lire. S'il est rendu en dernier ressort, il est susceptible du pourvoi en cassation.

II. Dans la deuxième hypothèse, c'est-à-dire lorsqu'il s'agit de régler l'indemnité du transport du juge de paix à plus de cinq kilomètres du chef-lieu de son canton :

1º Pour une apposition, reconnaissance ou levée de scellés ;

2º Pour un référé au cours des mêmes opérations, ou pour la présentation d'un testament ou de tout autre papier cacheté au président du tribunal de première instance ;

3º Pour être présent à l'ouverture des portes. en cas de saisie-exécution, ou à l'arrestation d'un débiteur, condamné par corps, dans le domicile où ce dernier se trouvera.

Ce n'est plus au juge de paix que la taxe appartient, mais au président du tribunal de son arrondissement. Cette juridiction est conférée à ce dernier magistrat par l'art. 1er, § 3, du tarif de 1807 : « si le nombre des vacations d'apposition, reconnaissance et levée « de scellés paraît excessif, le président du tribunal de première « instance, *en procédant à la taxe, pourra le réduire* (1), » et par l'art. 2 du même tarif : « s'il y a lieu à référé, lors de l'apposition « des scellés..., les vacations du juge de paix (*et bien entendu les* « *droits de transport*) lui sont alloués comme celles pour l'apposi- « tion, la reconnaissance et levée de scellés ; » enfin par l'art. 657 du Code de procédure civile et par les principes généraux qui régissent toute la matière.

Je ne crois pas qu'on puisse rien opposer à cela : mais la taxe et l'exécutoire du président ne sont pas souverains. Ils peuvent être réformés sur l'opposition soit de la partie, soit du juge de paix lui-même.

C'est l'article 6 du deuxième tarif de 1807, cité plus haut, qui autorise cette voie de recours ; elle est recevable de la part du juge de paix, tant que l'exécutoire n'a pas été signifié à la partie, et de la part de celle-ci, tant qu'il ne s'est pas écoulé trois jours, ou peut-être même huit jours depuis la signification à personne ou domicile.

L'opposition et la citation saisissent le tribunal entier, qui doit statuer, à la chambre du conseil, après avoir entendu les parties (*Voyez, au surplus, ce qui a été dit dans le* NOUVEAU MANUEL *de la taxe, en matière civile, p.* 397 *et suiv., et p.* 403 *et suiv.*).

§ 2.

De l'action des greffiers de justice de paix, en paiement de ce qui leur est dû par les parties, et de la taxe de leurs actes.

I. Quoiqu'il soit d'usage général que les greffiers se fassent déposer, à l'avance, par les parties les sommes nécessaires à couvrir les émoluments et avances que leurs actes sont susceptibles d'entraîner, il peut pourtant arriver exceptionnellement qu'ils négligent cette précaution. D'ailleurs, ces actes sont dans tous les cas assujettis à la taxe, dont l'exécutoire, quand il y a lieu, est lui-même susceptible d'opposition.

A quelle juridiction les greffiers ou les parties doivent-ils s'adresser ?

Il y a sur ce point d'assez grands embarras, qu'il faut amoindrir, en examinant attentivement les hypothèses qui peuvent se présenter.

---

(1) Il est certain que la loi du 24 juin 1845 n'abroge le chap. 1er du tarif que dans les dispositions qui sont contraires aux siennes, et que les autres, notamment le § 3 de l'art. 1er et l'art. 2, sont restés en vigueur, pour la taxe de l'indemnité de transport, quand il y a lieu. Elle ne supprime, en effet, que les vacations et les droits de transport du juge de paix à moins de cinq kilomètres du chef-lieu de canton.

Les greffiers de justice de paix sont des officiers ministériels, et je dois répéter ici ce que j'ai dit ailleurs avec un peu plus de détails (1).

L'art. 60 du Code de procédure pose la règle générale, applicable aux actions qu'ils ont à intenter pour obtenir le paiement des frais qui leur sont dus par les parties. Il dit : « les demandes formées « pour frais par les officiers ministériels seront portées au tribunal « où les frais ont été faits. »

L'art. 9 du deuxième tarif de 1807 veut qu'il soit donné en tête des assignations *copie du mémoire des frais réclamés*, mais il n'ajoute pas que ce mémoire doit être taxé (dans la pratique il l'est ordinairement), mais cela n'est pas juridiquement nécessaire, car le juge, saisi de la demande, a tout pouvoir pour le vérifier dans l'ensemble et les détails, et pour en retrancher tout ce qui ne lui paraît pas justifié.

Les juges de paix sont donc compétents pour connaître des actions de leurs greffiers en paiement des frais qui leur sont dus, pour tous les actes faits à l'occasion et dans les limites de leur juridiction *contentieuse* ou compétence judiciaire : cela me paraît sans exception. Voy. toutefois en sens contraire, M. N.-A. Carré, *Compét. judic. des juges de paix*, n. 159.

II. En est-il de même pour les frais des actes faits à l'occasion de l'exercice de leur juridiction *gracieuse* ou *officieuse :* c'est-à-dire quand ils agissent non plus comme juges proprement dits, mais plutôt comme officiers publics ?

C'est là que commencent les difficultés.

Prenons comme exemple ceux de ces actes énumérés dans l'art. 16 du tarif.

L'assistance du greffier aux conseils de famille ;

Aux apposition, reconnaissance et levée de scellés ;

Aux actes de notoriété.

Jusqu'à la loi du 21 juin 1845, le juge de paix était intéressé au même titre que le greffier dans la fixation des émoluments attachés à ces actes ; il avait droit, pour les faire, à des vacations identiques pour le nombre à celles du greffier : il est évident qu'il n'y aurait pas eu convenance à lui en attribuer la taxe, non plus que la connaissance des actions à exercer par le greffier.

C'est un des motifs pour lesquels l'art. 1er, § 3, et l'art. 2 du tarif ont chargé le président du tribunal d'opérer cette taxe par lui-même ou par un juge à ce délégué.

Cette compétence entraîne nécessairement celle du tribunal pour statuer sur l'opposition, quand il y a lieu, et, par voie de conséquence ultérieure, les actions que le greffier aurait jugé à propos d'intenter, relativement aux frais de ces actes, devaient être portées devant le même tribunal.

La loi du 21 juin 1845, en supprimant les vacations que le juge

---

(1) Voir *Nouveau Manuel de la taxe en matière civile*, p. 408 et suiv.

de paix percevait à leur occasion, lui a-t-elle attribué la juridiction que le tarif lui avait refusée ?

La solution affirmative serait bien à désirer pour la commodité de tout le monde et pour l'économie des frais. Dans la deuxième édition du NOUVEAU MANUEL de la taxe, je l'avais adoptée et soutenue avec une certaine assurance. Ma conviction d'alors est bien ébranlée aujourd'hui, et la thèse contraire me paraît la plus juridique et la mieux fondée.

Il est vrai que la loi de 1845 a supprimé un des motifs (l'intérêt personnel du juge de paix) qui avaient suggéré les dispositions des art. 1er, § 3, et 2 du tarif, mais, je l'ai déjà fait remarquer, elle ne les a pas abrogées.

Elle n'a manifesté d'aucune manière l'intention d'attribuer aux juges de paix la compétence que ces articles ont donnée au président du tribunal. Il n'y a pas dans les rapports (1), ni dans les discussions qui ont précédé cette loi, un seul mot d'allusion directe ou indirecte à cet égard.

On objecte, et c'est là ce qui m'avait trop séduit d'abord, que dans la pratique le juge de paix contrôle et taxe les émoluments et débours réclamés par son greffier.

Mais il ne faut pas donner à ce fait une plus grande portée que celle qu'il doit avoir; car l'usage invoqué n'est autre chose que l'application de l'art. 1er de l'ordonnance du 17 juillet 1825. Il dit : « au- « cuns frais ni émoluments ne pourront être perçus par les gref- « fiers de justice de paix, que sur des états dressés par eux, *qui se- « ront vérifiés et visés par le juge de paix.* »

C'est bien et très-suffisant dès que personne ne réclame, mais cela ne paralyse pas le droit des parties de demander la taxe régulière et légale ; à qui doivent-elles s'adresser pour l'obtenir ?

On voit que la question d'abrogation du § 3 de l'art. 1er et de l'art. 2 du tarif revient toujours.

Mais les lois ne s'abrogent pas par la suppression de quelques-uns des motifs qui les ont fait adopter à l'origine : *non omnium quæ à majoribus constituta sunt ratio reddi potest* (Digest., lib. 1º, tit. 3, leg. 20).

Et ideo rationes earum quæ constituuntur, inquiri non oportet, alioquin multa ex his quæ certa sunt subvertuntur (eod. leg. 21).

Derogatur legi aut abrogatur : derogatur legi, cum pars detrahitur, abrogatur legi, cum prorsus tollitur (eod. lib. 50, tit. 16, leg. 102).

Qu'on me permette de donner la traduction libre de ces textes

---

(1) C'est l'honorable M. HAVIN qui était le rapporteur de la loi de 1845 à la Chambre des députés. Personne n'était plus apte et plus spécial que lui dans cette matière. En effet, avant d'entrer dans la carrière politique, qu'il a parcourue pendant bien des années, avec tant d'éclat et d'honorabilité, il avait été, dans une localité importante du département de la Manche, un des juges de paix, du ressort de la Cour de Caen, les plus distingués par son savoir et la pratique des affaires.

Si la loi qu'il rapportait avait dû avoir pour résultat de changer les compétences, en dehors des termes précis de sa rédaction, une telle conséquence ne lui aurait pas échappé, et il en aurait très-certainement parlé.

qui s'appliquent à titre de raison écrite ; *quand il a été dérogé à une partie de la loi, le surplus reste en vigueur. Il ne faut pas trop rechercher les motifs du législateur ancien, autrement bien des règles de droit qui sont certaines seraient annulées.*

Pour abandonner ces généralités et rentrer dans la spécialité de notre hypothèse, ne serait-il pas bizarre de déclarer en vigueur les dispositions du tarif, quand il s'agit de taxer les indemnités de transport dues au juge de paix (1), et de les déclarer abrogées quand il s'agit de taxer celles de son greffier, qui ont là même cause et la même origine, et cela sans que la loi nouvelle se soit plus expliquée sur les unes que sur les autres ? V. aussi M. Carré, *loc. cit.*, n. 161.

III. Quand le greffier agit comme officier public sans le concours du juge de paix :

1º Lorsque, conformément à l'art. 317 du Cod. de proc., il est chargé, dans les expertises, de la rédaction du rapport des experts;

2º Lorsqu'il procède à des prisées ou ventes de meubles.

Quelle est l'autorité compétente pour procéder à la taxe de ses actes et à la fixation de ses vacations ?

Dans le premier cas, c'est le président du tribunal qui a ordonné l'expertise, qui est chargé par l'art. 319 du Cod. de proc. de la taxe des émoluments alloués par l'art. 15 du tarif.

« La minute du rapport, dit-il, sera déposée au greffe du tribu« nal qui aura ordonné l'expertise, sans nouveau serment de la part « des experts ; *leurs vacations seront taxées par le président au bas de* « *la minute* ; il en sera délivré exécutoire contre la partie qui aura « requis l'expertise, ou qui l'aura poursuivie, si elle a été ordonnée « d'office. »

Cette taxe et l'exécution sont susceptibles d'opposition, tant de la part du greffier que de la partie contre laquelle l'exécutoire a été délivré, et, comme toutes les oppositions à taxe, elle est portée devant le tribunal, à la chambre du conseil, et il y est statué dans les formes réglées par le deuxième décret du 16 fév. 1807. Cela n'offre pas de difficulté.

Il en est de même dans le second cas. C'est l'art. 657 du même Code qui contient la règle générale. Le montant de la vente doit être remis au propriétaire ou à ses créanciers, s'ils s'entendent pour le partager, ou consigné, « déduction faite des frais, dit l'article, « d'après la taxe qui en aura été faite par le juge sur la minute du « procès-verbal. » (*Voy. l'art. 42 du Tarif.*)

Cette règle doit s'appliquer, par analogie directe, aux prisées comme aux ventes, et enfin à tous les actes dans lesquels le greffier agit seul et comme officier public. Le règlement des oppositions à l'exécutoire, quand il y a lieu, doit aussi se faire d'après les mêmes principes.

---

(1) Voy. plus haut le § 1, nº II, de ce chapitre, où il est démontré que c'est le président du tribunal qui doit taxer l'indemnité due au juge de paix pour transport à plus de 5 kilomètres de son canton.

§ 3.

De l'action des huissiers, des juges de paix contre leurs clients.—De la taxe de leurs actes.

Il ne me paraît pas douteux que conformément au principe posé par l'article 60 du Code de procédure, l'action des huissiers contre leurs clients, pour tous les actes de la juridiction contentieuse et gracieuse des juges de paix, doit être portée devant celui de leur canton, quel que soit le domicile de ceux contre lesquels ils agissent, et à quelque taux que leurs frais puissent se monter.

C'est de lui seul qu'ils relèvent pour la surveillance et la taxe de ces actes. Je n'admets d'exception que pour l'acte de récusation du juge de paix, qui est, comme on l'a vu plus haut, de la compétence des huissiers ordinaires. Toutefois l'opinion contraire prévaut. V. Amiens, 18 mars 1882 (*Bull. de la taxe*, t. 3, p. 59), et les observations à la suite.

Les huissiers et les parties peuvent faire opposition à la taxe, quand elle est suivie d'un exécutoire, mais cette opposition doit être portée devant le juge de paix même qui l'a délivré. Sa décision définitive n'est susceptible d'appel que dans les cas déterminés par l'art. 6 du deuxième décret du 16 février 1807.

§ 4.

De l'action des huissiers des conseils de prud'hommes. — De la taxe de leurs actes devant cette juridiction.

Ce qui vient d'être dit pour les huissiers des justices de paix doit s'appliquer, en principe et par analogie, aux huissiers des conseils de prud'hommes.

C'est aux présidents de ces conseils qu'appartient la taxe des actes faits devant cette juridiction.

Les oppositions à taxe doivent être portées devant le conseil, qui y statue, sauf l'appel devant le tribunal de commerce, dans le cas où il est autorisé par l'art. 6 du deuxième tarif de 1807.

§ 5.

De l'action des huissiers ordinaires contre leurs clients, et de la taxe de leurs actes.

C'est surtout pour les huissiers ordinaires que l'application de l'article 60 du Code de procédure n'admet aucune objection.

C'est donc devant le tribunal de l'arrondissement où ils exercent leurs fonctions et où les frais ont été faits qu'ils doivent porter leurs actions contre leurs clients, quel que soit le domicile de ceux-ci, et quelle que soit la somme à laquelle leur demande s'élève, lors même qu'ils auraient cessé leurs fonctions (*art. 14 du décret du 29 janvier-26 mars 1791; Sic*, Rouen, 4 mai 1863 (S.-V.64.2.13). Voy.

toutefois en sens contraire, pour le cas où les frais ont été faits en justice de paix et sont inférieurs à 200 fr., M. Dutruc, *Form. annoté*, t. 1, p. 434, n. 25 et s., ainsi que les décisions citées, *ibid.*

Mais il n'en serait pas ainsi, si une obligation de la partie était intervenue pour le règlement des frais, et qu'ils ne fussent pas contestés. C'est devant le tribunal de son domicile qu'il faudrait l'ajourner ou même devant le juge de paix si la valeur du litige rentrait dans sa compétence.

Les demandes sont portées à l'audience sans qu'il soit besoin de recourir au préliminaire de conciliation (*art. 9, § 1er, du 2e Tarif de 1807*).

Il doit être donné, en tête de l'assignation, copie du mémoire des frais réclamés. Il est ordinairement taxé par le président ou par un juge du tribunal; mais cette formalité n'est pas indispensable, ni l'art. 65 du Cod. de proc., ni l'art. 9 du deuxième tarif ne l'exigent; d'ailleurs, elle ne lierait pas le tribunal dans ses appréciations; l'huissier pourrait reproduire les articles rejetés ou réduits par la taxe, et la partie pourrait demander le rejet ou la réduction de ceux qu'elle aurait admis, sans qu'aucune opposition à la taxe soit nécessaire. V. les autorités citées par M. Dutruc, *Bull. de la taxe*, t. 1, p. 70, et trib. de la Flèche, 10 août 1882 (*Id.*, t. 2, p. 153).

Si l'huissier avait omis de donner copie de son mémoire de frais en tête de l'assignation, il n'y aurait pas pour cela nullité de sa demande, parce que l'art. 9 du 2e tarif de 1807 ne la prononce pas, non plus que l'art. 65 du Code de procédure; seulement les frais de cette production tardive resteraient, sans recours, à la charge de 'huissier. V. trib. de Lyon, 16 mars 1883 (*B. de la taxe*, t. 3, p. 158).

Ce point a été jugé bien des fois (*arrêts de Bordeaux, 28 nov. 1840, Journ. des arrêts de cette Cour, 1840, pag. 571; de Caen, 31 mai 1863*; Sirey, 1864.2.13).

Je crois que le tribunal doit statuer comme en matière sommaire; c'est du moins ce que j'ai essayé de démontrer dans le Nouveau Manuel de la taxe, 2e édition, p. 411, *note* 1.

Mais il y a une raison de fait qui ôte à la question presque tout son intérêt : c'est que le plus souvent les demandes de cette espèce ne dépassent pas les limites du dernier ressort, et qu'à ce titre elles sont sommaires de leur nature. Cette question est d'ailleurs étrangère au sujet restreint qui fait l'objet de ce livre.

Je dois dire, avant de finir, un mot sur une autre question qui m'a été proposée.

Lorsque, comme c'est le cas ordinaire, il ne s'élève entre l'huissier et son client d'autre difficulté pour le paiement, que celle de la taxe à attribuer aux actes dont le coût est réclamé, que faut-il faire?

La réponse est facile : il faut les faire taxer par le président du tribunal ou par le juge qu'il a délégué, et, à cet effet, déposer aux mains du greffier le mémoire des frais avec les pièces à taxer.

Parfait : — Mais si la taxe effectuée ne convient pas à l'huissier ou à son client? peut-on la frapper simplement d'opposition et saisir par une citation le tribunal à la chambre du conseil?

Je reconnais volontiers qu'il serait plus expéditif et moins coûteux d'en agir ainsi; mais j'aurais beaucoup de scrupule sur la légalité et la régularité de cette procédure.

Si je consulte, en effet, les art. 6 et 9, § 1er, du 2e tarif de 1807, j'y lis que les oppositions sont autorisées contre les exécutoires délivrés, en matière ordinaire, sur les états taxés, et contre les jugements qui contiennent la liquidation des dépens, en matière sommaire.

Or c'est un principe général qu'il ne peut être délivré d'exécutoire sur une taxe de frais sollicités par un officier ministériel contre son client; il doit recourir à la voie ordinaire de l'action et obtenir un jugement de condamnation.

Je doute fort qu'on puisse appliquer par analogie l'opposition aux simples taxes des frais et dépens, quand il n'a encore été prononcé aucune condamnation pour les mettre à la charge de l'une ou de l'autre des parties.

Il faut donc, dans l'hypothèse qui nous occupe, saisir le tribunal de la contestation, par les voies ordinaires; une fois devant lui, la partie et l'huissier pourront débattre tous les articles du mémoire, comme si la taxe n'avait pas eu lieu; car n'ayant pas été acceptée, elle n'aura produit aucun effet juridique. — V. en ce sens M. Dutruc, *Bull. de la taxe*, t. 1er, p. 70 et 71, ainsi que les autorités mentionnées par lui.

Je n'ai pas à parler ici du recouvrement des frais dus aux huissiers, quand ils sont compris dans les états des avoués, ni des exécutoires, ni de l'opposition qui peut y être faite, ni de la distraction des dépens : tout cela dépasserait le cadre dans lequel je me suis proposé de me renfermer. Mais au besoin je renvoie au NOUVEAU MANUEL de la taxe, p. 408 et suiv., où j'ai examiné et traité, en détail, ce qui se rapporte à ces matières.

APPENDICE

Où l'on trouve, dans leur ensemble, quelques lois, décrets
et ordonnances dont il n'a été donné que des extraits ou
analyses au cours de ce livre.

---

§ 1.

1er. — Ordonnance royale portant règlement sur les frais et émoluments à percevoir par les greffiers de justice de paix.

(17 juillet 1825.)

Art. 1er. Aucuns frais ni émoluments ne pourront être perçus par les
greffiers de justice de paix, que sur des états dressés par eux, qui seront
vérifiés et *visés* par le juge de paix.

Ces états seront écrits au bas de l'expédition et délivrés par le greffier.

A défaut d'expédition, il sera fait un état séparé.

2. Les greffiers de justice de paix tiendront un registre, sur lequel ils in-
scriront, par ordre de date et sans aucun blanc, toutes les sommes qu'ils
recevront pour les actes de leur ministère.

L déboursés et les émoluments seront inscrits dans des colonnes séparées.

3. Le registre mentionné en l'article précédent sera coté et paraphé par le
juge de paix.

Il sera tenu sous la surveillance de ce magistrat qui, à chaque trimestre,
et plus souvent s'il le juge convenable, le vérifiera, l'arrêtera et en dressera
un procès-verbal dans lequel il consignera ses observations.

Ce procès-verbal sera envoyé à notre procureur près le tribunal de première instance, qui en rendra compte au procureur général près la Cour
royale.

4. Pourront nos procureurs, quand ils l'auront reconnu nécessaire, procéder eux-mêmes, ou leurs substituts, à la vérification prescrite par l'article 3.

5. En cas d'infraction aux règles prescrites par la présente ordonnance,
il sera fait rapport à notre garde des sceaux, pour être pris, à l'égard des
contrevenants. telle mesure qu'il appartiendra.

6. Si les greffiers ou leurs commis reçoivent, sous quelque prétexte que
ce soit, d'autres ou plus forts droits que ceux qui leur sont attribués par

les lois et les règlements, il est enjoint aux juges de paix d'en informer nos procureurs. Il en sera pareillement fait rapport à notre garde des sceaux.

Les contrevenants seront, selon la gravité des circonstances, destitués de leur emploi, traduits devant la police correctionnelle pour être condamnés aux amendes déterminées par les lois, ou poursuivis extraordinairement, en vertu de l'art. 164, C. pén., sans préjudice, dans tous les cas, de la restitution des sommes indûment perçues, et des dommages et intérêts, quand il y aura lieu.

2. — Nomenclature des pièces à produire par les candidats aux greffes de justice de paix, qui sont rigoureusement exigées par la chancellerie.

1° Acte de naissance. (Sur papier timbré.) (L'âge exigé est 25 ans, sans qu'il puisse être concédé de dispense.)

A défaut d'acte de naissance, un jugement rendu dans les forme prescrites par l'art. 99, C. Nap., inscrit sur les registres de l'état civil ;

2° Certificat de libération du service militaire ;

3° Certificat constatant que le candidat est de bonnes vie et mœurs (Délivré sur timbre par le maire) ;

4° Pièces constatant que le candidat s'est préparé par un temps suffisant d'études et travaux préparatoires aux fonctions qu'il sollicite : c'est-à-dire par trois années de cléricature chez un notaire, un avoué ou un huissier.

Le 27 septembre 1864 et le 14 juillet 1830, le Gouvernement a invité les procureurs du roi à faire subir un examen sur les matières qu'ils doivent connaître pour remplir leurs fonctions à des candidats qui ne justifiaient pas d'un stage suffisant ;

6° Certificat de capacité et de moralité.—Il n'est pas toutefois indispensable, le greffier ne relevant, au point de vue disciplinaire, que du ministère public et du Gouvernement ;

7° Avis personnel et par écrit du juge de paix. Le juge de paix doit également attester, par écrit, que le candidat n'est ni son parent, ni son allié, ni celui de ses suppléants ;

8° Démission du titulaire et présentation du candidat ;

9° Deux exemplaires du traité de cession ;

10° Un état des produits de l'office pendant les cinq dernières années — (certifié par le juge de paix) ;

11° Présentation et demande du candidat au Président de la République.

Dans le cas de décès du titulaire, s'il n'a laissé que des héritiers majeurs, ceux-ci agissant au traité comme le titulaire : ils signeront l'acte de présentation.

Plus : 1° Acte de décès du titulaire ;

2° Extrait de l'intitulé d'inventaire fait après le décès.

Dans le cas de révocation du titulaire :

Evaluation par le tribunal de la valeur de l'office.

Le prix fixé, les candidats sont invités à se présenter.

En résumé, les pièces ci-dessus, n°s 1, 2, 3, 4, 5, 6, 7 et 11, plus :

1° Expédition du décret de révocation ;

2° Expédition de la délibération du tribunal qui fixe la valeur de l'office ;

3° Engagement formel par écrit et sur timbre, de verser à qui et quand il sera ordonné, l'indemnité représentative du prix.

3. — Loi du 25 mai 1838 sur la compétence des juges de paix.

ART. 1er. Les juges de paix connaissent de toutes actions purement personnelles ou immobilières, en dernier ressort, jusqu'à la valeur de 100 fr., et, à charge d'appel, jusqu'à la valeur de 200 fr.

2. Les juges de paix prononcent, sans appel, jusqu'à la valeur de 100 fr., et, à charge d'appel, jusqu'au taux de la compétence en dernier ressort des tribunaux de première instance :

Sur les contestations entre hôteliers, aubergistes ou logeurs, et les voyageurs ou locataires en garni, pour dépenses d'hôtellerie et perte ou avarie d'effets déposés dans l'auberge ou dans l'hôtel ;

Entre les voyageurs et les voituriers ou bateliers, pour retards, frais de route et pertes ou avaries d'effets accompagnant les voyageurs ;

Entre les voyageurs et les carrossiers, ou autres ouvriers pour fournitures, salaires et réparations faites aux voitures de voyage.

3. (*Modifié et remplacé par la loi du 2-5 mai 1855, ainsi conçue*) : « Les juges de paix connaissent, sans appel, jusqu'à la valeur de 100 fr., et, à charge d'appel, à quelque valeur que la somme puisse s'élever.

« Des actions en paiement de loyers ou fermages, des congés, des demandes en résiliation de baux, fondées sur le seul défaut de paiement des loyers ou fermages, des expulsions de lieux et des demandes en validité de saisie-gagerie ; le tout lorsque les locations verbales ou par écrit n'excèdent pas annuellement 400 fr.

« Si le prix principal du bail consiste en denrées ou prestations en nature, appréciables d'après les mercuriales, l'évaluation sera faite sur celles du jour de l'échéance, lorsqu'il s'agira du paiement des fermages ; dans tous les autres cas, elle aura lieu suivant les mercuriales du mois qui aura précédé la demande.

« Si le prix principal du bail consiste en prestations non appréciables, d'après les mercuriales, ou s'il s'agit de baux à colons partiaires, le juge de paix déterminera la compétence, en prenant pour base du revenu de la propriété le principal de la contribution foncière de l'année courante, multiplié par cinq. »

4. Les juges de paix connaissent, sans appel, jusqu'à la valeur de 100 fr., et, à charge d'appel, jusqu'au taux de la compétence en dernier ressort des tribunaux de première instance :

1° Des indemnités reclamées par le locataire ou fermier pour non-jouissance provenant du fait du propriétaire, lorsque le droit à une indemnité n'est pas contesté ;

2° Des dégradations et pertes, dans les cas prévus par les articles 1732 et 1735, C. civ. :

Néanmoins le juge de paix ne connaît des pertes, causées par incendie ou inondation, que dans les limites posées par l'art. 1er de la présente loi.

5. Les juges de paix connaissent également, sans appel, jusqu'à la valeur de 100 fr., et à charge d'appel, à quelque valeur que la demande puisse s'élever :

1° Des actions pour dommages faits aux champs, fruits et récoltes, soit par l'homme, soit par les animaux, et de celles relatives à l'élagage des arbres ou haies, et au curage, soit des fossés, soit des canaux servant à l'irrigation des propriétés ou au mouvement des usines, lorsque les droits de propriété ou de servitude ne sont pas contestés ;

2° Des réparations locatives des maisons ou fermes, mises par la loi à la charge du locataire ;

3° Des contestations relatives aux engagements respectifs des gens de travail, au jour, au mois et à l'année, et de ceux qui les emploient : des maîtres et des domestiques, ou gens de service à gages ; des maîtres et de leurs ouvriers ou apprentis, sans néanmoins qu'il soit dérogé aux lois et règlements relatifs à la juridiction des prud'hommes ;

4° Des contestations relatives au paiement des nourrices, sauf ce qui est prescrit par les lois et règlements d'administration publique à l'égard des bureaux de nourrices de la ville de Paris et de toutes les autres villes ;

5° Des actions civiles pour diffamation verbale, et pour injures publiques ou non publiques, verbales ou par écrit, autrement que par la voie de la presse ; des mêmes actions pour rixes ou voies de fait ; le tout lorsque les parties ne se sont pas pourvues par la voie criminelle.

6. Les juges de paix connaissent, en outre, à la charge d'appel :

1° Des entreprises commises, dans l'année, sur les cours d'eau servant à l'irrigation des propriétés et au mouvement des usines et moulins, sans préjudice des attributions de l'autorité administrative, dans les cas déterminés par les lois et par les règlements ; des dénonciations de nouvel œuvre, complaintes, actions en réintégrande et autres actions possessoires fondées sur des faits également commis dans l'année ;

2° Des actions en bornage et de celles relatives à la distance prescrite par la loi, les règlements particuliers et l'usage des lieux, pour les plantations d'arbres ou de haies, lorsque la propriété ou les titres qui l'établissent ne sont pas contestés ;

3° Des actions relatives aux constructions et travaux énoncés dans l'art. 676, C. civ., lorsque la propriété ou la mitoyenneté du mur ne sont pas contestées ;

4° Des demandes en pension alimentaire n'excédant pas 150 fr. par an, et seulement lorsqu'elles seront formées en vertu des art. 205, 206 et 208, C. civil.

7. Les juges de paix connaissent de toutes les demandes reconventionnelles ou en compensation, qui, par leur nature ou leur valeur, sont dans les limites de leur compétence, alors même que, dans les cas prévus par l'art. 1er, ces demandes, réunies à la demande principale, s'élèveraient au-dessus de 200 fr. Ils connaissent, en outre, à quelques sommes qu'elles puissent monter, des demandes reconventionnelles en dommages et intérêts fondées exclusivement sur la demande principale elle-même.

8. Lorsque chacune des demandes principales, reconventionnelles ou en cempensation, sera dans les limites de la compétence du juge de paix, en dernier ressort, il prononcera sans qu'il y ait lieu à appel.

Si l'une des demandes n'est susceptible d'être jugée qu'à charge d'appel, le juge de paix ne prononcera sur toutes qu'en premier ressort.

Si la demande reconventionnelle ou en compensation excède les limites de sa compétence, il pourra, soit retenir le jugement de la demande principale, soit renvoyer, sur le tout, les parties à se pourvoir devant le tribunal de première instance, sans préliminaire de conciliation.

9. Lorsque plusieurs demandes formées par la même partie seront réunies dans une même instance, le juge de paix ne prononcera qu'en premier ressort, si leur valeur totale s'élève au-dessus de 100 fr., lors même que quelqu'une de ces demandes serait inférieure à cette somme. Il sera incompétent sur le tout si ces demandes excèdent, par leur réunion, les limites de sa juridiction.

10. Dans les cas où la saisie-gagerie ne peut avoir lieu qu'en vertu de permission de justice, cette permission sera accordée par le juge de paix du lieu où la saisie devra être faite, toutes les fois que les causes rentreront dans sa compétence.

S'il y a opposition de la part des tiers, pour des causes ou pour des sommes qui, réunies, excéderaient cette compétence, le jugement en sera déféré aux tribunaux de première instance.

11. L'exécution provisoire des jugements sera ordonnée dans tous les cas où il y a titre authentique, promesse reconnue ou condamnation précédente dont il n'y a point eu appel.

Dans tous les autres cas, le juge pourra ordonner l'exécution provisoire, nonobstant appel, sans caution, lorsqu'il s'agira de pension alimentaire, ou lorsque la somme n'excédera pas 300 fr., et avec caution, au-dessus de cette somme.

La caution sera reçue par le juge de paix.

12. S'il y a péril en la demeure, l'exécution provisoire pourra être ordonnée sur la minute du jugement avec ou sans caution, conformément aux dispositions de l'article précédent.

13. L'appel des jugements des juges de paix ne sera recevable ni avant les trois jours qui suivront celui de la prononciation des jugements, à moins qu'il n'y eût lieu à l'exécution provisoire, ni après les trente jours qui suivront la signification à l'égard des personnes domiciliées dans le canton.

Les personnes domiciliées hors du canton auront, pour interjeter appel, outre le délai de trente jours, le délai réglé par les art. 73 et 1033, C. proc. civ.

Ne sera pas recevable l'appel des jugements mal à propos qualifiés en premier ressort, ou qui, étant en dernier ressort, n'auraient point été qualifiés.

Seront sujets à l'appel les jugements qualifiés en dernier ressort, s'ils ont statué, soit sur des questions de compétence, soit sur des matières dont le juge de paix ne pouvait connaître qu'en premier ressort.

Néanmoins, si le juge de paix s'est déclaré compétent, l'appel ne pourra être interjeté qu'après le jugement définitif.

15. Les jugements rendus par les juges de paix ne pourront être attaqués par la voie du recours en cassation que pour excès de pouvoir.

16. Tous les huissiers d'un même canton auront le droit de donner toutes les citations et de faire tous les actes devant la justice de paix. Dans les villes où il y a plusieurs justices de paix, les huissiers exploitent concurremment dans le ressort de la juridiction assignée à leur résidence. Tous les huissiers du même canton seront tenus de faire le service des audiences, et d'assister le juge de paix toutes les fois qu'ils en seront requis. Les juges de paix choisiront leurs huissiers audienciers.

17 (1). *Dans toutes les causes, excepté celles où il y aurait péril dans la demeure, et celles dans lesquelles le défendeur serait domicilié hors du canton ou des cantons de la même ville, le juge de paix pourra interdire aux huissiers de sa résidence de donner aucune citation en justice, sans qu'au préalable il ait appelé, sans frais, les parties devant lui.*

---

(1) L'art. 17 a été modifié par l'art. 2 de la loi du 2-5 mai 1855, ainsi qu'il suit : « ART. 17. Dans toutes les causes, excepté celles qui requièrent célérité et celles dans lesquelles le défendeur serait domicilié hors du canton ou des cantons de la même ville, il est interdit aux huissiers de donner aucune citation en justice sans que, au préalable, le juge de paix ait appelé les parties devant lui, au moyen d'un avertissement sur papier non timbré, rédigé et délivré par le greffier, au nom et sous la surveillance du juge de paix, et expédié par la poste, sous bande simple, scellé du sceau de la justice de paix, avec affranchissement (A).

« A cet effet, il sera tenu par le greffier un registre sur papier non timbré constatant l'envoi et le résultat des avertisse-

(A) Aujourd'hui l'avertissement doit être écrit sur papier timbré. (V. *ci-devant* p. 10 à *la note.*)

18. Dans les causes portées devant la justice de paix, aucun huissier ne pourra ni assister comme conseil, ni représenter les parties en qualité de procureur fondé, à peine d'une amende de 25 à 50 fr., qui sera prononcée sans appel par le juge de paix.

Ces dispositions ne seront pas applicables aux huissiers qui se trouveront dans l'un des cas prévus par l'art. 86, C. proc. civ.

19. En cas d'infraction aux dispositions des art. 16, 17 et 18, le juge de paix pourra défendre aux huissiers du canton de citer devant lui, pendant un délai de quinze jours à trois mois, sans appel et sans préjudice de l'action disciplinaire des tribunaux et des dommages et intérêts, s'il y a lieu.

20. Les actions concernant les brevets d'invention seront portées, s'il s'agit de nullité ou de déchéance des brevets, devant les tribunaux civils de première instance; s'il s'agit de contrefaçon, devant les tribunaux correctionnels.

21. Toutes les dispositions des lois antérieures contraires à la présente loi sont abrogées.

22. Les dispositions de la présente loi ne s'appliquent pas aux demandes introduites avant sa promulgation (Voy. *infrà*, p. 156),

§ II.

Décret du 14 juin 1813 portant règlement sur l'organisation et le service des huissiers.

TITRE PREMIER.

DE LA NOMINATION, DU NOMBRE ET DE LA RÉSIDENCE DES HUISSIERS.

§ 1er. — *De la nomination et du nombre des huissiers.*

ART. 1er. Les huissiers institués pour le service de nos Cours impériales, et pour tous nos tribunaux, seront nommés par nous.

2. Ils auront tous le même caractère, les mêmes attributions, et le droit d'exploiter concurremment dans l'étendue du ressort du tribunal civil d'arrondissement de leur résidence.

Néanmoins nos Cours et tribunaux choisiront parmi ces huissiers, conformément au titre V de notre décret du 30 mars 1808, ceux qu'ils jugeront les plus dignes de leur confiance, pour le service intérieur de leurs audiences (1).

---

ments. Ce registre sera coté et paraphé par le juge de paix. Le greffier recevra, pour tout droit et par chaque avertissement, une rétribution de 25 c., y compris l'affranchissement qui sera, dans tous les cas, de 10 cent.

« S'il y a conciliation, le juge de paix, sur la demande de l'une des parties, peut dresser procès-verbal des conditions de l'arrangement. Ce procès-verbal aura force d'obligation privée. —

« Dans les cas qui requièrent célérité, il ne sera remis de citation non précédée d'avertissement qu'en vertu d'une permission donnée sans frais par le juge de paix sur l'original de l'exploit.

« En cas d'infraction aux dispositions ci-dessus de la part de l'huissier, il supportera sans répétition les frais de l'exploit. »

(1) DÉCRET *du* 30 *mars* 1808, *contenant règlement pour la police et la discipline des Cours et tribunaux.*

TITRE V. — *Des huissiers.*

ART. 94. Nos tribunaux de première instance désigneront, pour le service inté-

3. Les huissiers ainsi désignés par nos Cours et tribunaux continueront de porter le titre d'*huissiers audienciers*; ils auront pour ce service particulier, une indemnité qui sera réglée par les articles 93, 94, 95, 96 et 103 ci-après.

4. Le tableau des huissiers audienciers sera renouvelé au mois de novembre de chaque année; tous les membres en exercice seront rééligibles; ceux qui n'auront pas été réélus rentreront dans les classes des huissiers ordinaires.

5. Les huissiers qui seront en activité lors de la publication du présent décret continueront provisoirement l'exercice de leurs fonctions, mais ne seront maintenus qu'après avoir obtenu de nous une commission confirmative.—A ce⁺ effet, ils remettront, dans les trois mois de ladite publication, tous titres et pièces concernant leurs précédentes nominations et réceptions, au greffe du tribunal de première instance de leur résidence. — Ils y joindront leur demande en commission confirmative, et le greffier leur donnera récépissé du tout.—Notre procureur près le tribunal de première instance enverra cette demande avec l'avis du tribunal à notre procureur général, qui prendra l'avis de la Cour impériale, et adressera le tout à notre grand juge ministre de la justice.

6. Lorsque la liste des huissiers auxquels nous aurons accordé la commission confirmative aura été renvoyée par notre grand juge à notre procureur général, ceux qui ne se trouveront pas sur la liste seront tenus de cesser leurs fonctions à compter du jour où la notification leur en aura été faite à la diligence du ministère public. Cette même liste sera de plus affichée dans la salle d'audience et au greffe de la Cour ou du tribunal.

7. Chacun des huissiers qui auront obtenu la commission confirmative prêtera, dans les deux mois, à compter du jour où la liste aura été affichée, et ce, à l'audience de ladite Cour ou dudit tribunal, le serment de fidélité à l'Empereur et d'obéissance aux constitutions de l'Empire, ainsi que celui de se conformer aux lois et règlements concernant son ministère, et de remplir ses fonctions avec exactitude et probité.

8. Notre grand juge ministre de la justice, après avoir pris l'avis de nos Cours, et les observations de nos procureurs généraux, nous proposera la fixation définitive du nombre des huissiers qu'il doit y avoir dans le ressort de chaque tribunal civil d'arrondissement.

9. Si le nombre des huissiers maintenus d'après l'article 6 excède celui qui sera définitivement fixé par nous en exécution du précédent article, la réduction à ce dernier nombre ne s'opérera que par mort, démission ou destitution.

---

rieur, ceux de leurs huissiers qu'ils jugeront les plus dignes de leur confiance.

95. Les huissiers audienciers de nos Cours et tribunaux de première instance feront tour à tour le service intérieur, tant aux audiences qu'aux assemblées générales ou particulières, aux enquêtes et autres commissions.

96. Les huissiers qui seront de service se rendront au lieu des séances une heure avant l'ouverture de l'audience; ils prendront au greffe l'extrait des causes qu'ils doivent appeler. — Ils veilleront à ce que personne ne s'introduise à la chambre du conseil sans s'être fait annoncer, à l'exception des membres de la Cour ou du tribu-

nal. — Ils maintiendront, sous les ordres des présidents, la police des audiences.

97. Les huissiers audienciers auront, près la Cour ou le tribunal, une chambre ou un banc où se déposeront les actes et pièces qui se notifieront d'avoué à avoué.

98. Les émoluments des appels des causes et des significations d'avoué à avoué se partageront également entre eux.

99. Les huissiers désignés par le premier président de la Cour ou par le président du tribunal de première instance, assisteront aux cérémonies publiques et marcheront en avant des membres de la Cour ou du tribunal.

10. A l'égard de ceux qui aspireront, à l'avenir, aux places d'huissiers ordinaires, les conditions requises seront :—1° D'être âgé de vingt-cinq ans accomplis ; — 2° D'avoir satisfait aux lois de la conscription militaire ; — 3° D'avoir travaillé. au moins pendant deux ans, soit dans l'étude d'un notaire ou d'un avoué, soit chez un huissier, ou pendant trois ans au greffe d'une Cour royale ou d'un tribunal de première instance ; — 4° D'avoir obtenu de la chambre de discipline, dont il sera parlé ci-après, un certificat de moralité, de bonne conduite et de capacité.—Si la chambre accorde trop légèrement ou refuse sans motif valable ce certificat, il y aura recours au tribunal de première instance, savoir : dans le premier cas, par le procureur impérial, et dans le second, par la partie intéressée. — En conséquence, le tribunal, après avoir pris connaissance des motifs d'admission ou de refus de la chambre, ainsi que des moyens de justification de l'aspirant, et après avoir entendu notre procureur impérial, pourra refuser ou accorder lui-même le certificat, par une délibération dont copie sera jointe à l'acte de présentation du candidat.

11. Ceux qui seront nommés huissiers, se présenteront, dans le mois qui suivra la notification à eux faite du décret de leur nomination, à l'audience publique du tribunal de première instance, et y prêteront le serment prescrit par l'art. 7 (1).

12. Ces huissiers ne pourront faire aucun acte de leur ministère avant d'avoir prêté ledit serment, et ils ne seront admis à le prêter que sur la représentation de la quittance du cautionnement fixé par la loi.

13. Ceux qui n'auront point prêté le serment dans le délai ci-dessus fixé, demeureront déchus de leur nomination, à moins qu'ils ne prouvent que le retard ne leur est point imputable ; auquel cas, le tribunal pourra déclarer

---

(1) *Pièces à produire par les aspirants aux fonctions d'huissier, suivant les exigences actuelles de la chancellerie.*

1° Acte de naissance (extrait signé par le maire ou par le greffier, si l'extrait est délivré au greffe, et dressé sur papier timbré);

2° Certificat de libération du service militaire ;

3° Certificat constatant que le candidat est de bonnes vie et mœurs. — Certificat constatant qu'il jouit de ses droits civils, civiques et politiques :

4° Certificat de stage. L'aspirant doit justifier qu'il a travaillé pendant deux années, soit dans l'étude d'un notaire ou d'un avoué soit chez un huissier, ou pendant trois ans au greffe d'une Cour d'appel ou d'un tribunal de première instance, et ce au moyen d'un certificat délivré sur timbre par les titulaires des offices où il a travaillé (décret du 14 juin 1813) ;

5° Certificat de capacité et de moralité. Ce certificat sera délivré par la chambre de discipline ; si elle refuse, il pourra être délivré par le tribunal ;

6° Certificat d'admission délivré par le tribunal ;

7° Démission du titulaire et présentation du candidat (simple déclaration écrite sur timbre et portant la signature légalisée du titulaire) ;

8° Deux exemplaires du traité de cession ;

9° Un état des produits de l'office pendant les cinq dernières années ;

10° Présentation et demande du candidat au Président de la République.

Cession au cas de décès du titulaire.

L'apirant produira toutes les pièces ci-dessus énoncées, sauf la démission. Les héritiers signeront l'acte de présentation. Il joindra aux pièces :

1° Une copie de l'acte de décès ;

2° Un extrait de l'intitulé d'inventaire fait après le décès, afin d'établir les qualités des cédants.

Cession au cas de révocation du titulaire.

Toutes les pièces ci-dessus énoncées sous les n°⁵ 1, 2, 3, 4, 5, 6 et 10, plus :

1° Une expédition de la décision qui prononce la révocation ;

2° Une expédition de la délibération du tribunal qui fixe la valeur de l'office ;

3° Un engagement formel par écrit et sur timbre, de verser à qui et quand il sera ordonné, l'indemnité représentative.

qu'ils sont relevés de la déchéance par eux encourue, et les admettra au serment.

14. La précédente disposition est applicable aux huissiers dont il est parlé en l'art. 5, relativement au délai fixé par l'art. 7.

§ 2. — *De la résidence des huissiers.*

15. Les huissiers audienciers seront tenus, à peine d'être remplacés, de résider dans les villes où siégent les Cours et tribunaux près desquels ils devront faire respectivement leur service.

16. Les huissiers ordinaires seront tenus, sous la même peine, de garder la résidence qui leur aura été assignée par le tribunal de première instance.

17. La résidence des huissiers ordinaires sera, autant que faire se pourra, fixée dans les chefs-lieux de canton.

18. Si des circonstances de localité ne permettent point l'établissement d'un huissier ordinaire au chef-lieu du canton, le tribunal de première instance le fixera dans l'une des communes les plus rapprochées du chef-lieu.

19. Dans les communes divisées en deux arrondissements de justice de paix ou plus, chaque huissier ordinaire sera tenu de fixer sa demeure dans le quartier que le tribunal de première instance jugera convenable de lui indiquer a cet effet.

TITRE II.

DES ATTRIBUTIONS DES HUISSIERS, ET DE LEURS DEVOIRS.

CHAPITRE Ier.

ATTRIBUTIONS DES HUISSIERS.

§ 1er. — *Service personnel près les Cours impériales et près les divers tribunaux.*

20. Les huissiers audienciers sont maintenus dans le droit que leur donne et l'obligation que leur impose notre décret du 30 mars 1808, de faire exclusivement, près les Cours et tribunaux respectifs, le service personnel aux audiences, aux assemblées générales ou particulières, aux enquêtes, interrogatoires et autres commissions, ainsi qu'au parquet. — Pourront néanmoins nos Cours et tribunaux commettre accidentellement des huissiers ordinaires, à défaut ou en cas d'insuffisance des huissiers audienciers.

21. Le service personnel d'huissiers près les Cours d'assises sera fait, ?avoir : dans les villes où siégent nos Cours impériales, par des huissiers audienciers de la Cour impériale; et partout ailleurs, par des huissiers audienciers du tribunal de première instance du lieu où se tiendront les séances de la Cour d'assises. — L'art. 118 de notre décret du 6 juill. 1810, relatif au mode de désignation des huissiers qui doivent faire le service près les Cours d'assises des départements autres que celui où siége la Cour impériale, continuera de recevoir son exécution (1).

22. Les huissiers qui seront désignés pour faire le service personnel près

---

(1) DÉCRET *du 6 juillet 1810, contenant règlement sur l'organisation et le service des Cours impériales et des Cours d'assises.*

TITRE IV. — § 2. *Des huissiers.*

ART. 116. Dans les lieux où il y a une Cour d'appel et une Cour de justice criminelle, les huissiers immatriculés dans l'une ou l'autre des Cours seront exclusivement chargés : 1° du service personnel près la Cour impériale; 2° des significations d'avoué à avoué près la même Cour; 3° des exploits en matière criminelle.

les Cours d'assises, ne pourront, pendant la durée des sessions criminelles, sortir du canton de leur résidence, sans un ordre exprès du procureur général ou du procureur impérial criminel.

23. Il sera fait, par nos Cours et tribunaux, des règlements particuliers sur l'ordre du service de leurs huissiers audienciers, en se conformant aux dispositions du présent titre et à celle du titre V de notre décret du 30 mars 1808. — Les règlements que feront sur cet objet les tribunaux de première instance ou de commerce et les tribunaux ordinaires des douanes, seront soumis à l'approbation des Cours auxquelles ces tribunaux ressortissent.

§ 2. — *Droit d'exploiter, etc.*

24. Toutes citations, notifications et significations requises pour l'instruction des procès, ainsi que tous actes et exploits nécessaires pour l'exécution des ordonnances de justice, jugements et arrêts, seront faits concurremment par les huissiers audienciers et les huissiers ordinaires, chacun dans l'étendue du ressort du tribunal civil de première instance de sa résidence, sauf les restrictions portées par les articles suivants.

25. Les huissiers audienciers de notre Cour de cassation continueront, dans l'étendue du lieu de la résidence de cette Cour, d'instrumenter exclusivement à tous autres huissiers pour les affaires portées devant elle.

26. Les huissiers audienciers de nos Cours impériales et ceux de nos tribunaux de première instance feront exclusivement, près leurs Cours et tribunaux respectifs, les significations d'avoué à avoué.

28. Tous exploits et actes du ministère d'huissier près les justices de paix et les tribunaux de police seront faits par les huissiers ordinaires employés au service des audiences. — A défaut ou en cas d'insuffisance des huissiers ordinaires du ressort, lesdits exploits et actes seront faits par les huissiers ordinaires de l'un des cantons les plus voisins.

29. Défenses itératives sont faites à tous huissiers, sans distinction, d'instrumenter en matière criminelle ou correctionnelle hors du canton de leur résidence, sans un mandement exprès délivré conformément à l'article 84 de notre décret du 18 juin 1811.

30. Nos procureurs près les tribunaux de première instance et les juges d'instruction ne pourront délivrer de pareils mandements que pour l'étendue du ressort du tribunal de première instance.

31. Nos procureurs impériaux criminels pourront ordonner le transport d'un huissier dans toute l'étendue du département.

Ils pourront instrumenter, en matière civile, concurremment avec les huissiers du tribunal de première instance, et dans l'étendue du ressort de ce tribunal.

Cependant, ceux qui seront spécialement chargés du service criminel ne pourront instrumenter hors du canton de leur résidence, sans un mandement exprès de notre procureur général.

117. Dans les lieux où il n'y a point de Cour d'appel, les huissiers attachés au service criminel seront exclusivement chargés du service personnel près la Cour d'assises et la Cour spéciale, ainsi que de tous les exploits en matière criminelle. Ils seront tenus de se faire immatriculer au tribunal de première instance; ils pourront instrumenter en matière civile concurremment avec les huissiers de ce tribunal, mais dans l'étendue seulement du canton de leur résidence.

118. A l'avenir, les huissiers qui devront faire le service près les Cours spéciales des départements autres que celui où siége la Cour impériale, seront désignés par le procureur criminel, de concert avec le président, parmi les huissiers du tribunal de première instance.

En cas de dissentiment, il en sera référé au procureur général. Jusqu'à ce qu'il ait été statué, les huissiers désignés par le procureur criminel, seront tenus de faire le service près les Cours d'assises et spéciale, ainsi que tous exploits en matière criminelle.

33. Le transport des huissiers dans les divers départements du ressort de nos Cours impériales, ne pourra être autorisé, dans les affaires criminelles, que par nos procureux généraux près ces Cours.

34. En matière de simple police, aucun huissier ne pourra instrumenter hors du canton de sa résidence, si ce n'est dans le cas prévu par le second paragraphe de l'article 28 du présent décret, et en vertu d'une cédule délivrée pour cet effet par le juge de paix.

35. Dans tous les cas où les réglements accordent aux huissiers une indemnité pour frais de voyage, il ne sera alloué qu'un seul droit de transport pour la totalité des actes que l'huissier aura faits dans une même course et dans le même lieu.

Ce droit sera partagé en autant de portions égales entre elles qu'il y aura d'originaux d'actes ; et à chacun de ces actes, l'huissier appliquera l'une desdites portions : le tout à peine de rejet de la taxe, ou de restitution envers la partie, et d'une amende qui ne pourra excéder cent francs ni être moindre de vingt francs.

36. Tout huissier qui chargera un huissier d'une autre résidence d'instrumenter pour lui, à l'effet de se procurer un droit de transport qui ne lui aurait pas été alloué s'il eût instrumenté lui-même, sera puni d'une amende de cent francs. L'huissier qui aura prêté sa signature sera puni de la même peine.

Dans tous les cas, le droit de transport indûment alloué ou perçu sera rejeté de la taxe, ou restitué à la partie.

§ 3. — *Prisées et ventes publiques de meubles et effets mobiliers.*

37. Dans les lieux pour lesquels il n'est point établi de commissaires-priseurs exclusivement chargés de faire les prisées et ventes publiques de meubles et effets mobiliers, les huissiers tant audienciers qu'ordinaires continueront de procéder, concurremment avec les notaires et les greffiers, auxdites prisées et ventes publiques, en se conformant aux lois et réglements qui y sont relatifs.

38. Les huissiers ne pourront, ni directement ni indirectement, se rendre adjudicataires des objets mobiliers qu'ils seront chargés de vendre.

Toute contravention à cette disposition sera punie de la suspension de l'huissier pendant trois mois, et d'une amende de cent francs pour chaque article par lui acheté, sans préjudice de plus fortes peines dans les cas prévus par le Code pénal.

La récidive, dans quelque cas que ce soit, entraînera toujours la destitution.

CHAPITRE II.

DEVOIRS DES HUISSIERS.

39. Les huissiers sont tenus de se renfermer dans les bornes de leur ministère, sous les peines portées par l'article 132 du Code de procédure civile.

40. L'exercice du ministère d'huissier est incompatible avec toute autre fonction publique salariée.

41. Il est défendu aux huissiers, sous peine d'être remplacés, de tenir auberge, cabaret, café, tabagie ou billard, même sous le nom de leurs femmes, à moins qu'ils n'y soient spécialement autorisés.

42. Les huissiers sont tenus d'exercer leur ministère toutes les fois qu'ils en sont requis et sans acception de personnes, sauf les prohibitions pour

cause de parenté ou d'alliance portées par les articles 4 et 66 du Code de procédure civile: — L'article 85 de notre décret du 18 juin 1811 sera exécuté à l'égard de tout huissier qui, sans cause valable, refuserait d'instrumenter à la requête d'un particulier.

43. — *Abrogé*, Décr. 29 août 1813 (1).

44. Si l'huissier contrevenant à l'une des dispositions du précédent article est convaincu de récidive, le ministère public pourra provoquer sa suspension, ou même son remplacement s'il y a lieu.

45. Tout huissier qui ne remettra pas lui-même à personne ou domicile l'exploit et les copies de pièces qu'il aura été chargé de signifier, sera condamné par voie de police correctionnelle, à une suspension de trois mois, à une amende, qui ne pourra être moindre de deux cents francs, ni excéder deux mille francs, et aux dommages et intérêts des parties. Si néanmoins il résulte de l'instruction qu'il a agi frauduleusement, il sera poursuivi criminellement, et puni d'après l'article 146 du Code pénal.

46. Les répertoires que les huissiers sont obligés de tenir conformément à la loi du 22 frimaire an VII, relative à l'enregistrement, seront cotés et paraphés, savoir : — Ceux des huissiers audienciers, par le président de la Cour ou du tribunal, ou par le juge qu'il aura commis à cet effet ; — Ceux des huissiers ordinaires résidant dans les villes où siégent les tribunaux de première instance, par le président du tribunal, ou par le juge qu'il aura commis à cet effet;

Ceux des autres huissiers, par le juge de paix du canton de leur résidence.

47. Outre les mentions qui, aux termes de l'article 50 de la même loi, doivent être faites dans lesdits répertoires, les huissiers y marqueront, dans une colonne particulière, le coût de chaque acte ou exploit, déduction faite de leurs déboursés.

48. Pour faciliter la taxe des frais, les huissiers, outre la mention qu'ils doivent faire au bas de l'original et de la copie de chaque acte, du montant de leurs droits, seront tenus d'indiquer en marge de l'original le nombre de rôles des copies de pièces, et d'y marquer même le détail de tous les articles de frais formant le coût de l'acte (2).

---

(1) **Décret du 29 août 1813.**

Art. 1er. Les copies d'actes, de jugements, d'arrêts et de toutes autres pièces qui seront faites par les huissiers, doivent être correctes et lisibles, à peine du rejet de la taxe, ainsi qu'il en a été déjà ordonné par l'art. 28 du décret du 16 février 1807, pour les copies faites par les avoués.

Les papiers employés à ces copies ne pourront contenir plus de 35 lignes à la page de petit papier, plus de 40 lignes par page de moyen papier et plus de 50 lignes par page de grand papier, à peine de l'amende de 25 fr., prononcée pour les expéditions par l'art. 26 de la loi du 13 brum. an VII. (*V. ci-devant, page 38, le décret du 30 juillet 1862.*)

2. L'huissier qui aura signé une copie de citation ou d'exploit, de jugement ou d'arrêt qui serait illisible, sera condamné à l'amende de 25 fr. sur la seule provocation du ministère public, et par la Cour ou le tribunal devant lequel cette copie aura été produite.

Si la copie a été faite et signée par un avoué, l'huissier qui l'aura signifiée sera également condamné à l'amende, sauf son recours contre l'avoué, ainsi qu'il avisera.

3. Les art. 43 et 57 de notre décret du 14 juin 1813 sont rapportés.

(2) **Ordonnance** *du 23 décembre 1814.*

Art. 3. Les notaires, greffiers, avoués et huissiers sont également tenus de faire mention de la patente des particuliers qui y sont soumis dans tous les actes et exploits, le tout sous peine de l'amende de 500 francs prononcée par l'art. 37 de la loi du 1er brumaire an VII.

Loi *du 28 avril 1844 sur les patentes.*

Art. 29. Nul ne pourra former de demande, fournir aucune exception ou défense en justice, ni faire aucun acte ou significa-

TITRE III.

DE LA RÉUNION DES HUISSIERS EN COMMUNAUTÉ D'ARRONDISSEMENT.

CHAPITRE Iᵉʳ.

FORMATION DE LA COMMUNAUTÉ

49. Il y aura communauté entre tous les huissiers sans exception, résidant et exploitant dans l'étendue du ressort du tribunal civil d'arrondissement de leur résidence.

50. Le département de la Seine n'ayant qu'un seul tribunal civil, tous les huissiers exerçant dans ce département, y compris ceux de notre Cour de cassation, seront réunis en communauté.

52. Chaque communauté aura une chambre de discipline, qui sera présidée par un syndic.

CHAPITRE II.

ORGANISATION DE LA CHAMBRE DE DISCIPLINE.

53. Le nombre des membres de la chambre de discipline, y compris le syndic, est fixé, savoir : — A quinze, dans le département de la Seine; — A neuf, dans les autres arrondissements où il y aura plus de cinquante huissiers ; — A sept, dans les arrondissements où il y aura moins de trente huissiers.

54. Dans chaque chambre, il y aura, outre le syndic, un rapporteur, un trésorier et un secrétaire.

55. Le syndic, et deux autres membres de la chambre, seront nécessairement pris parmi les huissiers en résidence au chef-lieu de l'arrondissement. — Dans les arrondissements où siégent les Cours impériales, il y aura toujours à la chambre de discipline, indépendamment du syndic, au moins trois huissiers du chef-lieu. — Dans le département de la Seine, les deux tiers au moins des membres de la chambre, y compris le syndic, seront pris parmi les huissiers de Paris.

56. Le syndic sera nommé tous les ans, savoir : dans les arrondissements où siégent nos Cours impériales, par le premier président, sur la présentation qui sera faite de trois membres par notre procureur général ; et dans les autres arrondissements, par le président du tribunal de première instance, sur la présentation qui sera également faite de trois membres par notre procureur impérial. Le syndic sera indéfiniment rééligible.

57. — *Abrogé*, DÉCR. 29 août 1813.

58. La première nomination des autres membres de la chambre de discipline sera faite de la même manière que celle du syndic.

59. Après cette première nomination, les membres de la chambre de dis-

---

lion extrajudiciaire pour tout ce qui sera relatif à son commerce, sa profession ou son industrie, sans qu'il soit fait mention, en tête des actes de sa patente, avec désignation de la date, du numéro et de la commune où elle aura été délivrée, à peine d'une amende de 25 francs, tant contre les particuliers sujets à la patente que contre les officiers ministériels qui auraient fait ou reçu lesdits actes sans mention de la patente. La condamnation à cette amende sera poursuivie à la requête du procureur du roi devant le tribunal civil de l'arrondissement.

Le rapport de la patente ne pourra suppléer au défaut de l'énonciation, ni dispenser de l'amende prononcée.

cipline, autre que le syndic, seront élus par l'assemblée générale des huissiers, qui se réuniront pour cet effet au chef-lieu de l'arrondissement, sur la convocation et sous la présidence du syndic.

60. L'élection des membres de la chambre de discipline se fera au scrutin secret. — Un scrutin particulier aura lieu pour la nomination du trésorier, qui sera toujours pris parmi les huissiers du chef-lieu. — Les autres membres de la chambre seront nommés, sans désignation de fonctions, par bulletin de liste contenant un nombre de noms qui ne pourra excéder celui des membres à nommer. — Toutes ces nominations seront faites à la majorité absolue.

61. Lorsqu'il y aura cent votants et au-dessus, l'assemblée se divisera par bureaux, qui ne pourront être composés de moins de trente ni de plus de cinquante votants. — Ces bureaux seront présidés, le premier par le syndic, et chacun des autres par le plus âgé des huissiers présents; les deux plus âgés après lui feront les fonctions de scrutateurs, et le plus jeune celles de secrétaire.

62. La chambre de discipline sera renouvelée tous les ans par tiers, ou, si le nombre n'est pas susceptible de cette division, par portions les plus approchantes du tiers, en faisant alterner, chaque année, les portions inférieures et supérieures au tiers, à commencer par les inférieures, de manière que, dans tous les cas, aucun membre ne puisse rester en fonctions plus de trois années consécutives.

63. Le sort indiquera ceux des membres qui devront sortir la première et la seconde année ; ensuite le renouvellement s'opérera par ordre d'ancienneté de nomination. — Les membres sortants ne seront rééligibles qu'après un an d'intervalle, à l'exception toutefois du trésorier, qui sera toujours rééligible.

64. Lorsque le nombre total des huissiers formant la communauté ne sera pas suffisant pour le renouvellement de la chambre tel qu'il est prescrit ci-dessus, ce renouvellement n'aura lieu que jusqu'à concurrence du nombre existant.

65. Les membres de la chambre de discipline nommeront entre eux au scrutin secret, à la majorité absolue, un rapporteur et un secrétaire. — Cette nomination sera renouvelée tous les ans, et les mêmes pourront être réélus.

66. En cas de partage des voix pour ladite nomination, le scrutin sera recommencé ; et si le résultat est le même, le plus âgé des deux membres qui seront l'objet de ce partage, sera nommé de droit, à moins qu'il n'ait rempli, pendant les deux années précédentes, la fonction à laquelle il s'agira de nommer ; auquel cas la nomination de droit sera pour son concurrent.

67. La nomination des membres de la chambre de discipline aura lieu chaque année dans la première quinzaine d'octobre, et sera immédiatement suivie de la nomination du rapporteur et du secrétaire.

68. La chambre et les officiers entreront en exercice le 1er novembre.

69. La chambre tiendra ses séances au chef-lieu de l'arrondissement : elle s'assemblera au moins une fois par mois. — Le syndic la convoquera extraordinairement quand il le jugera convenable, ou sur la demande de deux autres membres. — Il sera tenu de la convoquer toutes les fois qu'il en recevra l'ordre du président du tribunal de première instance, ou de notre procureur près ce tribunal.

CHAPITRE III.

ATTRIBUTIONS DE LA CHAMBRE DE DISCIPLINE ET DE SES OFFICIERS.

70. La chambre de discipline est chargée : 1° De veiller au maintien de l'ordre et de la discipline parmi tous les huissiers de l'arrondissement,

et à l'exécution des lois et règlements qui concernent les huissiers ; — 2° De prévenir ou concilier tous différends qui peuvent s'élever entre huissiers relativement à leurs droits, fonctions et devoirs, et, en cas de non-conciliation, de donner son avis comme tiers sur ces différends: 3° De s'expliquer également par forme d'avis, sur les plaintes ou réclamations de tiers contre huissiers à raison de leurs fonctions, et sur les réparations civiles qui pourraient résulter de ces plaintes ou réclamations ; — 4° De donner son avis comme tiers sur les difficultés qui peuvent s'élever au sujet de la taxe de tous frais et dépens réclamés par des huissiers ; — Lorsque la chambre ne sera point assemblée, cet avis pourra être donné par un de ses membres, à moins que l'objet de la contestation ne soit d'une importance majeure, auquel cas la chambre s'expliquera elle-même à la prochaine séance, ou, si le cas est urgent, dans une séance extraordinaire ; — 5° D'appliquer elle-même les peines de discipline établies par l'article suivant, et de dénoncer au procureur impérial les faits qui donneraient lieu à des peines de discipline excédant la compétence de la chambre ou à d'autres peines plus graves ; — 6° De délivrer, s'il y a lieu, tous certificats de moralité, de bonne conduite et de capacité, à ceux qui se présenteront pour être nommés huissiers ; — 7° De s'expliquer également sur la conduite et la moralité des huissiers en exercice, toutes les fois qu'elle en sera requise par les Cours et tribunaux, ou par les officiers du ministère public; — 8° Enfin de représenter tous les huissiers sous le rapport de leurs droit et intérêts communs, et, en conséquence, d'administrer la bourse commune dont il sera parlé au chapitre V, ci-après.

71. Les peines de discipline que la chambre peut infliger elle-même, sont : — 1° Le rappel à l'ordre ; — 2° La censure simple par la décision même ; — 3° La censure avec réprimande par le syndic à l'huissier en personne dans la chambre assemblée ; — 4° L'interdiction de l'entrée de la chambre pendant six mois au plus.

72. L'application, par la chambre des huissiers, des peines de discipline spécifiées dans l'article précédent, ne préjudiciera point à l'action des parties intéressées ni à celle du ministère public.

73. Toute condamnation des huissiers à l'amende, à la restitution et aux dommages-intérêts, pour des faits relatifs à leurs fonctions, sera prononcée par le tribunal de première instance du lieu de leur résidence, sauf le cas prévu par le troisième paragraphe de l'article 43, à la poursuite des parties intéressées ou du syndic de la communauté, au nom de la chambre de discipline. Elle pourra l'être aussi à la requête du ministère public.

74. La suspension des huissiers ne pourra être prononcée que par les Cours et tribunaux auxquels ils seront respectivement attachés.

75. Il n'est dérogé, par le présent titre, à aucune des dispositions des articles 102, 103 et 104 de notre décret du 30 mars 1808.

76. Le syndic aura la police d'ordre dans la chambre. — Il proposera les sujets de délibérations, recueillera les voix, et prononcera le résultat des délibérations. — Il dirigera toutes actions et poursuites à exercer par la chambre, et agira pour elle et en son nom dans tous les cas, conformément à ce qu'elle aura délibéré. — Il aura seul le droit de correspondance, au nom de la chambre, avec le président et le ministère public ; sauf, en cas d'empêchement, la délégation au rapporteur.

77. Le rapporteur déférera à la chambre, soit d'office, soit sur la provocation des parties intéressées ou de l'un des membres de la chambre, les faits qui pourront donner lieu à des mesures de discipline contre des membres de la communauté. — Il recueillera des renseignements sur ces faits, ainsi que sur toutes les affaires qui doivent être portées à la connaissance de la chambre, et lui en fera son rapport.

78. Le trésorier tiendra la bourse commune, conformément aux dispositions du chapitre V ci-après.

79. Le secrétaire rédigera les délibérations de la chambre. — Il sera le
gardien des archives et délivrera les expéditions.

CHAPITRE IV.

FORME DE PROCÉDER DANS LA CHAMBRE DE DISCIPLINE.

80. La chambre ne pourra faire l'application des peines de discipline spécifiées en l'article 71, qu'après avoir entendu l'huissier inculpé, ou faute par
lui d'avoir comparu dans le délai de la citation. Ce délai ne sera jamais
moindre de cinq jours.

81. La citation sera donnée par une simple lettre indicative de l'objet,
signée du rapporteur, et envoyée par le secrétaire, qui en prendra note sur
un registre tenu à cet effet, coté et paraphé par le président du tribunal de
première instance.

82. La même forme aura lieu pour appeler toutes personnes, huissiers ou
autres, qui voudront être entendues sur des réclamations ou plaintes par
elles adressées à la chambre de discipline.

83. Lorsqu'il s'agira de contestations entre huissiers, les citations pourront être respectivement données dans la forme ordinaire, en déposant les
originaux au secrétariat de la chambre.

84. Dans tous les cas, les parties pourront se présenter aux séances de la
chambre volontairement et sans citation préalable.

85. La chambre ne pourra prononcer ni émettre son avis sur aucune
affaire, qu'après avoir entendu le rapporteur.

86. Elle ne pourra délibérer valablement, si les membres votants ne forment au moins les deux tiers de ceux qui la composent.

87. Les délibérations seront prises à la majorité absolue des voix : le syndic aura voix prépondérante en cas de partage.

88. Les délibérations seront inscrites sur un registre coté et paraphé par
un syndic : elles seront signées par tous les membres qui y auront concouru.
—Les expéditions seront signées par le syndic et le secrétaire.

89. Tous les actes de la chambre, soit en minute, soit en expédition, à
l'exception des certificats et autres pièces à délivrer aux candidats ou à des
individus quelconques dans leur intérêt personnel, seront exempts du timbre
et de l'enregistrement.

90. La chambre sera tenue de représenter à nos procureurs généraux et
impériaux, toutes les fois qu'ils en feront la demande, les registres de ses
délibérations, et tous autres papiers déposés dans ses archives.

CHAPITRE V.

DE LA BOURSE COMMUNE.

91. Dans chaque communauté d'huissiers, il y aura une bourse commune
formée et administrée d'après les règles établies au présent chapitre.

92-97. — *Abrogés*, ORD. 26 juin 1822.

98. L'huissier contrevenant à l'une des obligations qui lui sont imposées
relativement à la bourse commune, sera condamné à cent francs d'amende.
— La contrainte par corps contre l'huissier aura lieu: — Pour le paiement
de l'amende.—Pour la remise de la copie du répertoire.—Pour l'acquitte-
ment de la somme qu'il doit verser dans la bourse commune.

99. Le syndic pourra exiger la représentation de l'original du répertoire;
et si la copie remise au trésorier n'y est point conforme, l'huissier en fraude
sera condamné, par corps, à cent francs d'amende, pour chaque article omis
ou infidèlement transcrit.

100. Sera également versé à la bourse commune le quart des amendes prononcées contre des huissiers pour délits ou contraventions relatifs à l'exercice de leur ministère. — Ces amendes seront perçus en totalité par le receveur de l'enregistrement du chef-lieu de l'arrondissement, lequel tiendra compte, tous les trois mois, à la communauté des huissiers, de la portion qui pourra lui revenir, aux termes du présent article.

101. La communauté fixera, chaque année, en assemblée générale, la somme à prélever sur la bourse commune, tant pour droit de recette que pour frais de bureau et autres dépenses de la chambre. — L'arrêté portant cette fixation sera homologué par le tribunal de première instance, sur les conclusions du ministère public (1).

102-109. — *Abrogés*, Ord. 26 juin 1822.

110. Le trésorier rendra aussi, chaque année, dans la première quinzaine

---

(1) Ordonnance *du* 26 *juin* 1822 *portant modification au règlement du* 14 *juin* 1813, *en ce qui concerne la bourse commune des huissiers.*

Art. 1er. La bourse commune des huissiers sera exclusivement destinée à subvenir aux dépenses de la communauté et à distribuer, lorsqu'il y aura lieu, des secours tant aux huissiers en exercice qui seraient indigents, âgés et hors d'état de travailler, qu'aux huissiers retirés pour cause d'infirmités et de vieillesse, mais non destitués, et aux veuves et orphelins d'huissiers.

2. Chaque huissier versera dans la bourse commune une portion qui ne pourra être au-dessous de 1/20e, ni excéder le 10e des émoluments attribués pour les originaux seulement de tous exploits et procès-verbaux portés à son répertoire et faits, soit à la requête des parties, soit à la réquisition ou sur la demande du ministère public, tant en matière civile qu'en matière criminelle, correctionnelle ou de simple police.

3. Les actes non susceptibles d'être inscrits sur le répertoire ne seront pas sujets au versement.

4. A l'égard des actes pour lesquels le tarif n'alloue qu'un seul droit dans lequel sont confondues les vacations et diligences, la contribution ne s'exercera que sur la somme allouée pour l'original seulement.

5. Les huissiers suspendus ou destitués verseront dans les proportions ci-dessus les émoluments par eux perçus jusqu'à l'époque de la cessation effective de leurs fonctions.

6. Les huissiers audienciers qui reçoivent un traitement n'en verseront aucune portion à la bourse commune; au surplus, les articles précédents leur seront applicables.

7. Les versements à la bourse commune seront faits par trimestre entre les mains du trésorier de la chambre de discipline, dans les quinze jours qui suivront le trimestre expiré, sans distinction des actes dont l'huissier aura été payé d'avec ceux dont le coût lui serait encore dû.

8. A l'appui de chacun de ces versements, l'huissier, après que son répertoire aura été visé par le receveur de l'enregistrement, en remettra au trésorier de la chambre un extrait sur papier libre, lequel sera par lui certifié véritable, et contiendra seulement, en quatre colonnes, le numéro d'ordre, la date des actes, leur nature et le coût de l'original.

9. Pendant le cours de chaque année, les 4/5es des fonds versés à la bourse commune pourront être employés par la chambre aux besoins de la communauté et aux secours à accorder.

Le dernier cinquième, ensemble ce qui n'aurait pas été employé sur les quatre autres, formera un fonds de réserve, lequel, dès qu'il sera suffisant, sera placé en rentes sur l'Etat; les intérêts de ce fonds seront successivement cumulés avec le capital jusqu'à ce que l'intérêt annuel de la réserve suffise à la destination déterminée par l'article 1er.

10. Les secours seront accordés nominativement chaque année par une délibération de la chambre qui sera soumise à l'homologation du tribunal sur les conclusions du ministère public.

11. Dans le mois qui suivra la publication de la présente ordonnance, chaque communauté d'huissiers fixera en assemblée générale la quotité des émoluments qui, pour l'exécution de l'art. 2 ci-dessus, devra être versée en bourse commune. Cette délibération sera homologuée ainsi qu'il est dit au précédent article. — Les augmentations et les diminutions dont la portion contributive pourrait, par la suite, être jugée susceptible, seront réglées suivant le même mode.

12. Toutes les dispositions du règlement du 14 juin 1813 auxquelles il n'est pas dérogé par la présente ordonnance, continueront d'être exécutées.

d'octobre, le compte général de ses recettes et dépenses pendant l'année révolue. — Ce compte sera vérifié, arrêté et signé par chacun des membres de la chambre. Il pourra être débattu de la même manière que les comptes particuliers. Le délai pour prendre communication sera de deux mois, à partir du jour où la chambre aura définitivement arrêté le compte.

111. Le trésorier qui sera en retard, ou qui refusera, soit de rendre ses comptes, soit de remettre les sommes par lui dues à la communauté ou à l'un de ses membres, pourra être poursuivi par les parties intéressées, par toutes les voies ordinaires de droit, et même par celle de la contrainte par corps, comme rétentionnaire de deniers.

112. Le trésorier tiendra un registre coté et paraphé par le président du tribunal de première instance, et dans lequel il inscrira jour par jour ses recettes et dépenses. La chambre pourra se faire représenter ce registre aussi souvent qu'elle le jugera convenable et l'arrêter par une délibération qui y sera transcrite en double minute. Elle l'arrêtera nécessairement tous les ans lors de la vérification du compte général du trésorier.

113. Le trésorier sera tenu, si l'assemblée générale l'exige, de fournir caution solvable pour le montant présumé de ses recettes pendant quatre mois.

§ III.

Loi du 3-10 mai 1841 sur l'expropriation pour cause d'utilité publique.

DE L'EXPROPRIATION POUR CAUSE D'UTILITÉ PUBLIQUE.

Observations.

La loi du 7-9 juillet 1833 avait réglé les procédures et la matière des expropriations pour cause d'utilité publique.

En exécution de cette loi, un règlement d'administration publique, du 18 septembre suivant, a tarifé les droits des huissiers et des greffiers pour les actes qu'elle prescrit.

Les dispositions de ces règlements, en ce qui concerne les huissiers, sont transcrites ci-devant, pages 49 et 50, 81 et 82.

En justification des actes qu'il tarife, il cite les dispositions de la loi du 7 juillet 1833, qui les autorisent ou les prescrivent.

Cette loi a été abrogée et remplacée par celle du 3-10 mai 1841 ; mais il a été convenu, lors de la discussion, que le règlement du 18 septembre 1833 continuerait à être appliqué conme par le passé, et les articles de la loi de 1833 visés par lui ont été textuellement reproduits avec les mêmes numéros d'ordre dans cette dernière loi.

Comme il peut être utile de les avoir sous la main dans certains cas donnés, on les transcrit ici dans leur ordre numérique.

Loi du 3-10 mai 1841.

TITRE III.

DE L'EXPROPRIATION ET DE SES SUITES.

Art. 12, 13, 14...

Article 15, qui autorise l'exécution des travaux, et l'arrêté mentionné en l'article 11.

15. Le jugement est publié et affiché, par extrait, dans la commune de

la situation des biens, de la manière indiquée en l'article 6. Il est en outre inséré dans l'un des journaux publiés dans l'arrondissement, ou, s'il n'en existe aucun, dans l'un de ceux du département. — Cet extrait, contenant les noms des propriétaires, les motifs et le dispositif du jugement, leur est notifié au domicile qu'ils auront élu dans l'arrondissement de la situation des biens, par une déclaration faite à la mairie de la commune où les biens sont situés ; et, dans le cas où cette élection de domicile n'aurait pas eu lieu, la notification de l'extrait sera faite en double copie au maire et au fermier, locataire, gardien ou régisseur de la propriété. — Toutes les autres notifications prescrites par la présente loi seront faites dans la forme ci-dessus indiquée.

17. Dans la quinzaine de la transcription, les priviléges et les hypothèques conventionnelles, judiciaires ou légales, seront inscrits. — A défaut d'inscription dans ce délai, l'immeuble exproprié sera affranchi de tous priviléges et hypothèques, de quelque nature qu'ils soient, sans préjudice des roits des femmes, mineurs et interdits, sur le montant de l'indemnité, tant qu'elle n'a pas été payée ou que l'ordre n'a pas été réglé définitivement entre les créanciers. — Les créanciers inscrits n'auront, dans aucun cas, la faculté de surenchérir, mais ils pourront exiger que l'indemnité soit fixée conformément au titre IV.

18. Les actions en résolution, en revendication, et toutes autres actions réelles, ne pourront arrêter l'expropriation ni en empêcher l'effet. Le droit des réclamants sera transporté sur le prix, et l'immeuble en demeurera affranchi.

20. Le jugement ne pourra être attaqué que par la voie du recours en cassation, et seulement pour incompétence, excès de pouvoir ou vices de forme du jugement. — Le pourvoi aura lieu, au plus tard, dans les trois jours à dater de la notification du jugement, par déclaration au greffe du tribunal. Il sera notifié dans la huitaine, soit à la partie, au domicile indiqué par l'article 15, soit au préfet ou au maire, suivant la nature des travaux : le tout à peine de déchéance. — Dans la quinzaine de la notification du pourvoi, les pièces seront adressées à la chambre civile de la Cour de cassation, qui statuera dans le mois suivant. — L'arrêt, s'il est rendu par défaut, à l'expiration de ce délai, ne sera pas susceptible d'opposition.

TITRE IV.

DU RÈGLEMENT DES INDEMNITÉS.

CHAPITRE Ier.

MESURES PRÉPARATOIRES.

21. Dans la huitaine qui suit la notification prescrite par l'article 15, le propriétaire est tenu d'appeler et de faire connaître à l'administration les fermiers, locataires, ceux qui ont des droits d'usufruit, d'habitation ou d'usage, tels qu'ils sont réglés par le Code civil, et ceux qui peuvent réclamer des servitudes résultant des titres mêmes du propriétaire ou d'autres actes dans lesquels il serait intervenu ; sinon il restera seul chargé envers eux des indemnités que ces derniers pourront réclamer. — Les autres intéressés seront en demeure de faire valoir leurs droits par l'avertissement énoncé en l'article 6, et tenus de se faire connaître à l'administration dans le même délai de huitaine, à défaut de quoi ils seront déchus de tous droits à l'indemnité.

22. Les dispositions de la présente loi relatives aux propriétaires et à leurs créanciers sont applicables à l'usufruitier et à ses créanciers.

23. L'administration notifie aux propriétaires et à tous autres intéressés

qui auront été désignés ou qui seront intervenus dans le délai fixé par l'article 21, les sommes qu'elle offre pour indemnités. — Ces offres sont, en outre, affichées et publiées conformément à l'article 6 de la présente loi.

24. Dans la quinzaine suivante les propriétaires et autres intéressés sont tenus de déclarer leur acceptation, ou, s'ils n'acceptent pas les offres qui leur sont faites, d'indiquer le montant de leurs prétentions.

25. Les femmes mariées sous le régime dotal, assistées de leurs maris, les tuteurs, ceux qui ont été envoyés en possession provisoire des biens d'un absent, et autres personnes qui représentent les incapables, peuvent valablement accepter les offres énoncées en l'article 23, s'ils y sont autorisés dans les formes prescrites par l'article 13.

26. Le ministre des finances, les préfets, maires ou administrateurs, peuvent accepter les offres d'indemnité pour expropriation des biens appartenant à l'Etat, à la couronne, aux départements, communes ou établissements publics, dans les formes et avec les autorisations prescrites par l'article 13.

28. Si les offres de l'administration ne sont pas acceptées dans les délais prescrits par les articles 24 et 27, l'administration citera devant le jury, qui sera convoqué à cet effet, les propriétaires et tous les autres intéressés qui auront été désignés, ou qui seront intervenus, pour qu'il soit procédé au règlement des indemnités de la manière indiquée au chapitre suivant. La citation contiendra l'énonciation des offres qui auront été refusées.

CHAPITRE II.

DU JURY SPÉCIAL CHARGÉ DE RÉGLER LES INDEMNITÉS.

29. Dans sa session annuelle, le conseil général du département désigne, pour chaque arrondissement de sous-préfecture, tant sur la liste des électeurs que sur la seconde partie de la liste du jury, trente-six personnes au moins et soixante-douze au plus, qui ont leur domicile réel dans l'arrondissement, parmi lesquelles sont choisis, jusqu'à la session suivante ordinaire du conseil général, les membres du jury spécial appelé, le cas échéant, à régler les indemnités dues par suite d'expropriation pour cause d'utilité publique. — Le nombre des jurés désignés pour le département de la Seine sera de 600.

31. La liste des seize jurés et des quatre jurés supplémentaires est transmise par le préfet au sous-préfet, qui, après s'être concerté avec le magistrat directeur du jury, convoque les jurés et les parties, en leur indiquant, au moins huit jours à l'avance, le lieu et le jour de la réunion. La notification aux parties leur fait connaître les noms des jurés.

32. Tout juré qui, sans motifs légitimes, manque à l'une des séances ou refuse de prendre part à la délibération, encourt une amende de 100 francs au moins et de 300 francs au plus. — L'amende est prononcée par le magistrat directeur du jury. — Il statue en dernier ressort sur l'opposition qui serait formée par le juré condamné. — Il prononce également sur les causes d'empêchement que les jurés proposent, ainsi que sur les exclusions ou incompatibilités dont les causes ne seraient survenues ou n'auraient été connues que postérieurement à la désignation faite en vertu de l'article 30.

33. Ceux des jurés qui se trouvent rayés de la liste par suite des empêchements, exclusions ou incompatibilités prévus à l'article précédent, sont immédiatement remplacés par les jurés supplémentaires, que le magistrat directeur du jury appelle dans l'ordre de leur inscription. — En cas d'insuffisance, le magistrat directeur du jury choisit, sur la liste dressée en vertu de l'article 29, les personnes nécessaires pour compléter le nombre des seize jurés.

39. Le jury prononce des indemnités distinctes en faveur des parties qui les réclament à des titres différents, comme propriétaires, fermiers, locataires, usagers et autres intéressés dont il est parlé à l'article 21. — Dans le cas d'usufruit, une seule indemnité est fixée par le jury, eu égard à la valeur totale de l'immeuble; le nu-propriétaire et l'usufruitier exercent leurs droits sur le montant de l'indemnité au lieu de l'exercer sur la chose. — L'usufruitier sera tenu de donner caution; les père et mère ayant l'usufruit légal des biens de leurs enfants en seront seuls dispensés. — Lorsqu'il y a litige sur le fond du droit ou sur la qualité des réclamants, et toutes les fois qu'il s'élève des difficultés étrangères à la fixation du montant de l'indemnité, le jury règle l'indemnité indépendamment de ces litiges et difficultés, sur lesquels les parties sont renvoyées à se pourvoir devant qui de droit. — L'indemnité allouée par le jury ne peut, en aucun cas, être inférieure aux offres de l'administration, ni supérieure à la demande de la partie intéressée.

42. La décision du jury et l'ordonnance du magistrat directeur ne peuvent être attaquées que par la voie du recours en cassation, et seulement pour violation du premier paragraphe de l'article 30, de l'article 31, des deuxième et quatrième paragraphes de l'article 34, et des articles 35, 36, 37, 38, 39 et 40. — Le délai sera de quinze jours pour ce recours, qui sera d'ailleurs formé, notifié et jugé comme il est dit en l'article 20; il courra à partir du jour de la décision.

44. Le jury ne connaît que des affaires dont il a été saisi au moment de sa convocation, et statue successivement et sans interruption sur chacune de ces affaires. Il ne peut se séparer qu'après avoir réglé toutes les indemnités dont la fixation lui a été ainsi déférée.

45. Les opérations commencées par un jury et qui ne sont pas encore terminées au moment du renouvellement annuel de la liste générale mentionnée en l'article 29, sont continuées, jusqu'à conclusion définitive, par le même jury.

50. Les bâtiments dont il est nécessaire d'acquérir une portion pour cause d'utilité publique seront achetés en entier, si les propriétaires le requièrent par une déclaration formelle adressée au magistrat directeur du jury, dans les délais énoncés aux articles 24 et 27. — Il en sera de même de toute parcelle de terrain qui, par suite du morcellement, se trouvera réduite au quart de la contenance totale, si toutefois le propriétaire ne possède aucun terrain immédiatement contigu, et si la parcelle ainsi réduite est inférieure à dix ares.

52. Les constructions, plantations et améliorations ne donneront lieu à aucune indemnité, lorsque, à raison de l'époque où elles auront été faites ou de toutes autres circonstances dont l'appréciation est abandonnée, le jury acquiert la conviction qu'elles ont été faites dans la vue d'obtenir une indemnité plus élevée.

TITRE V.

DU PAIEMENT DES INDEMNITÉS.

53. Les indemnités réglées par le jury seront, préalablement à la prise de possession, acquittées entre les mains des ayants droit. — S'ils se refusent à les recevoir, la prise de possession aura lieu après offres réelles et consignation. — S'il s'agit de travaux exécutés par l'État ou les départements, les offres réelles pourront s'effectuer au moyen d'un mandat égal au montant de l'indemnité réglée par le jury : ce mandat délivré par l'ordonnateur compétent, visé par le payeur, sera payable sur la caisse publique qui s'y trouvera désignée. — Si les ayants droit refusent de recevoir le mandat, la prise de possession aura lieu après consignation en espèces.

54. Il ne sera pas fait d'offres réelles toutes les fois qu'il existera des inscriptions sur l'immeuble exproprié ou d'autres obstacles au versement des

deniers entre les mains des ayants droit ; dans ce cas, il suffira que les sommes dues par l'administration soient consignées pour être ultérieurement distribuées ou remises, selon les règles du droit commun.

55. Si, dans les six mois du jugement d'expropriation, l'administration ne poursuit pas la fixation de l'indemnité, les parties pourront exiger qu'il soit procédé à ladite fixation. — Quand l'indemnité aura été réglée, si elle n'est ni acquittée ni consignée dans les six mois de la décision du jury, les intérêts courront de plein droit à l'expiration de ce délai.

TITRE VI.

DISPOSITIONS DIVERSES.

57. Les significations et notifications mentionnées en la présente loi sont faites à la diligence du préfet du département de la situation des biens. — Elles peuvent être faites tant par huissier que par tout agent de l'administration dont les procès-verbaux font foi en justice.

59. Lorsqu'un propriétaire aura accepté les offres de l'administration, le montant de l'indemnité devra, s'il l'exige et s'il n'y a pas eu contestation de la part des tiers dans les délais prescrits par les articles 24 et 27, être versé à la caisse des dépôts et consignations, pour être remis ou distribué à qui de droit, selon les règles du droit commun.

60. Si les terrains acquis pour des travaux d'utilité publique ne reçoivent pas cette destination, les anciens propriétaires ou leurs ayants droit peuvent en demander la remise. — Le prix des terrains rétrocédés est fixé à l'amiable, et s'il n'y a pas accord, par le jury dans les formes ci-dessus prescrites. La fixation par le jury ne peut, en aucun cas, excéder la somme moyennant laquelle les terrains ont été acquis.

64. Les contributions de la portion d'immeuble qu'un propriétaire aura cédée, ou dont il aura été exproprié pour cause d'utilité publique, continueront à lui être comptées pendant un an, à partir de la remise de la propriété, pour former son cens électoral.

TITRE VII.

DISPOSITIONS EXCEPTIONNELLES.

CHAPITRE Iᵉʳ.

68. Le tribunal fixe le montant de la somme à consigner. — Le tribunal peut se transporter sur les lieux, ou commettre un juge pour visiter les terrains, recueillir tous les renseignements propres à en déterminer la valeur, et en dresser, s'il y a lieu, un procès-verbal descriptif. Cette opération devra être terminée dans les cinq jours, à dater du jugement qui l'aura ordonnée. — Dans les trois jours de la remise de ce procès-verbal au greffe, le tribunal déterminera la somme à consigner.

§ IV.

Timbre.

GREFFIER. — HUISSIERS (*suite*).

Observations.

Nº 1. On a cité et appliqué (*pages* 12 *et* 76) le décret du 24 novembre 1871.

Sa raison d'être apparaît d'une manière évidente à tous les esprits.

Dans des règlements d'administration publique antérieurs on avait fixé à forfait le remboursement aux greffiers et huissiers du papier timbré, pro-

portionnellement à son emploi dans certains actes et mentions particulières.

La loi du 23-25 août 1871 ayant augmenté le prix du papier timbré, il
était de toute justice d'augmenter aussi dans la même proportion les allocations accordées aux greffiers et aux huissiers pour l'indemnité dont il
s'agit.

C'est ce qu'a fait le décret dont voici le texte :

DÉCRET DU 24 NOVEMBRE 1871

PORTANT AUGMENTATION DU TARIF DES GREFFIERS ET DES HUISSIERS.

(B. des Lois, 12ᵉ série, n. 712, *J. offic.*, 16 déc.)

Art. 1ᵉʳ. Il est alloué aux greffiers des Cours d'appel et aux greffiers des
tribunaux civils de première instance, comme remboursement du papier
timbré :

1º Pour chaque arrêt ou jugement rendu à la requête des parties, ceux
de simple remise exceptés. . . . . 1 f. 20

2º Pour chaque acte porté sur un registre timbré. 0 60

3º Pour chaque mention portée sur un registre timbré. 0 25

Art. 2. Les dispositions de l'article précédent sont applicables aux greffiers des tribunaux spéciaux de commerce et aux greffiers des tribunaux
civils qui exercent la juridiction commerciale ; mais l'allocation à titre de
remboursement du timbre employé aux feuilles d'audience est fixée, pour
chaque jugement, ceux de simple remise exceptés, à 80 centimes.

Art. 3. Il est alloué aux greffiers de justice de paix, à titre de remboursement du papier timbré :

1º Pour chaque jugement porté sur la feuille d'audience, ceux de simple
remise exceptés. . . . . 0 f. 80

2º Pour chaque jugement de remise. 0 25

3º Pour procès-verbal de conciliation inscrit sur un registre timbré. 0 60

4º Pour le procès-verbal sommaire constatant que les parties n'ont
pu être conciliées. 0 30

5º Pour chaque mention sur un registre timbré. 0 25

Art. 4. Il est alloué aux huissiers, comme remboursement du papier
timbré du registre tenu en exécution de l'article 176 du Code de commerce

1º Pour protêt simple et intervention.. . . . . 0 f. 40

2º Pour protêt de perquisition. 0 60

Art. 5. La rétribution due au greffier de la justice de paix en vertu de
l'article 2 de la loi du 2 mai 1855, pour tout droit, par chaque billet d'avertissement avant citation, est fixée à trente centimes, y compris l'affranchissement, qui sera, dans tous les cas, de quinze centimes, et sans préjudice
du remboursement du coût de la feuille de papier timbrée exigée par l'article 21 de la loi du 23 août dernier.

Observations.

Nº 2. (*Huissiers, avoués.*) Lorsque j'étais magistrat en activité, j'ai eu
quelquefois l'occasion de blâmer avec une certaine vivacité la négligence
des parquets à faire exécuter par les huissiers ordinaires et audienciers les
art. 48 du décret du 14 juin 1813 et 67 du 1ᵉʳ décret du 16 février 1807 ;
on me répondait que l'abus était trop invétéré, que, favorisé par la jurisprudence de la Cour de cassation, on s'exposait au reproche de tracasseries
en se montrant plus exigeant qu'elle. Je reconnais, qu'en effet ce reproche-
là nuit plus qu'il ne sert à l'avancement de ceux auxquels on l'adresse.

Quoi qu'il en soit cette indifférence a, selon moi, amené l'abus des copies *soufflées*, des trafics, entre avoués, de remises de papiers timbrés, au grand préjudice du Trésor et plus encore à celui des parties. Ces abus, l'arrêt de la Cour de cassation, du 21 décembre 1859, n'a fait que les confirmer et les enraciner de plus en plus dans la pratique des officiers ministériels qui en bénéficient.

L'administration de l'enregistrement, qui avait combattu jusque-là, s'arrêta devant l'autorité de cet arrêt ; en 1863, lorsque j'écrivais sur les tarifs, je concevais comme très-facile la réfutation de ses motifs, au point de vue du droit, mais je ne l'entrepris pas, la croyant inutile dans l'état des choses.

Il a fallu que nos revers aient amené la pénurie du Trésor pour attirer sur ce point l'attention des hommes d'Etat à la recherche microscopique de toutes les sources de revenus.

Pour en revenir aux principes qui n'auraient jamais dû être abandonnés, ils ont proposé des mesures assez compliquées et d'exécution difficile, qui ont été adoptées et insérées dans la loi du budget du 29 décembre 1873.

Voici un extrait de l'exposé des motifs de cette loi (Duvergier, *Collection des lois, vol. 73, p. 399, notes 1, 2, 3 et 4*) :

« Malgré les prescriptions des décrets de 1807 et de 1813 sur les tarifs « civils, malgré les fréquentes instructions du ministre de la justice, les « copies des exploits et des pièces signifiées ne sont pas toujours remises « aux parties, qui, néanmoins, en acquittent le coût et les droits de « timbre.

« L'administration s'est constamment préoccupée des moyens de réprimer « ce genre de fraude qui, depuis longtemps, enlève au Trésor des « sommes importantes, et auquel l'augmentation des droits de timbre, votée « en 1871, a imprimé une nouvelle activité. Il est donc devenu nécessaire « de revenir à la loi, non pour obtenir des moyens de répression nouveaux, « mais pour entourer la perception de garanties qui préviennent la fraude.

« Ces garanties sont les suivantes : *les copies seraient faites sur un papier spécial, revêtu d'un timbre de couleur.* Pour ce papier, qui serait « fourni *gratuitement* par l'administration, l'officier ministériel serait tenu « d'acheter des timbres mobiles représentant la valeur du droit de timbre « dus à raison de la dimension et du nombre de feuilles employées pour ces « copies. Ces timbres mobiles seraient oblitérés, au moyen d'une griffe à « date, au moment de l'enregistrement de l'original.

« Comme moyen de contrôle, l'huissier serait tenu d'ajouter aux mentions « prescrites par le décret du 14 juin 1813 et par l'art. 67, C. proc. « civ., l'indication du nombre de feuilles de papier spécial employées, et « le montant des droits de timbre exigibles à raison de leur dimension. « Comme sanction, il ne pourrait être alloué en taxe ni réclamé une somme « supérieure à la valeur des timbres mobiles apposés au bas de l'original « de l'exploit. »

Maintenant voici les textes de la loi et du règlement d'administration publique rendu pour son exécution :

LOI DU 29 DÉCEMBRE 1873 RELATIVE AU TIMBRE DES COPIES D'EXPLOITS ET SIGNIFICATIONS DE JUGEMENTS, ACTES OU PIÈCES.

(J. offic. du 30 décembre.)

§ 2. — *Impôts autorisés.*

Art. 2. Le droit de timbre des copies des exploits, des notifications d'avoué à avoué, et des significations de tous jugements, actes ou pièces, sera acquitté au moyen de timbres mobiles apposés sur l'original de l'exploit.

Néanmoins, ces copies ne pourront être faites que sur un papier timbré spécial de la dimension des feuilles aux droits de 50 centimes ou de un franc, et qui sera fourni gratuitement par l'administration de l'enregistrement, des domaines et du timbre.

Art. 3. Indépendamment des mentions prescrites par l'article 48 du décret du 14 juin 1813 et par l'art. 67, C. proc. civ., les huissiers seront tenus d'indiquer distinctement au bas de l'original et des copies, de chaque exploit : 1° le nombre des feuilles de papier spécial, employées tant pour les copies de l'original que pour les copies des pièces signifiées ; 2° le montant des droits de timbre dus à raison de la dimension de ces feuilles.

Art. 4. Il ne pourra être alloué en taxe, et les officiers ministériels ne pourront demander de se faire payer, à titre de remboursement de droit de timbre des copies, aucune somme excédant la valeur des timbres mobiles apposés en exécution des dispositions qui précèdent.

Un règlement d'administration publique déterminera la forme et les conditions d'emploi du papier spécial et des timbres mobiles créés par la présente loi, ainsi que toutes les autres mesures d'exécution.

Sont applicables à ces timbres, les dispositions de l'article 21 de la loi du 11 juin 1859.

Art. 5. Chaque contravention aux dispositions des articles 2 et 3 ci-dessus et à celles du règlement d'administration publique à intervenir sera punie d'une amende de 50 francs.

Seront considérés comme non timbrés les actes et pièces autres que les copies spécifiées en l'article 2 et qui auraient été écrits sur le papier spécial exclusivement destiné à ces copies.

DÉCRET DU 30 DÉCEMBRE 1873

(J. offic. du 31 décembre.)

En exécution de la loi qui précède, le décret suivant a été rendu le 30 décembre 1873.

Le président de la République française,

Sur le rapport du ministre des finances :

Vu les articles 2, 3, 4 et 5 de la loi du 29 décembre 1873, relatifs au timbre des copies d'exploits et des significations de tous actes ou pièces ;

Vu, notamment les dispositions des articles 4 et 5 ainsi conçus :

« Art. 4. Un règlement d'administration publique déterminera la forme et les conditions d'emploi du papier spécial et des timbres mobiles créés par la présente loi, ainsi que toutes les autres mesures d'exécution ;

Art. 5. Chaque contravention aux dispositions des art. 2 et 3 ci-dessus et à celles du règlement d'administration publique à intervenir sera punie d'une amende de 50 francs. »

Le conseil d'Etat entendu,

Décrète :

Art. 1er. L'administration de l'enregistrement, des domaines et du timbre est autorisée à débiter, pour l'exécution de l'article 2 susvisé de la loi du 29 décembre 1873, des feuilles et des demi-feuilles de petit papier de la dimension prescrite par l'article 3 de la loi du 13 brumaire an VII.

Chaque feuille est revêtue d'un timbre apposé à l'encre grasse de couleur, et de l'empreinte d'un timbre sec portant le mot *copies*.

Les empreintes sont appliquées sur les feuilles ou demi-feuilles de dimension, au haut de la partie gauche de la feuille (non déployée) ou de la demi-feuille.

Provisoirement, l'emploi du timbre sec pourra être remplacée par un imbre appliqué à l'encre grasse et portant également le mot *copies*.

Il est en outre établi, pour l'exécution dudit article 2 de la loi susvisée du 29 décembre 1873, des timbres mobiles conformes au modèle ci-annexé, mais dont la quotité pourra varier de 50 centimes à 10 francs, non compris les décimes.

L'administration de l'enregistrement, des domaines et du timbre fera déposer aux greffes et tribunaux des spécimens du papier spécial et des timbres mobiles. Le dépôt sera constaté par un procès-verbal dressé sans frais.

Art. 2. Les huissiers et autres officiers ministériels chargés de faire ou de signifier des copies d'exploits ou de pièces ne peuvent s'approvisionner du papier spécial et des timbres mobiles représentant la valeur des droits de timbre exigibles d'après la dimension des feuilles du papier spécial qu'au bureau de l'enregistrement désigné à cet effet.

Les timbres mobiles et le papier spécial seront délivrés en même temps. Il ne peut être remis de timbres mobiles que pour une valeur équivalente au droit de timbre exigible à raison de la dimension des papiers délivrés.

Art. 3. L'officier ministériel est tenu, avant toute signification de copies, d'apposer sur l'original de son exploit un ou plusieurs timbres mobiles représentant le montant des droits de timbres dus à raison du nombre et de la dimension des feuilles du papier spécial employé pour les copies.

Le timbre mobile est collé à la marge gauche de la première page de l'original, immédiatement au-dessous de l'empreinte du timbre sec. Le timbre mobile est oblitéré, lors de l'enregistrement de l'original de l'exploit, par le receveur au moyen d'une griffe qui lui est fournie par l'administration.

Art. 4. Les huissiers et tous autres officiers ministériels chargés de faire les significations d'actes ou pièces sont tenus de reproduire, dans les colonnes distinctes de leur répertoire, les indications prescrites par les numéros 1 et 2 de l'article 3 de la loi du 29 décembre.

Art. 5. Le ministre des finances est chargé de l'exécution du présent décret, qui sera inséré au *Journal officiel* et au *Bulletin des lois*.

ADDITIONS.

La loi du 16 novembre 1875 concernant le traitement des greffiers de justice de paix porte :

Art. 1er. — Le traitement des greffiers de justice de paix est élevé de deux cents francs (200 fr.) à partir du 1er janvier 1876 (1).

Art. 2. — A partir de 1876, il sera perçu, dans les greffes des justices de paix un droit de un franc (1 fr.), en principal pour l'inscription au rôle de chaque cause portée à l'audience afin d'y recevoir jugement.

Il ne sera accordé aux greffiers de justice de paix aucune remise pour la perception de ce droit qui sera effectuée conformément aux dispositions des art. 3, 4, 10 et 24 de la loi du 21 ventôse an VII.

Le décret du 20 juin 1880, fixant les émoluments alloués aux greffiers des tribunaux de commerce spéciaux, aux greffiers des tribunaux civils qui exercent la juridiction commerciale et aux greffiers des justices de paix des villes maritimes où il n'existe pas de tribunaux de commerce, dispose par son art. 14 :

« Les greffiers des justices de paix des villes maritimes où il n'existe pas de tribunaux de commerce ont droit aux allocations qui sont accordées aux greffiers de ces tribunaux par l'art. 5 du présent décret pour la rédaction des actes désignés audit article. »

Et cet article 5 est ainsi conçu :

« Il est alloué : — 1° Pour la rédaction du rapport d'un capitaine de navire à l'arrivée d'un voyage de long cours ou de grand cabotage, 5 fr. ; — 2° Pour la rédaction d'un rapport à l'arrivée d'un voyage de petit cabotage, de bornage ou de navigation fluviale, 2 fr. ; — 3° Pour la déclaration des causes de relâche dans un voyage, 2 fr. ; — 4° Pour la rédaction du rapport du capitaine au cas de naufrage ou d'échouement, 3 fr. »

---

(1) L'art. 1er de la loi du 24 prairial an VII avait fixé le traitement des greffiers au tiers de celui des juges de paix. La loi du 24 juin 1845 l'avait porté à 500 fr. pour les cantons où il était inférieur à cette somme, et l'avait maintenu dans les autres. Un décret du 23 août 1858 avait élevé le maximum de ce traitement à 600 fr. dans les départements, son chiffre restant fixé à 800 fr. pour Paris. Enfin, le maximum avait été fixé à 650 fr. par la loi du 27 juillet 1870.

TABLE

ALPHABÉTIQUE ET RAISONNÉE

DES MATIÈRES CONTENUES DANS LES

TARIFS EN MATIÈRE CIVILE

des juges de paix, de leurs greffiers et de leurs huissiers,
des secrétaires et des huissiers des conseils de prud'hommes,
des huissiers ordinaires et audienciers.

A

ABREVIATION de délai. Voyez *Délai, Assignation à bref délai.*

ABROGATION : des art. 1 à 8 du tarif de 1807, p. 1 ; — des §§ 44 à 49 de l'art 29, p. 48 ; — des art. 47 à 50, p. 68 ; — des art. 51 à 58, p. 68 ; — des art. 55 à 58, p. 70, art. 8 ; — des art. 65, §§ 2, 3 et 4, p. 75 ; — des §§ 44 à 49 de l'art. 29, p. 103 ; — de la contrainte par corps en matière civile et de commerce, p. 64.

ABSENCE de la partie saisie, en saisie-exécution, doit être constatée, p. 61, art. 40.

ACQUIESCEMENT. Voyez *Désistement.*

ACTES de greffe. — Il n'est rien dû aux greffiers de justice de paix pour les actes de greffe, p. 5, § 11. — Non plus que pour les jugements et les proc. v. d'enquête, p. 10, *observ.*

ACTES de notoriété. — Emoluments du greffier de la justice de paix, p. 8, art. 16, § 5.

ACTES d'huissiers *ordinaires.* — Taxe de ceux de 1re classe, p. 45 à 49 ; — de ceux de 2e classe, p. 51 à 80.

ACTES de l'état civil. — Droits de la demande à domicile à fin de rectification, p. 48, art. 29, § 61.

ACTIONS des juges de paix, greffiers et huissiers ; — de la taxe des indemnités de transport accordées aux juges de paix, p. 121 ; — pour les reconnaissances et levée de scellés ; — référés ; — ouverture des portes, en cas de saisies, c'est au président du tribunal que la taxe appartient, p. 122 et 123. (Greffiers) ; — de leur action en paiement de ce qui leur est dû par les parties et de la taxe de leurs actes, p. 123, § 2 ; — Distinction à faire entre les actes de la juridiction, proprement dite, du juge de

11

B

BAGUES, joyaux. Voyez *Exposition.*
BARQUES, bateaux, navires : Formalités de publication avant la mise en vente. Droits de l'huissier, p. 61, art. 41. — Voyez *Publication.*
BIENS DOTAUX. Voyez *Vente judiciaire d'immeubles.*

C

CARENCE — Voyez *Procès-verbal de.*
CAUTION. — Droit de la signification de l'acte de présentation, p. 46, art. 29, § 19; — avec copie de l'acte de dépôt au greffe des titres de solvabilité. *eod.,* § 24.
CESSION de biens d'un débiteur failli ; — réitération à la maison commune, droit du procès-verbal, p. 75, art. 64; — du procès-verbal d'extraction de la prison, p. 75, art. 65.
CITATION devant les juges de paix, droits de l'huissier, p. 27; — aux témoins, — aux gens de l'art ou experts, — en conciliation, — aux membres qui doivent composer le conseil de famille, p. 27, art. 21, §§ 6 à 9.
COMMANDEMENT, droits ; — en saisie-exécution, p. 47, art. 29, § 30 ; — en saisie-brandon, p. 47, art. 29, § 37 ; — en saisie de rentes constituées, *eod.,* § 39; — en paiement de loyers, p. 47, art. 29, § 55. — Voyez *Emprisonnement, Saisie immobilière.*
COMMISSAIRE de police (vacation du) : — requis pour l'ouverture des portes, p. 55, art. 32 : — ses droits sont établis par vacations, p. 55.
COMMISSAIRES-PRISEURS. — Lorsque les ventes de meubles sur saisie-exécution ont lieu par le ministère des commissaires-priseurs, le décret du 16 février 1807 est-il encore applicable à la taxe de leurs droits ? p. 60, *à la note.*
COMPÉTENCE (des juges de paix). — Loi du 25 mai 1838 et autres. *Appendice,* p. 132 à 135; — en matière de taxe des frais et dépens, p. 123, § 2.
COMPTE. — Droits de la signification de l'ordonnance du juge-commissaire et sommation, p. 47, art. 29, § 25.
CONCILIATION. — Il n'est rien dû au greffier de la justice de paix pour les mentions sur le registre du greffe et sur les citations que les parties n'ont pu se concilier, p. 5.
CONSEIL DE FAMILLE. — Vacations du greffier, p. 8, art. 16, § 1; — notification de l'avis du conseil de famile ; — droits de l'huissier, p. 27, § 10. — Voyez *Ajournement, Opposition.*
CONSIGNATION de sommes offertes. — Droits de la sommation d'être présent à la consignation, p. 48, art. 29, § 53; — vacations à l'huissier pour déposer à la caisse des consignations les deniers comptants, p. 55, art. 33; — du procès-verbal de consignation, p. 74, art. 60; — droits de copies, *eod.* — Voyez *Appendice, Timbre.*
CONSTITUTION de nouvel avoué (Assignation en), p. 46, art. 29, § 11.
CONTRAINTE par corps. — Observations, p. 64. — Voyez *Emprisonnement, Gardes du commerce.* — Tarif des frais, p. 68; — motifs du maintien du tarif des frais pour l'emprisonnement, p. 64 et 65.
CONTRATS. Voyez *Apprentissage.*
CONTRIBUTION. Voyez *Distribution par.*
CONTRIBUTIONS (Paiement des). — Est-il dû à l'huissier, dans les ventes qu'il fait, une vacation pour payer les contributions ? p. 62 *à la note.*

D

E

sie-brandon au garde champêtre, — de l'exploit de saisie de rentes constituées et de tous autres, p. 49.

Emprisonnement. Procès-verbal de capture, — ordonnance du juge de paix, — de référé, — certificat du bureau des gardes du commerce, p. 62; — Du pouvoir spécial donné à l'huissier, p. 63. — Du procès-verbal d'extraction de la personne du failli de la maison d'arrêt, p. 69.

Notification d'une saisie-exécution au saisi absent, — aux créanciers inscrits du titre du nouveau propriétaire, p. 49.

Offres réelles. Procès-verbal, p. 74. — *Idem* de consignation de sommes offertes, p. 74, art. 60.

Oppositions aux jugements par défaut des tribunaux civils et de commerce, — sur les prix de ventes publiques de meubles et effets mobiliers, — à l'homologation d'une libération du conseil de famille et autres, p. 49; — aux scellés, p. 8. — Ventes judiciaires, p. 100.

Placards (original des); — procès-verbal d'apposition, p. 59; — en saisie immobilière, p. 108.

Procès-verbaux de saisie-exécution, p. 54; — de récolements, p. 59; — d'apposition de placards pour ventes publiques, de saisie-revendication, p. 74 et autres; — de saisie immobilière, p. 108.

Protêts, p. 76 à 78.

Récusation de juge de paix, p. 51.

Réquisitions d'un créancier à fin de mise à prix aux enchères, p. 108.

Significations de jugements, — défaut-joint, d'ordonnances prescrivant apports de pièces, prestations de serment, interrogatoires sur faits et articles etc.; — du désaveu, d'actes de présentation de caution, d'exploits de saisies-arrêts, — d'ordonnances de référés et autres, p. 49. — Ventes judiciaires d'immeubles, p. 107 et suiv.

Sommations de toutes natures, — d'assister à une opération de faire ou de ne pas faire une chose; — au mari par la femme, afin d'être autorisée, p. 49; — aux créanciers inscrits, p. 107 et suiv.

§ 3. — Actes des huissiers dans les procédures d'appel.

Appels des jugements des tribunaux civils et de commerce, p. 50 à 51.

Exploits : sommations, significations dans les procédures devant les Cours d'appels, p 50 et 51.

Huissiers audienciers : enregistrement des actes d'avoué à avoué, p. 97, art. 156. — Il est dû autant de droits qu'il y a de copies, p. 98, *Observ.* — *Idem,* en appel, p. 98, art. 158, §§ 1 et 2. — En matière de ventes judiciaires, p. 98. — Les juges taxateurs n'ont aucune juridiction pour réduire les perceptions des agents de l'administration de l'enregistrement p. 5, *nota.*

EXPÉDITIONS. Les greffiers de justice de paix ne doivent délivrer d'expéditions entières des procès-verbaux de scellés qu'autant qu'elles sont demandées par écrit, p. 9, § 7. — Ils sont tenus de délivrer des extraits, p. 9, § 8 (huissier. — Droits de la sommation à un notaire de délivrer expédition d'un acte parfait, p. 48, art. 29, § 57; — d'un acte non enregistré, p. 48; art. 29, § 58; — d'une seconde grosse, *eod.,* § 59; — des procès-verbaux de ventes sur saisie, p. 62, art. 41, § 4.

EXPERTS. — Emoluments de greffiers de justice de paix pour assistance aux opérations de l'expertise, p. 33. — Taxe des experts en justice de paix, p. 33, art. 25. — Sommation aux experts (huissier), p. 46, art. 29, § 6. — Signification pour faire prêter serment aux experts, p. 46, art. 29, § 9. — Sommation de comparaître devant les experts, p. 46, art. 29, § 15.

EXPLOITS (*nom générique de tous les actes des huissiers*) : — d'ajournement, droits de l'huissier, p. 36; — de saisie-arrêt, p. 46, art. 29, § 26;

— (domicile inconnu), affiche à la porte de l'auditoire, p. 36, art. 27 ;— de dénonciation au saisi, p. 46, § 27 ; — au tiers saisi. *eod.*, § 28 ; — de l'assignation au même, *eod.*, § 29 ; — de tout exploit contenant sommation de faire une chose, ou opposition.— protestation. et généralement de tous les actes simples, non compris dans le tarif de 1807, p. 49, art. 29, § 71.

EXPOSITION de la vaisselle d'argent. bagues. joyaux ; — droits de l'huissier, p. 61, art. 41. — Il n'est rien à Paris ni dans les villes où il s'imprime des journaux, *eod.*, § 3.

EXPROPRIATION pour cause d'utilité publique. (Huissiers). Droits de leurs actes, p. 49 et 50, à la note. — Droits de transport, p. 81, à la note. — Enregistrement des actes gratis, p. 49, *à la note.* V. *Appendice.*

G

GARANTIE (demande en) devant les justices de paix ; — droits de l'huissier, p. 27, art. 21, § 5.

GARDE champêtre. — Droits du garde champêtre pour frais de garde dans les saisies-brandons, p. 63, art. 45. — Frais de garde-scellés, p. 33.

GARDES du commerce. — Leurs fonctions ont cessé, p. 33. — Voyez *Emprisonnement*

GARDIENS. — Taxe des gardiens en justice de paix, p. 33, art. 26 ; — en matière de saisie-exécution et autres frais de garde, p. 56, art. 34 ; — sont adjugés jusqu'à la décharge, quelque temps qu'ait duré la garde, p. 56, *observations* n° 1 ; — si le gardien a laissé soustraire une partie des objets saisis, lui est-il dû des frais de garde ? p. 56, n° 2 ; — en cas de nullité de la saisie, le gardien n'a de recours que contre le saisissant, p. 57, n° 3. — Voyez *Saisie-brandon, Récolement.*

GENDARMES (droits des) dans les arrestations et emprisonnements pour dettes, p. 73, 7e quest.

GEOLIER ou gardien. —Il ne lui est rien dû pour la transcription sur son registre du jugement prononçant la contrainte par corps, p. 70, art. 5.

GREFFIERS (de justice de paix). — Ordonnance du 17 juill. 1825 portant règlement de leurs frais et émoluments ; observations, p. 3 et 4, *appendice*, p. 115. — leurs rôles d'expédition, p. 4 ; — leurs droits de transport sur les lieux contentieux, p. 5 ; — leurs émoluments pour assistance aux expertises, p. 6 à 7 ; — pour la transmission au procureur de la République de la récusation du juge de paix, p. 6 ; — il n'est rien alloué au greffier pour les actes de greffe, p. 5 ; — ses vacations : au conseil de famille, à l'apposition des scellés, actes de notoriété, p. 8. — Voyez *Avertissement, Ventes publiques mobilières, Exploits;* — ont-ils des droits pour la rédaction des jugements et des procès-verbaux d'enquêtes? p. 10; — leur est-il dû quelque chose pour le timbre de leur répertoire? p. 11, *à la note;* — remboursement du timbre, p. 12 ; — de leurs actions et de la taxe de leurs actes, p. 121 ; — de la cession de leurs offices et des pièces à produire pour obtenir la nomination de greffier, p. 131.

H

HÉRITIERS bénéficiaires. — Huissiers, droits de la sommation de donner caution, p. 49, art 29, § 69.

HUISSIERS de justice de paix. — Taxe de leurs actes. p. 26 à 29 ; — Les droits des huissiers de justice de paix, de l'article 21, depuis le § 2 jusqu'aux §§ 13, sont les mêmes pour toutes les localités, p. 27 et 28, *in nota ;* — tous les huissiers d'un même canton ont le droit de donner toutes les citations devant le juge de paix, p. 26 ; — ils ne peuvent citer les parties sans qu'au préalable elles aient été citées amiablement à comparaître, p. 26 et 27 ; — ils ne peuvent assister les parties comme conseils ou défenseurs, *eod.*; — salaires des huissiers devant les prud'hommes, p. 30; — ils n'ont rien pour les appels de cause, p. 99, 2ᵉ quest.; — les huissiers audienciers du tribunal de commerce ont droit à 0,30 c., p. 97, *note* 1 ; — action des huissiers de justice de paix contre leurs clients : à qui appartient la taxe de leurs actes, p. 135, § 3; — des devoirs des huissiers, décret du 14 juin 1813, appendice, p. 135; — de la transmission des offices d'huissier ; — pièces à produire à la chancellerie, p. 137, *note* 1. Voyez *Significations*.

HUISSIERS ordinaires. — Leurs taxes dans les tribunaux inférieurs et dans les Cours, p. 36 à 100; — leur nomination, leur nombre, leur discipline, réglés par le décret du 14 juin 1813, p. 135 à 147 ; — *quid* si les parties choisissent un huissier éloigné? p. 55, nᵒˢ 5 et 94, 5ᵉ quest.; — peuvent-ils exiger d'autres droits que ceux fixés par le tarif? p. 94; — dans les lieux où le tarif de la Cour de Paris est applicable, comme à Bordeaux, Lyon, Rouen, Toulouse, Marseille, Lille et Nantes, — tous les huissiers de l'arrondissement, qui ne résident pas au chef-lieu, ont-ils droit à l'augmentation? p. 94, nᵒ 3; — de leurs actions contre leurs clients pour le paiement des frais de leurs actes, p. 127, § 5.

HUISSIERS audienciers. — *Observations*, p. 96 et s.; — droits des appels de cause, sur le rôle, et lors de tous jugements, sauf ceux préparatoires et de remises, p. 97; — des significations de toute espèce d'avoué à avoué *à l'ordinaire*, p. 97, art. 156 ; *à l'extraordinaire*, *eod.*; — les huissiers audienciers, pour les autres significations qu'ils font, ne peuvent exiger que les droits des autres huissiers et sont obligés de se conformer aux obligations qui leur sont imposées, p. 98, art. 156, § 4. — Voyez *Transport, Enregistrement*. — Leurs droits, en appel, pour l'appel des causes et les significations d'avoués, p. 97, art. 156 et 158 : — le droit d'appel des causes est-il dû dans les jugements sur requêtes? p. 99, 1ʳᵉ quest.; — les huissiers audienciers sont-ils obligés d'indiquer, en marge de l'original, le coût des actes d'avoués à avoués et des copies? *eod.*, 3ᵉ question.;— changement de jurisprudence, p. 100; — est-il dû à l'huissier autant de droits qu'il y a de copies signifiées? p. 98, *observ.* — Voyez *Saisie immobilière*; — droits des huissiers audienciers par chaque mise au rôle, p. 96, note 1. — Loi du 30 décembre 1873 et décret du même jour = 28 janvier 1874, sur le timbre des copies à signifier en tête des exploits, p. 153, *appendice*, § 4, nᵒ 2.

I

INSERTION aux journaux. — Remboursement à l'huissier pour les annonces des ventes, p. 60, art. 39, § 3. — La légalisation de la signature de l'imprimeur donne-t-elle lieu à la perception d'un droit au profit de l'huissier? p. 60. *Observations*.
Voyez *Ventes judiciaires d'immeubles*.

INTERROGATOIRE sur faits et articles; signification de la requête et ordonnance pour prêter interrogatoire, p. 46, art. 29, § 10.

J

JOURNAUX. Voyez *Insertion, Vente judiciaire*.
JOURNÉE de travail, — comment doit-on en fixer le prix pour la taxe des

L

M

N

O

S

signer en règlement de juges, *eod.*, § 13 ; — de jugement par défaut par huissier commis, p. 45, art. 29, § 16 ; — des jugements contradictoires, *eod.*, § 18 ; — aux héritiers collectivement pris, p. 46, art. 29, § 21 ; — de la réquisition de juger, *eod.*, § 22 ; — de la requête qui admet une prise à partie, *eod.*, § 23 ; — de la présentation d'une caution, *eod*, § 24. Enfin de toutes les significations d'huissier des actes de 1re classe, p. 45 à 47. — Voyez *Sommation, Commandement, Saisie immobilière, Huissiers ordinaires.*

SOMMATION de fournir caution en justice de paix ; — droits de l'huissier, p. 27 ; — d'assister à la levée des scellés, p. 27, art. 21, § 12 ; — d'être présent à la prestation d'un serment, p. 45 ; — aux experts et aux détenteurs de pièces, p. 46, art. 29, § 6 ; — Sommation de comparaître devant les arbitres ou experts, p. 46, art. 29, § 15 ; — aux créanciers inscrits de produire, p. 48, art. 29, 50 ; — aux parties qui doivent être appelées à la vente de meubles ; — aux copartageants de comparaître devant le juge commissaire et pour assister à la clôture du procès-verbal ; — à la requête du créancier à l'héritier bénéficiaire ; — aux arbitres de se réunir au tiers-arbitre, p. 49, §§ 66 à 70. — Voyez *Consignation, Emprisonnement, Retrait de pièces, Serment, Significations, Exploits.*

T

TAXE des actes et vacations des juges de paix, p. 1 à 3 ; — des greffiers des juges de paix, p. 3 à 20 ; — ils doivent être taxés par le président du tribunal pour les ventes publiques qu'ils font de meubles et effets mobiliers, p. 9, 22, 124 ; — ont-ils des droits pour requérir taxe ?? p. 20 ; — des témoins devant le juge de paix, p. 31 ; — des experts, p. 33, art. 25 ; — des huissiers dans les tribunaux inférieurs et dans les Cours, p. 35 et suiv.

TÉMOINS devant le juge de paix ; — leur taxe équivalente à une journée de travail ; — n'ont pas droit à des frais de voyage dans le canton ; — y ont droit s'ils sont domiciliés hors du canton, p. 31 et 32, art. 24. — Voyez *Journée de travail* ; — leur taxe devant les prud'hommes est la même que devant les juges de paix, p. 33 ; — les témoins qui sont entendus par le juge de paix comme délégués par un juge supérieur, doivent-ils être taxés d'après l'art. 24 ou d'après l'art. 167 ? p. 33, 3e quest. ; — assignation aux témoins, p. 46, art. 29, § 8 ; — quelle est la somme à allouer aux témoins en cas de saisies ? p. 57, art. 36.

TIMBRE. — Remboursement du timbre aux greffiers de justice de paix, p. 11, § 3 ; nombre de lignes et de syllabes qu'il leur est permis d'écrire sur chaque feuille, selon la dimension, p. 12 ; — prix du timbre, dimension des papiers, nombre de lignes et de syllabes qu'il est permis de mettre sur chaque feuille, p. 37 à 40 ; — Contraventions. La poursuite en appartient-elle au ministère public ? p. 38. — Voyez *Greffiers de justice de paix.* — Loi du 30 décembre 1873 et décret du même jour, p. 154. § 3, n° 2.

TRANSPORT. — Droits des greffiers de justice de paix, p. 5 ; — droits du greffier dans le cas où les frais de transport sont alloués au juge de paix ; — de la taxe des transports accordés au juge de paix, p. 121 et 127 ; — à qui appartient cette taxe, *eod.*

Journées selon la distance à parcourir, p. 5.

Faut-il accorder le droit de transport, tel qu'il est réglé par le tarif de 1807 ou par l'ordonnance du 6 décembre 1845 ? p. 8 ; — droits des huissiers de justice de paix, p. 28, art. 23 ; — peuvent-ils réclamer 4 fr. pour le premier myriamètre parcouru? p. 29; — droits de transports des huissiers pour les actes de la compétence des prud'hommes, p. 30; — doit-il être alloué quelque chose de proportionnel pour les fractions au-dessus de 2 myriamètres 1/2 et au-dessous? p. 32, 2e quest. ; — les frais de transports sont dus pour tous les actes d'huissier qui y donnent lieu, p. 54, n° 3, et p. 85, 2e quest., observ., § 1er; — *quid*, si les parties choisissent des huissiers éloignés? p. 54, n° 3, et p. 92, 5e quest. ; — sont-ils dus pour les saisies? p. 54. — Voyez *Emprisonnement* ; — droits de transport des huissiers dans les expropriations pour cause d'utilité publique, p. 81, *à la note* ; — dans cette matière la course est-elle limitée à 5 myriamètres? *eod.*, 1re quest. ; — dans les ventes judiciaires d'immeubles, p. 109 ; — les art. 35 et 36 du décret du 14 juin 1813 sont-ils applicables en cette matière? p. 113, 7e et 8e quest., et p. 81 à 92 ; — comment les distances doivent-elles être déterminées et le séjour constaté? p. 81 ; — en matière ordinaire, il n'est rien accordé à l'huissier pour le premier 1 2 myriamètre, p. 82, art. 66 ; — droits au delà, p. 83 ; — pour qu'il y ait lieu d'accorder 4 francs, faut-il que le premier myriamètre soit parcouru en entier? p. 83, 1re quest. ; — calcul des droits pour toutes les distances, p. 83, n° 3 à 10 ; — après chaque 1/2 myriamètre, peut-on compter à l'huissier les fractions de 3 kilomètres et plus ? p. 85, 2e quest.; — de la distribution des frais de transport entre les originaux des actes faits dans le même lieu et dans la même course, p. 86, 3e quest.; — que faut-il décider quand les copies ont été données dans la même course, mais dans des lieux différents, soit sur une même ligne parcourue, soit sur une ligne brisée ?— changement de la jurisprudence à cet égard, p. 86 à 91 ; — quelles sont les règles à suivre pour déterminer les distances taxables? tableau dressé par les préfets, p. 91 ; — la partie qui a choisi un huissier plus éloigné du domicile de sa partie adverse, quand il y en avait de plus près, est-el e obligée de supporter la différence du transport? p. 92, 3e quest.; — les frais de transport sont dus pour l'apposition des placards, p. 112 ; — les frais de transport des huissiers des Cours d'appel commis par elles, sont alloués suivant la taxe, quelle que soit la distance, p. 98, art. 156, § 4.

V

VACATION (greffiers de justice de paix). — Les émoluments des vacations sont les 2/3 de celles autrefois allouées aux juges de paix, p. 18. — Voyez *Conseil de famille, Apposition de scellés, Référés, Actes de notoriété. Ventes*, — (huissiers) aux procès-verbaux de saisie-exécution, p. 53, art. 31 ; — *quid*, si la première vacation n'est pas complète ? p. 54 ; — le temps de faire les copies en saisie-exécution est compris dans les vacations, p. 54, n° 4 ; — droits de vacation à l'huissier pour les ventes, p. 60, art. 39, § 4.

Pour le procès-verbal de saisie-brandon, p. 62, art. 43, est-il dû à l'huissier une vacation pour le paiement des contributions dans les ventes qu'il fait? p. 62, *à la note*, et p. 19 et 20 ; — droits des copies à signifier à la partie saisie, au maire et au garde champêtre, p. 63, art. 44 ; — des frais de garde, *eod.*, art. 45; — pour obtenir l'ordonnance du juge de paix à l'effet de se transporter dans le lieu où se trouve le débiteur à emprisonner, p. 62, art. 2, § 2. — Voyez *Légalisation*.

VENTES publiques de meubles et effets mobiliers. — Droits de greffiers de justice de paix, p. 12 à 20 ; — dans les ventes forcées, p. 13, 14 et 15;— remboursement des frais de transport des effets saisis, p. 13 ; — droits

9 782014 109160